해상무역보험

해상무역보험

강 영 문 저

전남대학교출판부

머리말

무역은 국내상거래에 비해 high risk, high return이 큰 비즈니스이다.

이러한 무역거래의 특성상 보험의 역할은 지대하다. 무역과 관련된 보험은 해상보험과 수출보험이다. 해상보험은 무역학분야 중에서 가장 난해한 학문분야 중에 하나이지만, 또한 강의를 수강한 학생들이 가장 흥미를 느끼는 분야 중에 하나이다.

해상보험은 국제성이 강한 학문분야이고 법학적, 경영학적 다양한 접근방법과 실용성을 고루 갖춘 멋진 학문분야이다.

해상보험분야는 인류가 국제간의 상거래를 원활히 수행하기 위해 만들어 낸 지혜의 선물이고, 첨단화된 현대 보험의 출발점이다. 무역학을 전공한 학자로서 해상보험책을 저술한다는 것은 신나는 일이다.

해상보험은 적하보험, 선박보험, P&I 보험으로 분류된다. 본 교재는 수출입거래와 관계가 깊은 적하보험과 수출보험을 중심으로 집필하였다. 본 교재는 적하보험과 수출보험을 해상무역보험이란 이름하에 하나로 묶었다.

본 교재는 해상보험과 수출보험의 토대가 되는 위험, 위험관리, 보험의 기초부터 시작해서 해상보험과 수출보험의 각론까지 체계적으로 다루고 있다.

또한 보험을 다양한 시각에서 볼 수 있는 사례들을 “보험에세이”에 수록하였고, 해상보험을 재미나게 접근할 수 있는 판례들을 “해상보험판례” 코너에 담고 있다. “check point”에서는 핵심사항을 비교 설명하였다. 특히 2009년 협회적하약관의 핵심 개정내용을 설명하였다. 본 교재가 보험과 해상보험의 묘한 즐거움을 만끽할 수 있는 징검다리가 되었으면 한다.

한해가 저물어가는 2010년 크리스마스 이브에

Young Moon(젊은 달)

목 차
C O N T E N T S

제1부 위험과 Risk Management

제1장 위험 __22

제2장 Risk Management __30

제2부 보험의 이해

제3부 해상보험과 수출보험의 이해

제1장 해상보험 입문 ___62

제2장 해상보험계약 ___65

제3장 보험의 목적(물)과 피보험이익 ___73

제4장 보험가액과 보험금액 ___79

제5장 해상보험의 기본원칙 ___85

제6장 해상손해 ___93

제7장 해상보험의 역사 ___112

제11장 적하보험의 담보방식 ___128

제12장 협회적하보험약관의 담보위험과 면책위험 __156

제13장 보험기간과 전쟁, 동맹파업 위험 __186

제14장 부가위험 담보 ___197

제15장 수출보험 ___204

Check Point

보험에세이

해상보험판례

제1부

위험과 Risk Management

제1장 위험

위험이란 무엇인가?
위험을 관리할 수 있나?
보험은 위험 및 리스크 매니즈먼트와 어떤 관계인가?

1. 위험이란

위험(危險)은 좋지 않은 일이 발생할 것 같은 위태로운 상태를 의미한다. 위험과 상반되는 개념은 안전이다. 이처럼 위험은 손해발생 가능성(possibility of loss)과 손해발생의 불확실성(uncertainty concerning the occurrence of a loss)이다. 손해는 원하지 않은 또는 의도하지 않은(unintentional) 자산가치의 하락 또는 소멸을 의미한다.[1)]

2. Risk

리스크는 미래에 원하지 않거나 좋지 않은 사건이 발생할 위험가능성을 말한다[2)]. 리스크는 사건이 발생한 결과가 유해한 결과를 가져올지 불확실한 경우이다. 일반적으로 결과와 예측이 일치할 때는 위험이 발생하지 않는다. 예측과 결과의 차이가 위험의 정도이다.

Check Point 우연성이란?

우연성이란 특정사고의 발생 가능성이 존재하지만, 불확실한 상태 즉, 사고의 실제 발생 여부, 발생시기 또는 발생의 정도에 관한 불확실성을 의미한다.

---

1) 박명섭, 「해상보험」, 우용출판사, 2008, p. 15.
2) Moor, P.G., The Business of Risk, 1984. p. 2.

〈**표**〉 리스크관리의 정의

	위험	관리	주체	목표/목적	방법
Mehr& Hedges (1963)	보험가능한 리스크, 비투기적 리스크 (보험가능여부는 불문)	관리	기업/조직		보험관리의 조직: 제원칙, 제기술 (리스크의 이론적 접근, 관리의 이론적 접근)
William& Heins (1972)	모든 순수리스크	프로세스	기업/회계	최소의 코스트에서 최소화	확인, 측정, 처리, 통제
Cristy	모든 우연적 손실 (보험가부 불문)	총체적 효력	기업 및 공공기관	재무적 영향을 최소화	리스크제어
McDonald (1966)	화재, 도난, 재해, 사망, 폭발, 기타재해	제어(制御)	사업체		손실방지와 경제적 표준
Green& Sarbein (1972)	특정리스크	경영자의 지휘기능	기업		리스크처리
Rosenbloom (1972)	모든 리스크	경영자의 지휘기능	기업/경영	회사의 최종적 이익	
Dennenberg (1974)	순수리스크	제어와 관리	조직(기업, 정부, 자선, 교육)		
Baglini (1976)	손실에 드러나 있는 것 (exposure to loss)	경제적 프로세스	기업	리스크 코스트의 최소화	손실제어 및 자금과의 최적조합에 의한 재무상의 자산분배
Head (1979)	우발적 손실	계획·조직·통제 지휘하는 프로세스의 컨트롤	조직	리스크 코스트의 최소화	조직의 자원분배
Williams head& Glendening (1978)	대부분의 순수리스크	매니지먼트 수법		목적 달성을 위해 불리한 영향을 최소화	물적, 인적자원 이용
龜井利明	기업리스크	과학적 관리	기업	도산방지	기업경영의 합리적 운영

자료: 武井勳稿, 「リスク・マネジメントの諸定義とその問題點」, 『リスクと管理』, 第8號, 日本リスク・マネジメント學會, 1982.

3. Peril

손해의 원인(cause of loss)을 손인(Peril)이라고 한다[3]. 손인은 사고나 사건 그 자체를 의미한다. Peril은 손해(loss or damage)를 가져오는 사고나 사건으로 보험약관에서 보험자가 사고로 열거하고 담보하는 위험이나 면책위험을 의미한다.

Check Point Peril과 Risk, loss or damage의 관계는?

리스크는 사고가 발생할 것 같은 추상적이고 확실하지 않은 위험가능성을 말한다. 이러한 리스크에 의해서 실제 발생한 사고를 손인(Peril)이라고 한다. 그리고 손인(Peril)의 결과는 손해(loss or damage)이다.

4. Hazard

위태(hazard)는 손해발생의 빈도 또는 강도를 증감시키거나 손해의 발생 가능성을 새로이 만들어 내는 위험요인을 의미한다[4]. hazard는 인간의 심리적 요인이나 외부의 구체적 사실에 의한 사고발생의 잠재적 요인을 의미한다. hazard는 손해의 규모, 손해의 빈도에 영향을 주는 요인이다.

Check Point Hazard와 Risk, Peril의 관계

위험가능성(Risk)은 위험요인(Harzard)들의 결합이고, 위험요인(hazard)은 손해가능성을 증감시키는 조건을 말한다. 예를 들어 몸이 허약한 사람은

3) 자연적 손인: 홍수, 지진, 폭풍우, 인적 손인: 절도, 부주의, 경제적 손인: 파업, 경기침체, 소비자 기호 변화(박명섭, 2008: 19).

4) Dorfman. M.S., Introduction to Riskmanagement and Insurance, Prentice Hall, 1998, p. 6.

건강한 사람에 비해 발병 빈도가 높고, 동일한 환경에서 병균이 몸에 유입되었을 때 병의 악화정도가 더 심해질 수 있다.

또한 전기제품창고에 다양한 전기제품이 휘발유와 함께 보관되어 있는 경우에 휘발유의 보관 그 자체만으로 화재라는 위험사고(peril)가 발생하는 것은 아니지만 화재가 발생한 경우 화재를 더 크게 하거나 화재발생의 확률을 증가시키는 요인으로 작용한다.

우리의 일상 생활속에서 밤거리에 가로등이 없는 경우나 한 겨울 빙판길에서 운전하는 경우에는 위험요인(hazard)이 증가하여 위험사고(peril)의 발생 가능성이 커진다.

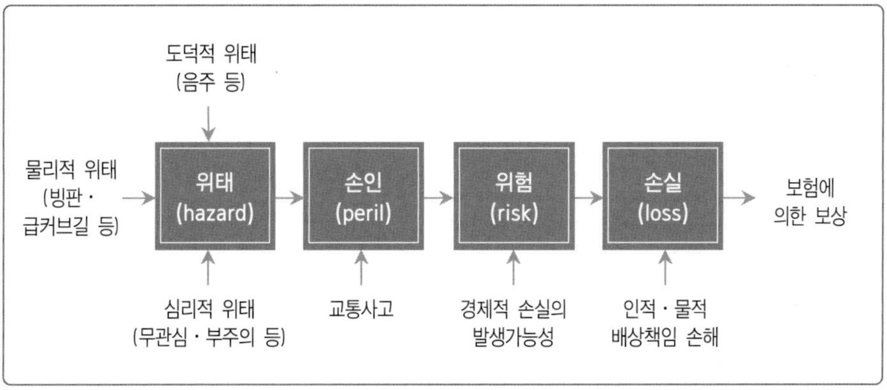

5. 위험과 심리적 작용

1) 도덕적 위험(moral hazard)

도덕적 위험은 피보험자가 고의적으로 손해의 발생 가능성을 새로이 만들어 내거나 손해의 발생빈도 및 강도를 증가시키는 행위를 말한다. 도덕적 위험은 피보험자가 보험금을 타기 위해 보험에 부보된 상품을 고의적으로 파괴하거나 생명보험에 가입한 사람을 살인하는 등 보험사기를 의미한다.

2) 심리적 위험(morale harzard)

심리적 위험은 피보험자가 보험에 가입한 후 보험의 보상에 의지하여 손해방지에 무관심하여 증가된 손해발생 가능성의 증가를 의미한다. 이러한 심리적 위험은 피보험자가 보험에 부보한 상품의 가치가 떨어져 상품의 유지관리비가 상품의 가치보다 커진 경우 그 상품의 손해방지에 무관심하여 손해발생 가능성이 커진 경우의 위험이다.

보험에 부보할 때보다 상품가치가 떨어진 상품에 실제 손해가 발생해도 피호험자가 보험금을 받으면 손해가 보전되는 경우 심리적 위험이 증가한다.

6. 위험과 이익의 관계

손해만 발생(loss only risk)하는가, 손해 및 이익이 발생(loss or gain risk)하는가에 따른 구분이다[5].

1) 투기적 위험(Speculative risks)

투기적 위험은 어떤 위험이 손실의 가능성과 이득의 가능성을 둘 다 갖고 있는 인위적인 위험을 의미한다. 예를 들어 high risk, high return의 성격을 갖고 있는 주식투자는 손실과 이득이 병존하는 대표적인 투기적 위험이다.

2) 순수위험(pure risk)

순수위험은 이득의 가능성은 전혀 없고, 손실의 가능성만이 있는 위험을 의미한다. 예를 들어 해상운송중에 선박화재가 발생하면 손실만 발생한다. 선박에 화재가 발생하지 않는다고 해서 이익이 발생하지는 않는다.

---

5) 龜井利明, 「危險管理とリスクマネジメソト」, 同文館, 2001, p. 29.

〈**표**〉 순수위험과 투기적 위험의 내용

순수위험	투기적 위험
▪ 이익 발생할 가능성이 없는 순수한 손실만 발생하는 리스크	▪ 손해 또는 이익 발생가능
▪ 지진, 화재, 풍수해, 폭발, 교통재해, 산재(産災), 전쟁, 테러, 유괴 등	▪ 부정적 결과 또는 긍정적 결과
▪ 우발적 발생, 손해범위 한정불가	▪ 손해범위 한정가능
▪ 보험화 가능	▪ 보험화 불가능

자료: 정재환(2006)

위험, 손인, 위태 및 손실과 보험의 관계

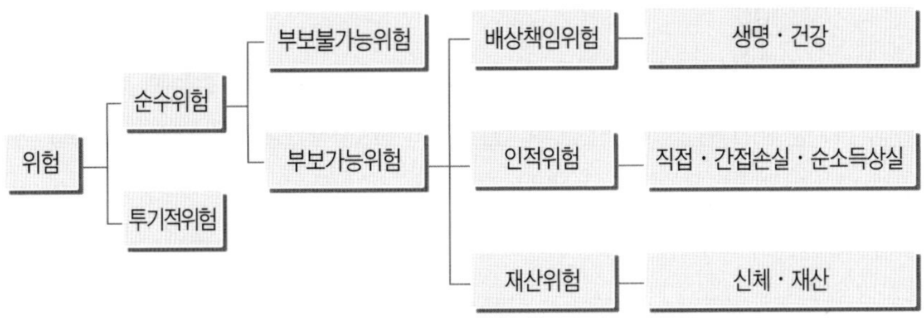

자료: 한낙현(2008)

7. 위험의 발생형태

1) 정태적 위험(static risk)

정태적 위험(情態的危險)은 사회경제의 정상적인 상태에서의 리스크로[6] 위험이 재화의 한 단위에만 발생하는 경우이다. 예를 들어 일반적인 경제상황이 변화하지 않았음에도 불구하고 특정 제품이나 기업에만 발생된 위험을 말한다. 예를 들어 특정 기업의 공장의 화재발생, 선박의 침

6) 정재환, 「무역실무와 리스크관리」, 두남, 2006, p. 18.

몰 등은 대표적인 정태적 위험이다.

2) 동태적 위험(dynamic risk)

동태적 위험(動態的危險)은 사회경제적 동태적 변동을 직접적인 원인으로 하는 리스크로 동시다발적으로 발생하기 때문에[7] 관련되는 단위 전부에 영향을 미치는 위험이다. 예를 들어 글로벌 금융위기는 전 세계 모든 국가경제와 기업의 비즈니스에 영향을 미치는 대표적인 동태적 위험이다.

8. 우연과 위험의 관계

우연(偶然)은 특정 사건의 발생이 필연도 아니고, 불가능도 아닌 필연과 불가능의 중간개념으로 사건의 발생을 사전에 정확히 예측할 수 없는 개념이다. 이러한 우연성 중에서 유해한 결과를 가져올 가능성만이 위험으로 간주된다.

Check Point 우연사고란?

우연사고는 손해를 가져오는 외부적 작용에 의한 우연한 사고를 의미한다. 그러나 우연사고는 단순히 외부적 사고만을 의미하는 것이 아니고, 사고의 발생 여부, 사고발생 시기, 사고의 방법이 불확실한 경우이다.

우연사고의 범위에는 사고 발생자체는 확정적이나 발생시기가 불확실한 경우도 포함된다. 예를 들어 사람은 누구나 다 죽는다. 즉, 사망사고 자체는 인간 누구에게나 확정적이다. 그러나 사망 시기는 불확실하기 때문에 우연사고의 범위에 포함된다.

---

7) 정재환, 「상계서」, pp. 19-21.

Check Point **불가항력과 우연한 사고의 관계**

불가항력은 사고발생이 외부작용에 의하고 사전에 예방이 불가능한 개념이고, 우연한 사고는 불확실성의 개념이다.

제2장 Risk Management

위험관리(risk management)는 위험을 발견하고 그 발생 빈도나 심도를 분석하여 가능한 최소의 비용으로 손실발생의 역효과를 최소화하기 위한 제반활동을 말한다(보험연수원, 2009: 3).

위험관리는 안전대책이나 경영전략 등을 활용하여 사업의 우발적, 인위적 손실이 발생된 경우에 이를 최소화하고, 발생된 리스크를 적절하게 대처하기 위한 경영관리기법이다[8]. 리스크 관리는 리스크 제어(risk control)와 리스크 재무(risk finance)로 구분할 수 있다[9].

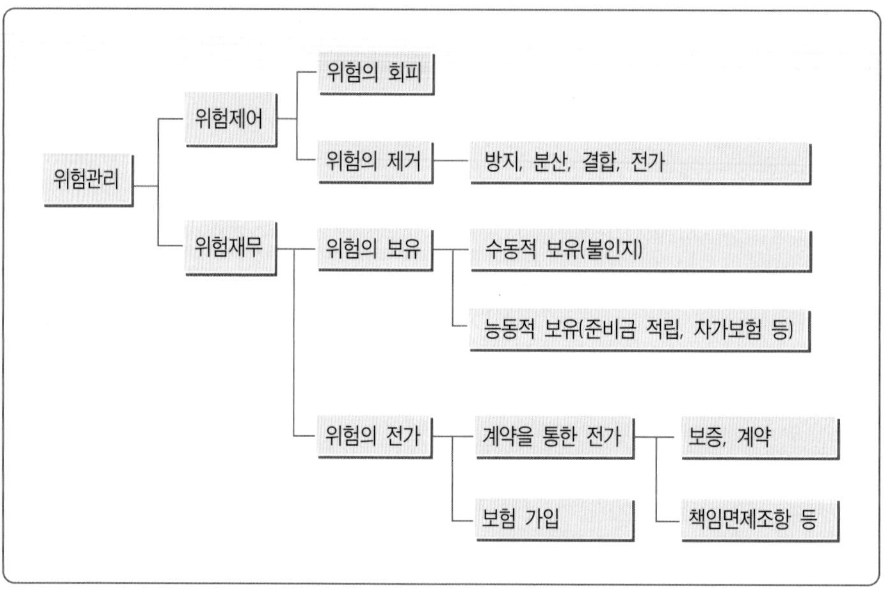

8) Marshall L.C., Business Admistration, Chicago, 1921, p. 665.

9) Head, G. L.,The Risk Management Process, 1978, N.Y., p. 59.

1. 위험통제(제어)(risk control)

위험통제는 멸실이나 손상등의 손해발생의 불확실성을 경감하는 것을 의미한다. 위험통제는 리스크 발생을 방지하고, 발생된 리스크에 대해서는 그에 따른 손해를 최소화하기 위한 수단을 선택하는 것이다(정재환, 2006: 25).

1) 위험의 회피(avoidance)

위험의 회피는 예상되는 위험을 처음부터 방지하기 위하여 위험을 수반하는 활동 및 비즈니스 자체를 하지 않는 것을 의미한다. 위험의 회피는 위험제어 수단 중에서 가장 소극적인 수단이다.

위험의 회피는 미래에 발생할 수 있는 이익을 포기하는 대신에 가장 완벽한 위험 통제수단이다. 예를 들어 자동차 사고와 자동차 사고로 인한 배상책임을 회피하기 위해 자동차를 소유하지 않는 것도 위험관리 측면에서 보면 위험의 회피이다.

또한 기업경영에 있어 신상품의 개발 및 판매에 따른 위험을 회피하기 위해서 신상품의 개발을 포기하는 결정이나 국제통상에서 새로운 해외시장 개척의 기회가 있음에도 불구하고 해외시장의 정치적 위험을 회피하기 위해 수출이나 투자를 포기하는 경우도 위험의 회피이다.

2) 위험의 방지(손해통제: loss control)

위험의 방지는 손해발생의 가능성을 완전히 제거하는 것이 아니고 위험의 발생빈도를 줄이거나 예방하는 것을 의미한다. 따라서 위험의 방지는 손해발생의 가능성을 완전히 제거하는 회피와는 다르다.

위험의 방지는 위험의 발생에 따른 손해의 빈도를 감소시키는 예방과 손해의 규모를 감소시키는 경감이 있다(정재환, 2008: 21).

(1) 위험의 예방(손실예방: loss prevention)

위험의 예방은 손실예방(loss prevention)으로 사고 횟수를 경감하기 위해 취하는 다양한 물적, 인적 수단을 의미한다. 일반적으로 사고는 여러 가지 원인이 연속적으로 결합된 경우이다. 예를 들어 화재사고의 경우 화재가 발생되는 연료, 산소, 점화원 중 한가지 요인만 제거해도 화재사고를 미연에 방지할 수 있다.

〈표〉 위험의 예방 수단

- **물적수단**: 건물을 내화구조로 함, 기계에 안전장치를 설치
- **인적수단**: 안전교육(휘발성 물질주변에서 금연운동), 정기점검

(2) 위험의 경감(손실감소; loss reduction)

위험의 경감은 사고가 발생하기 전에 또는 발생한 후에 그 사고에 의한 손해를 경감시키는 조치를 의미한다. 위험의 경감은 발생되거나 발생될 손해의 규모나 범위를 줄이는 다양한 조치들을 말한다.

예를 들어 화재사고가 발생하기 전에 건물에 비상계단, 스프링쿨러, 소화기를 적절한 곳에 설치하거나 화재사고가 발생한 후에 부상자를 신속하고 체계적으로 응급조치하여 화재사고의 손해액과 부상자를 줄이는 조치는 위험의 경감으로 볼 수 있다.

(3) 위험의 분산(분리)(risk segregation)

위험의 분산은 위험이 항상 상존하는 비즈니스 환경에서 사고의 피해를 줄이기 위해 기업의 사업소, 공장, 창고 등을 한 곳에 집중하지 않고 여러지역에 입지시켜 위험을 분산시키는 위험관리 방법이다.

은행에서는 소수에게 거액을 대출하는 것을 피하고, 다수에게 소액을 대출하는 것도 위험의 분산의 한 형태이다(정재환, 2008: 21). 위험의 분산의 효과는 손해빈도의 감소를 가져 오는 것은 아니지만 전체적으로 손해의 강도를 감소시키는 효과가 있다. 이러한 위험분산은 우리가 늘상

사용하는 컴퓨터 작업에서도 중요한 내용을 컴퓨터의 하드디스크에 저장할 뿐만 아니라 USB이나 CD 등에 다시 저장함으로써 자료가 사라지거나, 파일이 에러가 나서 복구가 안되는 위험을 줄일 수 있다.

기업경영에서는 신제품이나 재고상품을 한 개의 창고에서 다 보관하지 않고 복수의 공장에서 보관하면 한 창고에서 화재가 발생하더라도 분산보관으로 전체적인 피해를 줄일 수 있다.

국제통상에서는 특정 해외지역이나 특정국가에만 집중하는 수출이나 수입을 지양하고 수출이나 수입의 해외시장을 다변화하여 급변하는 해외시장의 변화로 인한 위험을 줄일 수 있다. 국제통상에서 이러한 해외시장의 다변화전략도 위험분산 전략이다.

(4) 위험의 결합(combination)

위험의 결합은 두 개 이상의 기업들이 동일하게 놓여 있는 위험에 대해서 기업간에 상호협정을 맺어 그 위험을 경감내지는 제거하는 위험관리 방법이다. 예를 들어 기업간에 시장에서의 위험으로 인식되는 가격, 생산 등에 관한 상호간의 가격협정이나 생산제한 등의 협정을 맺어 기업간의 출혈경쟁으로 인한 도산위험 등을 제거하는 위험관리방법이다.

Check Point 위험의 분산과 결합의 차이점?

위험의 분산과 위험의 결합 모두 위험단위를 증대하여 위험을 경감하거나 제거하는 위험관리방법이다. 그런데 위험 단위를 증대시키는 방법이 위험의 분산은 한 기업내의 위험단위를 증대시키는 것이고, 이에 비해 위험의 결합은 기업내부의 위험증대뿐만 아니라 다른 기업도 포함시켜서 위험단위를 증대시키는 것을 말한다.

(5) 위험의 제한

위험의 제한은 기업이나 개인이 예상되는 위험을 파악하고, 계약 등에 의해 위험부담의 범위를 명확히 하여 부담할 위험을 제한하는 위험관리 방법이다. 예를 들어 국제물류과정에서 발생할 수 있는 수 많은 위험들 중에서 운송인이 부담할 위험과 부담하지 않을 위험을 운송계약서나 선화증권 등에 명확히 명시하여 운송인이 부담할 위험을 제한하고 있다.

〈표〉 리스크 제거수단

리스크방지	리스크분산	리스크결합	리스크제한
리스크 발생빈도 감소	리스크 분산	동일 리스크의 협정	리스크 부담의 한계확정
손해규모 감소	리스크 이전 (하청, 면책약관)	가격, 거래, 기술 등의 협정	계약서 서식 (해사기업의 책임제한)

자료: 정재환(2006)

2. 위험금융(재무)(risk financing)

위험관리에서 위험재무는 손해가 발생한 후에 손해의 피해를 경제적으로 준비하고 대처하는 위험관리방법이다.

1) 위험의 보유(risk retention)

위험의 보유는 우발적으로 발생한 손해를 개인이나, 회사가 직접 부담하는 것으로 준비금설정, 자가보험 등은 대표적인 위험의 보유에 해당된다.

(1) 소극적 위험보유

소극적 위험보유는 개인이 자신도 모르는 사이에 특정위험을 보유하는 것을 의미한다.

(2) 적극적 위험보유

적극적 위험보유는 개인이나 기업이 특정 위험의 발생을 인식하고, 위험관리의 효율적 관리를 목적으로 일정한 대책을 마련한 후에 위험을 적극적으로 보유하는 것을 의미한다.

3. 위험의 전가

위험의 전가는 우발적으로 발생하는 위험을 다양한 계약을 통하여 제3자에게 전가하는 위험관리 방법이다. 보험, 보증, 공제 등은 대표적인 위험의 전가 방법이다.

Check Point 위험에 대처하는 방법은 보험이 유일한 방법이 아니다

개인이나 기업은 일상생활이나 비즈니스를 할 때 일반적으로 가능한 한 위험을 회피, 제거하려고 하고, 회피 또는 제거할 수 없는 위험은 제3자에게 전가시키려고 한다. 그리고 전가시킬 수 없는 위험만 보유하려고 한다.

4. 위험관리의 프로세스

1) 위험의 발견과 분석

위험의 발견과 분석은 일상생활이나 비즈니스를 할 때 어떤 위험이 상존하고 있는지를 발견해 내고 그 위험으로 인한 손해의 심도나 빈도나를 분석하는 하는 것이다.

2) 위험관리기법의 선택과 적용

위험관리기법의 선택과 적용은 위험분석을 바탕으로 예상되는 손실

을 가장 효과적으로 통제할 수 있는 기법을 찾아 내어 실제 실행하는 것이다.

3) 사후평가

사후평가는 위험관리 결과를 분석하여 향후의 위험관리에 반영하는 피드백 기능을 한다.

Check Point 위험관리기법은 한가지만 선택해야 하나?

위험관리기법은 위험의 특성과 사고발생시의 경제적인 영향(사고빈도 및 심도) 및 위험에 처해 있는 가계나 기업의 자금사정 등을 감안하여 최선의 기법을 선택한다. 위험관리기법중 하나만을 선택할 필요는 없고 통상 2개 이상의 기법을 병용할 수 있다. 위험관리학은 위험대처 방법을 연구대상으로 하는 학문이다.

제2부

보험의 이해

제1장 보험 입문

1. 보험의 의의 및 개념

보험은 손해의 가능성, 경제적 불안을 대상으로 함.

보험은 우연한 사고로 인해 발생하는 경제적 불안을 경감하거나 제거해 주는 제도이다. 보험은 동일한 위험에 놓인 사람들이 하나의 위험단체를 구성하여 통계적 기초에 의하여 산출된 보험료를 내어 일정한 기금을 마련하고 우연한 사고를 당한 사람에게 재산적 급여를 지급함으로써 경제생활의 불안을 없애거나 덜고자 하는 제도이다[1].

보험의 원리는 다수의 사람으로부터 기금을 모아서 미래에 손실을 입는 당사자에게 이 기금을 분배하는 것이다(구종순, 2008).

이처럼 보험은 같은 위험에 놓여 있는 여러 사람들이 단일의 위험공동체를 구성하여 일정한 기금을 보험료 형태로 각자 분담하여 우연한 사고의 발생으로 인해 손해를 입은 위험공동체의 사람에게 보험금을 지급하여 경제생활의 위험을 제거 또는 경감시키는 제도이다. 이러한 보험제도는 위험분산을 개인이나 개별기업이 하는 것보다 효과적으로 할 수 있다.

1) 사법연수원, 「보험법연구」, 2009, p. 1.

보험에세이

홈쇼핑에서도 보험 판매

"반품걱정 없다" 현대 · LG 등 나서

홈쇼핑이 보험상품 판매를 시작했다. 홈쇼핑 업체들은 보험 등 무형 상품은 반품의 위험이 적어 안정적인 매출을 기대할 수 있다는 점 때문에 앞다퉈 판매에 나서고 있다. 보험사들도 시간당 평균 50만가구가 시청하는 홈쇼핑 방송을 통해 단시간에 많은 고객을 끌어들일 수 있을 것으로 기대하고 있다.

현대홈쇼핑은 9일 오후 10시30분부터 40분 동안 보험상품 판매 프로그램을 방송한다. 이 회사는 PCA생명사와 제휴를 하고 10년과 20년 만기의 무배당 'PCA 케어 암보험'을 판매할 예정이다. 방송 중 시청자가 상담 신청을 하면 전문 보험설계사가 전화로 상담해 주고 보험 가입이 이뤄지는 형식이다.

LG홈쇼핑도 오는 15일부터 보험 상품을 판다. LG홈쇼핑은 전화상담원들이 기존 홈쇼핑 고객을 상대로 구매를 권유하는 방식이다. LG홈쇼핑은 이를 위해 약 1백여명의 전문 보험상담원을 채용했다. LG홈쇼핑이 판매하는 상품은 교보 · 흥국 · 라이나 · 럭키생명 등 네 개사의 어린이보험 · 암보험 · 건강보험 등 세 가지다.

업체 관계자는 "홈쇼핑이 취급하는 상품들은 주로 월 1만~3만원대의 보험료를 납부하는 저렴한 상품이며 보장 내용도 단순한 편"이라고 말했다.

홈쇼핑 업체들은 이 같은 보험상품 판매를 위해 보험대리점 자격을 취득했다. 금융감독원의 규정상 보험상품을 판매하는 법인의 경우 전체 임직원 가운데 10% 이상이 보험모집인 자격을 갖고 있어야 하기 때문이다.

현대홈쇼핑의 경우 전체 임직원 5백50여명 가운데 1백88명이 보험모집인 자격증을 취득했으며 LG홈쇼핑도 1백50여명의 직원들이 보험모집인 자격을 땄다.

CJ홈쇼핑도 지난 9월 전체 직원 7백여명 가운데 1백여명이 지난달 보험모집인 자격증을 취득하는 등 보험상품 판매자격 요건을 갖췄으며 곧 보험대리점 자격을 딸 예정이다. CJ홈쇼핑 측은 경쟁사들의 보험상품 판매 추이를 지켜본 후 판매 방송 실시 여부를 결정한다는 방침이다.

(중앙일보, 2003.10.9.)

2. 보험의 특성

1) 상당수의 동질적인 위험의 결합

보험은 다수의 동질적인 위험을 결합함으로써 위험을 감소시키는 경제제도이다(구종순, 2008). 따라서 보험의 대상이 되는 위험은 동질성과 다수성을 갖고 있어야 한다. 상호 이질적인 위험이 단순히 다수결합하거나 동질적인 위험이 소수결합한 것은 보험의 대상이 될 수 없는 위험이다.

Check Point Law of large number?

대수의 법칙(Law of large number)은 어떤 위험에 대해서 그 관찰대상을 늘리면 실제 결과(actual results)는 예정결과(expected results)에 가까워지는 통계학상의 법칙이다(구종순, 2009).

대수의 법칙은 우연한 사고는 한 개인이나 기업의 입장에서 보면 예측이 불가능하나, 이것을 동종의 위험에 처해있는 다수의 집단에서 보면 특정기간에 있어서의 사고의 발생률은 어느 정도 안정된 수치를 보이고, 또한 그 집단이 커지면 커질 수록 그 수치는 다욱 안정된 현상을 보이는 법칙을 말한다[2].

소규모 또는 소수로는 불확정이나, 대규모 또는 다수로 관찰하면 거기에 일정한 법칙이 있게 되는데 이를 大數의 法則이라고 한다. 어떤 특정인이 언제 사망할지 예측할 수는 없으나, 다수의 사람을 관찰해 보면 매년 일정 비율로 사망하는 추이를 알 수 있다(정재환, 2006: 19).

2) 보험사고는 우연히 발생해야 한다

보험의 대상이 될 수 있는 보험사고는 반드시 불의로 발생해야 한다.

2) 사법연수원, 「전게서」, p. 1.

사고발생의 여부를 사전에 예견할 수 있거나 사고가 발생할 시간이나 장소가 명확히 예상되는 위험이 아니어야 한다. 따라서 규칙적이고 정기적으로 발생하는 위험은 보험의 대상이 아니다. 이러한 우연성의 원칙이 없다면 피보험자가 고의로 보험사고를 일으킬 수 있다

3) 보험은 금융제도이다

보험은 사전에 예견할 수 없는 사고로 인해 발생된 피해보상이나 비용을 재분배하는 금융제도이다.

4) 보험은 계약이다

보험은 보험료를 대가로 미래에 발생할 손실의 보상을 약속하는 계약이다.

보험제도화가 가능한 위험

- 동일위험에 놓여 있는 동종의 보험대상이 큰 집단을 형성
- 우연한 손해
- 화폐로 측정가능한 손해

보험에세이

'의료비 100% 보장 보험'

이달 말까지 판매 … 8~9월 가입 땐 3년만 100% 보장

보험을 깨지만 않으면 의료비를 전액 보장하는 민영 의료보험(실손형 보험)이 이달 말까지 판매되고 없어진다. 8~9월에 가입하면 3년간만 의료비의 100%를 보장하고, 그 이후에는 90%만 보장한다. 10월부터는 90% 보장 상품만 판매된다.

따라서 100% 보장 상품에 가입할 생각이라면 서두르는 게 좋다. 일부 보험사는 이번 주 초에 조기 마감할 계획이다. 하지만 보험사의 '절판 마케팅'

에 휘둘려 무턱대고 가입하는 것은 금물이다.

100% 보장 상품이 유리한지, 90% 보장 상품이 좋은지는 단언하기 어렵다. 새 상품이 아직 나오지 않아 비교가 힘들기 때문이다. 소득 대비 의료비 지출이 많은 경우라면 100% 보험 상품을 우선 고려할 만하다. 또 보장 기간이 짧거나 보장 한도가 낮은 상품에 가입했다면 이번 기회를 '100세까지 최고 1억원 보장' 상품으로 갈아타는 기회로 활용할 수 있다.

하지만 보험료는 90% 보장 상품이 더 쌀 가능성이 크다. 보험사가 상품 구성을 어떻게 하느냐에 달렸지만, 단순 계산으론 20% 정도 보험료 인하 요인이 있다. 또 90% 보장 상품에 들더라도 연간 의료비(본인이 내는 금액 기준)가 200만원을 넘어서면 초과액은 보험사에서 모두 부담한다.

100% 상품이 필요해 서둘러 가입하더라도 중복 가입은 금물이다. 실손형 보험은 실제 손해만 보상하기 때문에 여러 보험에 들어도 중복 보상을 하지 않는다. 또 의료비가 일정 금액 이상이면 3~5년 후 갱신이 안 되는 보험, 입원비 지급에 제한이 많은 보험 등은 피하는 게 좋다. 치과 치료, 소액의 통원 치료비 등은 보장이 안 된다.

(중앙일보, 2009.7.27.)

3. 보험의 한계

보험제도를 통해 이 세상의 모든 위험을 제거할 수 없다. 특히, 보험의 대상이 되는 위험은 한정되어 있다. 보험의 대상이 되고 있는 위험은 손해의 가능성만 있는 위험뿐이다.

손해의 가능성뿐만 아니라 이익의 가능성도 함께 상존하는 투기적 위험은 보험의 대상이 될 수 없다. 일반적으로 손해발생 확률을 구하기 어려운 동태적 위험도 보험의 대상이 아니다.

1) 기술적인 한계

위험발생 확률의 측정을 명확히 할 수 없는 경우

(1) 자주 발생되지 않는 위험: 지진, 폭풍우, 전쟁, 원자력사고, 비상위험

(2) 도덕적 위험: 방화

(3) 투기적 위험: 주가 변동

보험에세이

보험료 구성 내역 조목조목 밝혀야

사업비 등 공시 의무화...보험료 인하 기대

앞으로 보험회사들은 보험료의 구성내역을 인터넷 홈페이지에 구체적으로 공시해야 한다.

이렇게 되면 보험 가입자들은 자신의 보험료가 어떻게 산정됐는지를 알 수 있고, 부당한 사업비가 포함됐는지도 짚어낼 수 있게 된다. 이렇게 되면 보험사들의 경쟁이 강화돼 결과적으로 보험료 인하효과를 가져올 것으로 보인다.

금융감독원은 21일 "보험상품 공시제도에 대한 운영 실태를 점검한 결과 소비자가 보험상품에 대한 정보를 충분히 얻지 못하는 것으로 밝혀졌다"며 "보험사들의 공시의무를 보험료구성 내역까지 밝히도록 규정을 개정해 이르면 4분기부터 시행할 계획"이라고 밝혔다.

지금까지 보험사들은 보험상품 정보를 공개할 때 2001년 도입된 보험업고시제도에 따라 동 업계 평균과 비교한 상대지수만을 공개했다. 이 때문에 소비자들은 다른 보험사 상품과의 상대적 비교만 가능할 뿐 사업비 등 보험료 구성요소들의 구체적인 내용은 알 수 없었다.

이에 따라 금감원은 앞으로 보험회사들이 업계 평균과 비교한 상대적 지수뿐만 아니라 위험보험료·저축보험료, 부가보험료(사업비) 등 보험료를 구성하는 구체적인 요소비용까지 명시토록 할 예정이다.

이럴 경우 보험회사가 사업비를 높게 책정하기가 어려워져 업계 전반적으로 비슷한 보험의 보험료가 인하되는 효과가 예상된다.

금감원은 또 보험사들의 공시제도 운영을 상시 감시하는 부서를 만들어 인터넷 공시와 보험상품 안내서의 허위 및 과장 여부를 점검, 부당한 사례가 발견되면 즉시 시정조치를 내리기로 했다.

금감원은 이 밖에 보험회사의 인터넷 홈페이지에 보험가격 공시실을 의무적으로 운영토록 하고, 공시실을 이용할 때 회원 가입의무를 폐지해 가입자는 물론 일반 소비자들도 보험상품 정보를 손쉽게 이용할 수 있도록 했다.

(중앙일보, 2003.7.22.)

Check Point 위험발생 확률 측정이 불가능하면 보험에 부보할 수 없나?

일반적으로 위험발생 확률의 측정이 불가능한 위험은 보험의 대상이 되지 않으나 산업정책 등의 목적으로 정부의 지원 등에 의해 보험 대상으로 된 위험도 있다[3].

2) 경제적 한계

경제생활속에 잠재하거나 표면화된 위험이라도 보험의 필요성이 적은 위험과 보험의 필요성은 충분히 있으나 보험료의 부담이 너무 높은 경우에는 보험의 대상이 되지 않은 경우도 발생할 수 있다.

보험의 필요성이 적은 경우는 어떤 특정 위험으로 발생되는 손해가 미미하거나 개인이나 기업이 위험을 대비하여 준비금의 적립을 하는 경우이다. 보험료의 부담이 과중한 경우는 사고발생확률이 높아서 보험료가 비싼 경우이다.

보험에세이

불확실 한 미래…확실한 보장

보험가입 왜 필요 한가

40대 이후 사망률 급격히 증가, 적은 부담으로도 가족경제 안정

사업이 고도화되고 생활이 복잡해지면서 현대를 살아가는 사람들은 언제 닥칠지 모를 각종 위험에 대한 불안 속에서 생활하고 있다.

특히 한 가정의 경제를 책임져야 하는 가장이 사망이나 질병으로 경제능력을 상실할 경우 가족이 부담해야 하는 심적·경제적 고통은 상상할 수 도 없다.

---

3) 국제무역거래에서 수출대금의 지급확약을 한 신용장개설은행이 도산해서 수출업자가 수출대금을 회수하지 못하는 경우 수출보험에서 담보해주고 있다. 그런데 이러한 신용장개설은행의 도산에 관한 자료는 일정치 않아 통계로 정확히 파악하기 어렵다.

주택구입 때문에 대출받은 돈을 상환하기 위해 집을 다시 팔아야 하고 경제적인 곤란으로 자녀들이 대학진학을 포기하거나 가족을 부양하기 위해 공부를 중도에 포기할 수도 있다.

심지어 치료비가 없어 제때에 병을 고칠 수 없는 자포자기의 상황에까지 빠질 수 있다. 보험을 생각하는 것은 여기에서부터 출발한다. '내가 없어도' 가족들을 배고픔에서, 집 없는 서러움에서 보호받을 수 있는 장치를 마련해야 하기 때문이다.

보험은 언제, 어느 곳에서 발생할지모를 사망, 고도의 장애, 질병 등의 위험에 대비해 경제적 안정을 유지 · 보장해주는 상부상조의 제도이다.

오늘날 미국을 비롯한 대부분의 선진국에서는 보험을 가족보호의 필수 수단이라고 당연하게 여기고 있다. 국가 차원의 사회보험제도가 잘 되어 있음에도 불구하고 선진국들의 보험보급률은 90%를 상회한다.

생명보험협회의 자료에 따르면 2월 말 현재 보험에 가입한 인구는 5,594만 2,362명. 자동차보험 등 손해보험을 제외한 수치다. 또 다른 자료에 따르면 생명보험에 가입한 가구의 연평균 납입보험료는 285만원으로 가구소득의 약 10%를 차지하고 있다.

한편 최근 10년 사이 암에 걸려 숨진 사람이 10.6% 증가한 것으로 나타났다.

특히 가정의 생계를 책임져야 하는 40~50대 남자의 사망률이 매년 증가세를 보이고 있어 가족보호를 위한 수단으로서의 보험가입은 이제 가장의 필수조건이 됐다.

(한국일보, 2009.10.23.)

Check Point 확률과 보험사고 발생의 관계는?

확률이 1인 경우에는 사고발생이 필연적이다. 이에비해 확률이 0인 경우에는 사고발생이 불가능하다. 확률은 1에서 0까지 분포하며 확률이 크면 클 수록 리스크의 정도도 커진다.

보험에세이

'암보험 막차 타자'…암보험 인기몰이 '가입 전에 약관 꼼꼼히 살펴봐야'

수익을 내기 어렵다며 보험사들이 암 전용보험을 하나둘씩 없애는 가운데 남아있는 암보험 상품에 소비자들이 몰리고 있다.

7일 보험업계에 따르면 신한생명의 '신한콜하나로 암보험'은 보통 월 2천700건 안팎의 가입 실적을 올렸으나 지난달은 3천600건으로 급증했다. 고객들이 첫 달 내는 보험료를 뜻하는 초회보험료는 이 상품을 내놓은 후 처음으로 월 1억원을 넘어섰다.

이 회사 관계자는 "지난달 초 암보험이 점차 사라진다는 언론 보도가 나오고 나서 가입자가 급증하고 있다"며 "회사로 직접 전화를 걸어 암보험에 대해 문의하는 고객도 많다"고 말했다.

우리아비바생명의 '헬스케어 암보험'도 월평균 2천300여건이던 가입건수가 지난달 3천300여건으로 늘었다. 이달부터 판매가 중지된 미래에셋생명의 '파워라이프 암보험'은 절판 마케팅 효과를 톡톡히 누렸다. 한 달에 보통 3천여건이던 가입건수가 지난달에는 3만건을 넘어섰다.

암보험이 점차 사라지는 것을 역이용해 암보험 신상품을 내놓은 보험사도 재미를 톡톡히 보고 있다. AIA생명이 지난 1일 내놓은 '뉴 원스톱 암보험'은 하루 평균 가입건수가 250건으로, 출시한 지 일주일도 안돼 이 회사의 주력 상품으로 자리 잡았다.

암환자 증가로 보험금 지급이 늘어 수지타산이 안 맞는다는 이유로 대형 생명보험사들은 암 전용보험을 없애버렸지만, 중소형 보험사들은 이처럼 틈새시장을 개척하고 있다.

하지만, 지나치게 서둘러 가입하다 보면 상품 내용이 좋지 않은 암보험을 고를 수도 있으므로 꼼꼼히 살펴보고 가입할 필요가 있다고 전문가들은 조언했다.

전문가들은 ▲갱신형보다는 비갱신형 상품 ▲보장기간이 긴 상품 ▲최초 암 진단 시 지급되는 보험금이 큰 상품 ▲특약보다는 주계약에서 지급되는 보험금이 많은 상품이 가입자에게 유리하다고 설명했다.

한국소비자원 김창호 박사는 "암보험이면 모든 암이 다 적용되는 줄 알고 입했다가 낭패를 보는 사람이 적지 않다"며 "가입 전에 약관을 꼼꼼히 읽어봐야 한다"고 말했다. (중앙일보, 2010.9.7.)

제2장 보험의 종류

사보험: 영리를 목적
공보험: 영리를 목적으로 하지 않음
손해보험: 우연한 사고의 결과 발생하는 손해를 보상
생명보험: 우연한 사고가 발생했을 때 정해진 일정액을 지급

1. 보험기관

보험기관의 종류

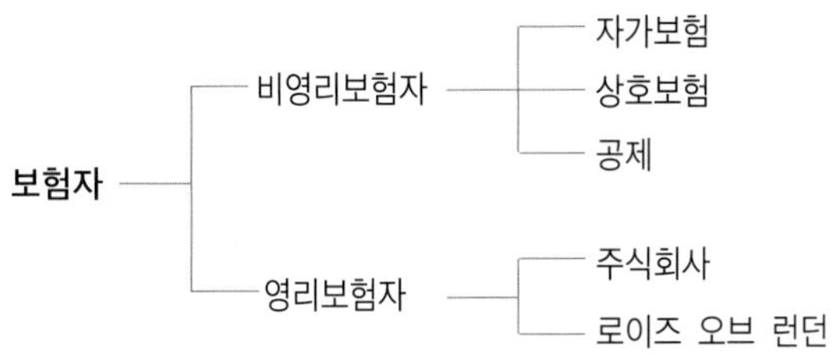

자료: 보험경영연구회(2002)

자료: 허연(2001)

〈그림〉 보험의 분류

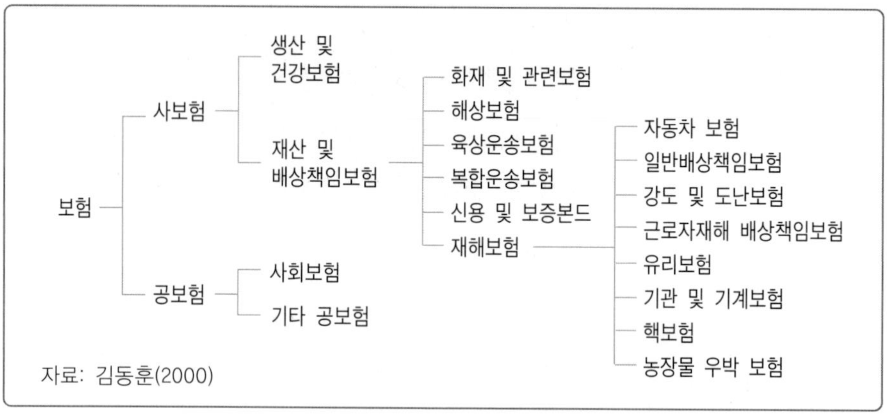

〈그림〉 보험의 세분화

2. 공보험

공보험(government insurance)은 국민경제적인 입장에서 국가, 공공단체 및 공공법인 등에 의하여 운영되는 보험이다. 공보험은 경제정책과 사회정책의 관점에서 운영된다.

공보험은 사보험의 영역이 미치지 않은 곳에 운영되고, 주로 특별법에 의하여 규율되고, 국가의 재정적 원조가 따르고, 그 가입이 강제가 되는 경우가 많다(사법연수원, 2009: 3).

1) 사회보험

사회보험은 19세기말 독일에서 시작되어 유럽의 다른 국가들과 미국 등에 소개되었다. 사회보험은 사회정책적 관점에서 국가가 국민생활의 안정과 복지증진을 목적으로 운영한다.

사회보험의 특징은 보험가입이 강제적인 강제보험(compulsory insurance)이다. 또한 보험료는 위험율보다도 피보험자의 소득에 따라 결정되는 경우가 많다. 보험료는 보험가입자와 국가 또는 근무하는 직장이 공동으로 부담한다. 또한 사회보험의 운영실적이 적자일 때는 국가에서 보조해 준다. 사회보험의 대표적인 사례는 의료보험, 국민연금보험 등이다.

2) 산업정책보험

산업정책보험은 국내산업을 보호하고 육성하는 경제정책적 관점에서 운영한다. 산업정책보험은 경제정책보험이라고도 하며 현재 우리나라에서 운영하는 대표적인 산업정책 보험은 수출보험이다.

보험에세이

스님도 신부님도 "보험 들어야 안심"

가입건수 지난해 두배 노후연금 · 건강보험 順

승려 · 목사 · 신부 등 성직자들의 노후대비 보험 가입이 늘고 있다.

삼성생명에 따르면 4월부터 8월까지 5개월 동안 가입자의 직업을 종교인으로 밝힌 신규 보험가입이 1만 1천여건으로 지난해 같은 기간(5천 6백여건)의 두 배 가까이 늘었다. 이 기간 중 보험료 수입도 76억원에 달해 지난해 같은 기간보다 90% 증가 했다.

삼성생명 관계자는 "성직자들이 가입하는 보험상품은 노후 생할 자금을 마련하기 위한 연금보험이 가장 많고, 그 다음은 질병 · 상해 시 치료비를 보장하는 건강보험으로 이 두 가지 상품이 대부분을 차지한다"고 말했다.

가입자를 종교별로 보면 기독교 목사가 가장 많지만 가족이 없는 승려와 신부들의 보험가입도 많이 늘고 있다고 회사 측은 설명했다.

중앙승가대 김응철 교수의 조사에 따르면 조계종 승려의 절반가량(49.2%)이 노후를 걱정하고 있으며, 노후에 머물 절이 없거나 병들 때 치료비나 간병인을 구하기 어려운 경우도 많았다. 천주교는 불교보다 사정이 약간 낫긴 하지만 은퇴한 신부들의 노후문제가 교단 차원에서 중요한 현안으로 떠오르고 있다.

한편 불교 승려들을 대상으로 한 특별 보험 상품도 곧 나올 예정이다. 교보생명은 불교계의 요청을 받아 업계 최초로 '연화연금보험'을 개발, 금융감독원에 인가를 신청했다.

(중아일보, 2002.10.14.)

3. 사보험

사보험(private insurnace)은 개인 또는 기업에 의해 경제적 관점에서 운영되는 보험이다[4]. 그런데 우리나라에서는 개인이 보험사업을 할 수 없으므로 주식회사, 상호회사만이 보험사업을 할 수 있다.

일반적으로 사보험은 보험가입이 강제되지 않은 임의보험(voluntary insurance)이다. 그러나 사보험중에서도 공보험적 성격을 갖고 있는 자동차손해배상책임보험은 가입이 강제된다. 우리나라의 사보험은 상법의 보험분류 방법에 의해 손해보험과 생명보험으로 구분된다.

보험에세이

좋은 보험회사 고르는 방법

계약유지율 중시 자산운용 능력도

좋은 보험회사를 선택하려면 먼저 그 회사의 계약유지율과 자산운용능력을 살펴라.

보험전문가들은 좋은 보험회사를 선택하는 기준으로 계약유지율을 우선 꼽는다. 계약유지율은 고객들이 보험회사의 보험료, 사고처리 서비스 등에 만족하고 있다는 것을 나타내는 수치이기 때문이다.

보험전문가들은 또 보험이 미래의 위험을 대비하기 위한 수단인 만큼 보험사의 자산운용능력을 따져봐야 한다고 조언. 안정성을 우선시해야 한다는 얘기다.

(중앙일보, 2010.3.11.)

4) 현대에는 공보험의 기능을 보완하는 사보험이 많이 개발되고 있다. 예를 들어 산재보험의 급여수준이 충분하지 못한 점을 감안하여 그 초과 손해를 보상하는 내용의 근로자재해보상책임보험, 연금제도의 확충을 위하여 운영되는 개인연금 보험 등이 개발되고 있다(사법연수원, 2009: 4).

1) 손해보험

손해보험은 우연한 사고로 발생하는 손해를 보상해주는 보험이다. 손해보험에서 피보험자에게 지급되는 보험금의 성격은 실손보상이다. 이러한 실손보상의 손해보험의 반대개념은 발생된 손해액에 상관없이 일정액을 피보험자에게 지급하는 정액보험이다.

손해보험계약은 보험계약자가 약정한 보험료를 지급하고 보험자가 우연한 사고로 인하여 생길 피보험자의 재산상의 손해를 보상할 것을 약정하는 계약이다[5].

손해보험은 보험료를 대가로 보험료를 납부한 자에 대한 손해를 보상하는 보험이다. 손해보험은 피보험자에게 발생한 손해를 보상하기 때문에 동일한 자동차 보험료를 낸 다수의 피보험자들에게 자동차보험에서 담보하는 보험사고가 발생하였을 경우 각자의 손해발생액 따라 지급되는 보험금은 달라진다. 상법에서 규정하고 있는 손해보험에는 해상보험, 화재보험, 자동차보험 운송보험, 책임보험의 5가지가 있다. 그러나 손해보험에는 이외에도 제조물책임보험 등의 다양한 형태가 있다.

2) 생명보험

생명보험은 우연한 사고가 발생할 때에 피보험자에게 보험금을 지급하는 보험이다. 생명보험의 분류기준은 보험객체에 따른 구분이다. 즉, 생명보험의 보험객체는 사람이다. 그리고 이러한 보험객체의 구분에 따른 생명보험의 반대되는 개념은 재산보험 또는 물보험(物保險)이다.

3) 제3분야보험

질병보험, 상해보험은 보험의 객체가 사람이라는 점에서는 생명보험과 유사하다. 그러나 피보험자에게 발생한 실제손해 만큼 보험금을 지급한다는 손해보험의 특징을 가지고 있다. 이처럼 제3분야 보험인 질병보

5) 상법 제665조.

험, 상해보험은 생명보험과 손해보험의 공통된 특징을 갖고 있다.

보험에세이

인터넷 보험 보험사가 입증책임

공정위 표준약관 추진

인터넷으로 보험에 가입할 때 생기는 피해의 원인이 소비자에게 있다는 점을 보험회사가 입증하지 못하면 보험사가 책임을 져야 하는 등 각종 소비자 피해에 대한 보험사의 책임이 강화된다.

공정거래위원회 관계자는 15일 "소비자 피해 보상 규정 등을 담은 인터넷 보험 분야의 표준약관 제정을 추진하고 있다"며 "보험업계가 마련한 안을 대부분 수용해 이르면 하반기부터 시행할 계획"이라고 밝혔다. 공정위는 현재 손해보험협회 등이 마련한 '보험사 전자거래에 관한 기본약관'을 놓고 협의 중이다. 이 약관은 생명보험과 손해보험 모두 적용된다.

약관안은 인터넷을 이용한 보험 계약 과정에서 가입자의 잘못이 없는 데도 정보 전송이 잘못돼 가입자가 불이익을 보거나 비밀번호 누출 등으로 문제가 생겼을 경우 보험사가 책임을 지도록 하고 있다. 특히 피해의 책임이 가입자에게 있는지, 보험사에 있는지를 가릴 수 없는 경우에 보험사가 책임을 져야 한다.

인터넷 가입 보험도 일반 보험과 마찬가지로 소비자보호원이나 금융감독원에 분쟁조정 신청을 할 수 있도록 명문화된다. 형식적으로 게시되고 있는 보험 가입 전 주의사항이나 약관을 소비자들이 반드시 읽도록 하기 위해 해당 문서의 마지막 문장을 클릭해야 계약 절차를 진행할 수 있게 하는 방식 등도 검토되고 있다.

제정된 약관을 보험사 사정에 의해 소비자에게 불리한 쪽으로 고치게 될 경우엔 한달 전 일간지를 통해 공고해야 한다.

또 인터넷 보험 가입자의 신원 확인 절차가 지금보다 까다로워진다. 보험사들은 소비자가 인터넷으로 계약을 체결하는 과정에서 소비자에게 휴대전화 문자메시지나 e-메일을 보내 본인 여부를 확인하는 방안을 검토 중이다. 휴대전화나 e-메일로 인증번호를 보내면 소비자가 이 번호를 인터넷에 입력하는 방식이다.

현재 인터넷 보험은 전체 보험계약의 3~4% 수준에 불과하지만 조만간

10%대로 늘 것으로 전망돼 각 보험사가 인터넷 영업을 강화하고 있는 추세다.

한편 공정위 관계자는 "이동통신 업체 약관은 가입자가 계약을 해지할 때는 날짜(日)단위로 요금을 정산하고, 업체 책임으로 서비스가 중단됐을 때는 중단된 시간 만큼만 요금을 깍아주도록 규정돼 있다"며 "통신업체에 동일한 요금 정산 기준을 적용하도록 권고할 방침"이라고 말했다. 공정위는 또 청소년들이 이동통신 가입을 해지하는 경우에는 가입할 때와 달리 부모 동의서가 없어도 해지할 수 있도록 약관을 고칠 방침이다.

(중앙일보, 2003.5.16.)

Check Point 손해보험과 생명보험은 겸업이 가능한가?

일반적으로 손해보험과 생명보험은 본질적인 성질이 다르고 그로 인해 보험단체의 운영방식이 달라 겸영(兼營)이 금지되고 있다[6][7]. 그러나 상해보험과 생명보험의 재보험은 예외로 겸업이 허용되고 있다[8]. 손해보험과 생명보험의 겸업을 허용할 경우 보험계약자에게 금전적 손해가 발생할 가능성이 있어 금지하고 있다.

일반적으로 생명보험은 계약기간이 장기간이고, 보험사고의 발생률도 안정적이다. 이에 비해 손해보험은 계약기간이 단기가 대부분이고, 손해발생률도 불안정한 양상을 보이고 있다.

이처럼 손해보험과 생명보험은 보험계약기간과 손해발생률에서 큰 차이가 있는데 손해보험과 생명보험의 겸업을 허용하면 선의의 보험계약자에게 금전적 피해를 줄 수 있다.

예를 들어 어떤 보험계약자가 손해보험과 생명보험을 겸업하는 보험회사에 생명보험을 부보하였는데, 이 보험회사에서 화재보험으로 인수

---

6) 보험업법 제10조

7) 보험이 발달한 영국에서는 해상보험과 생명보험의 겸업이 허용되고 있다(구종순, 2009).

8) 생명보험의 재보험 및 제3보험의 재보험, 다른 법령에 의하여 겸영(兼營)이 가능한 보험종목으로서 대통령령이 정하는 기준에 따라 제3보험의 보험종목에 부가되는 보험은 예외로 하고 있다.(사법연수원, 2009: 7).

한 초대형건물에서 대형화재가 발생하여 대규모 보험금 지급때문에 보험사가 도산한 경우 이 보험사에 생명보험을 부보한 보험계약자까지 피해가 발생할 수 있다.

〈표〉 보험의 성격

보험정책	공 보 험			사 보 험	
경영주체	공영보험			사영보험	
보험목적물	인 보 험			물건보험	
급여방법	정액보험			손해보험	
보험가입	강제보험			임의보험	
사고발생장소	항 공	육 상			해 상
보험형태	원 보 험		재 보 험		

자료: 구종순(2010)

보험에세이

'특정지역 自保거절' 기준 모호

양양-인제-횡성-함평 손해율 전국평균 밑돌아

사고다발지역으로 분류돼 자동차보험 가입이 쉽지 않은 전국 48개 시·군 주민들이 많은 불이익을 받고 있는 것으로 나타났다. 또 일부 지역은 손해율이 전국평균을 밑돌아 손해 보험사들이 왜 자동차보험 계약을 꺼려하는지에 대한 의문이 커지고 있다.

21일 보험개발원에 따르면 지난해 3월말기준 전국 48개 보험 인수거절지역의 손해율 Δ100% 이상 18곳 Δ76.8~100% 미만 26곳 Δ76.8%미만 4곳인 것으로 분석됐다. 즉 4곳은 지난해 3월말 현재 손보사들의 평균 손해율인 76.8% 미만인데도 사고다발지역으로 분류돼 있는 것. 해당 지역은 강원도의 양양 인제 횡성군과 전남의 함평군 등이다.

한 보험사 관계자는 "업계 전체의 손해율이 보험사별 손해율과 서로 달라 보험사별로 입장이 다르다"며 "3곳 이상의 보험사가 위험지역으로 분류하면 인수거절지역이 된다"고 말했다. 결국 일부 지역은 몇몇 손보사들의 자체 손해율이 높아 전체 주민들이 피해를 보는 꼴이다.

또 이들 보험 인수 거절지역에서 주민들이 보는 피해도 상당했다. 금융감독원이 국회 정무위 김부겸(金富謙)의원에게 제출한 자료에 따르면 이들 지역에서 공동가입물건 인수계약이 99년 2만 3861건에서 지난해 11만 7761건으로 393%나 증가한 것으로 나타났다. 수입보험료를 기준으로 할 때도 같은 기간 76억원에서 443억원으로 5배 가량 늘었다. 공동가입물건은 손보사가 보험가입을 거절한 것을 손보사들이 함께 인수하는 상품으로 통상 보험료가 10~30% 정도 비싸다.

한 보험사 관계자는 "올 들어 각 시군에 손해율 자체가 변했고 최근 것에 가중치를 많이 두는 만큼 9월 혹은 10월 중에 새로운 지역이 선정될 것"이라고 말했다.

더구나 최근 몇 년간 이들 지역에 각 보험사의 영업소와 영업사원도 크게 준 것으로 나타나 해당 지역 주민들은 자동차 보험에 가입할 때 불편을 겪고 있다.

한편 이들 지역 대부분에서 자동차사고는 오히려 전국 평균보다 적게 발생하는 것으로 조사됐다. 이들 지역 가운데 2000년 전국 평균 사고율(사고발생건수를 차량대수로 나눈 값)인 4.69%를 넘는 지역은 8곳에 불과한 것. 한 보험전문가는 "사고율이 낮은데 손해율이 높다는 것은 대형사고가 자주 난다는 뜻"이라며 "원인을 밝혀 주민 불편을 줄여야할 것"이라고 말했다

(동아일보, 2000.8.22.)

보험에세이

자동차보험 사고율 전국 최고

損保社 "전북서 손 뗄래"

"가입 늘수록 적자" 패쇄 잇달아 주민 불편 갈수록 심해져

손해보험사들이 영업적자 누적을 이유로 전북지역의 지점을 잇따라 폐쇄해 주민 불편이 가중되고 있다.

7월 손해보험업계에 따르면 전북지역의 자동차보험 사고율이 전국에서 가장 높아 영업적자가 늘어나자 지난해 익산지역의 11개 손해보험사가 영업점만 남겨두고 지점을 모두 철수한데 이어 이달들어 D보험사도 군산과 남원

지역 지점을 폐쇄했다.

이에 따라 현재 전주를 제외하고 군산과 익산, 남원 등 중소도시 지역에는 군산의 H보험사 1곳만 남겨놓고 지점 모두가 폐쇄된 상태다.

또 일부 보험사는 올해 전주지점까지 폐쇄 또는 축소할 계획이어서 전북 지역이 손해보험 사각지대로 전락할 위기에 놓였다.

이처럼 손보사들이 전북도내 지점을 잇따라 폐쇄하는 것은 지역의 자동차 보험 사고율이 6.43%로 제주(2.61%), 충북(4.03%), 전남(3.71%), 광주(4.16%) 등보다 크게 높아 보험가입자가 늘수록 영업적자도 늘기 때문으로 풀이되고 있다.

전북의 경우 자동차 1만대 당 사고건수가 전국 평균(434건)보다 많은 616건이며 사상자수도 전국 평균(632.8명)보다 훨씬 많은 971.4명이다.

손해보험 관계자는 "전북지역의 사고와 보험율이 타 지역에 비해 높은 것은 교통안전시설 미비 등에도 원인이 있지만 일부 '가짜 장기입원환자' 들이 늘어나기 때문"이라며 "보험협회 등에서 지역별로 보험료를 차등 적용하는 방안을 검토 중인 것으로 안다"고 말했다.

(동아일보, 2001.3.8.)

4. 유사보험제도

1) 자가보험

자가보험(自家保險)은 동종의 재산을 많이 가지고 있는 하나의 경제주체가 스스로 사고발생률을 계산하여 그에 따라 산출된 필요자금을 미리 비축하는 방식이다[9].

이처럼 자가보험은 기업이 소유하고 있는 자산에 사고가 있을 것에 대비하여 매 사업연도마다 일정액의 준비금을 따로 적립하여 손해가 발생하였을 때 사용하는 유사보험제도이다. 예를 들어 창고회사 등이 회사 내부적으로 준비금을 매 사업연도마다 적립해서 우연사고의 발생에 따른 손해를 대비하는 경우가 많다.

9) 사법연수원, 「전게서」, p. 2.

그런데 이처럼 기업이 우연사고의 대비를 보험회사에 전가하지 않고, 준비금으로 하는 경우 만약 대비했던 사고가 전혀 발생되지 않거나 실제 발생된 사고의 규모가 예상보다 적은 경우 사고를 대비해서 적립한 준비금은 기업에 남게 되어 결과적으로 기업이 이익을 보게 된다. 그러나 실제 사고의 규모가 기업이 대비한 준비금 이상으로 발생한 경우 기업이 막대한 피해를 볼 수도 있다.

Check Point 자가보험과 보험의 공통점과 차이점?

자가보험과 보험은 둘 다 모두 미래를 대비하는 금전적 준비라는 공통점이 있다. 그러나 양자는 다음과 같은 근본적인 차이점이 있다. 보험은 불특정다수의 경제주체의 결합임에 비해, 자가보험은 특정기업내에서 준비금으로 우연사고를 대비하는 것이다. 즉, 한 경제주체의 위험을 다수의 경제주체에게 분산하지 않는다(사법연수원, 2009: 2).

Check Point captive에 부보한 보험료도 공제가 되나?

우연사고로 발생된 손해의 최종부담자와 피보험자가 동일인인 captive[10]의 경우 보험회사가 피보험자의 소유이므로 위험의 이전은 현실적으로 발생하지 않는다. 따라서 피보험자가 지불한 보험료는 세금공제를 받지 못한다.

2) 저축

저축과 보험은 미래의 경제적 불안전을 대비한다는 공통점이 있다. 그러나 저축은 다수의 위험공동체 성격인 보험과 달리 개인의 금융자산이다. 따라서 저축은 개인소유로 임의처분할 수 있지만, 개인이 납부한 보험료는 보험단체의 소유가 되어 개인이 임의처분하는데 많은 제한이 따

10) 모회사의 위험전문회사.

른다.

Check Point 적립형보험은?

저축의 기능과 보험의 기능이 혼합되어 있는 적립형보험은 담보기간 중에 보험사고가 발생하면 보험금이 지급되나, 보험사고가 발생하지 않고 만기가 되면 만기금이 지급되고 보험료는 세금공제를 받을 수 있다.

3) 보증

보증은 주채무자 이외의 제3자가 주채무자가 채무를 불이행한 경우 그 채무를 대신 이행하거나 채권자의 손해를 배상해주는 약정이다. 보증에는 품질보증, 채무보증, 신원보증 등이 있다.

보험과 보증의 공통점은 우연히 발생되는 미래의 경제적 불안을 대비한다는 점이다. 그런데 무상보증은 무상이라는 점이 보험료를 내는 보험과 다르며, 유상보증은 유상이라는 점에서는 보험과 유사하나 보증은 소수의 결합이라는 점에서 불특정 다수의 단체적 결합인 보험과 다르다.

4) 공제

공제(控除)는 동일한 직업, 사업에 종사하는 자가 상호구제를 위하여 조합을 설립하고 조합원의 사망, 사고 등의 경우에 일정한 공제금을 지급하는 제도이다(사법연수원, 2009: 2).

공제는 이처럼 동일한 직업군의 단체 등이 조합을 조직하여 소속된 조합원에게 불의의 사고가 발생하거나 소유재산에 손해가 발생한 경우 등에 공제금이나 현물을 지급하는 상호구제제도 및 상호부조이다.

보험과 공제의 공통점은 다수가 우연사고로 인한 위험을 대비하여 집단을 구성하고, 손해발생시에 일정금액을 지급하거나, 손해를 보상한다는 점이다. 이에 비해 보험과 공제의 차이점은 일반적으로 보험은 가입자가 불특정 다수인데 비해 공제는 가입할 수 있는 자격이 직장 등으로 제한되어 있다는 점이다.

5) 도박

보험과 도박은 둘 다 적은 투자로 많은 보상을 받으려는 점은 유사하다. 그러나 보험은 항상 손실만 가져다 주는 위험을 제거하기 위한 생산적인 제도이고, 도박은 그 자체가 투기이기 때문에 도박을 함으로써 새로운 투기위험을 가져오는 비생산적인 행위이다[11].

도박은 우연한 사고의 발생을 원할뿐만 아니라 그로 인하여 적극적인 이득을 얻고자 하는데 그 목적이 있다. 이에 비해 보험은 가능하면 피하고 싶은 우연한 사고에 의하여 입게 되는 경제적 손실을 대처하고자 하는 수단이다[12].

보험에세이

농협-보험사 '보험' 용어 놓고 한 판

농협, 보험 이름 붙여 공제상품 광고
보험업계 "명칭 사용 중단하라" 소송

농협이 공제(유사보험) 상품을 팔면서 보험이라고 광고하는 데 대해 보험업계가 정면으로 반발하고 나섰다.

생명보험협회는 최근 23개 회원사의 공동 명의로 농협이 보험이란 명칭을 사용하지 못하게 해달라고 법원에 가처분 신청을 냈다. 손해보험협회도 이번 주 중 13개 회원사의 위임을 받아 같은 내용의 소송을 내기로 했다.

보험업계는 보험 · 생명 · 손해 등의 용어는 보험사만 쓸 수 있다는 보험업법 조항을 들어 농협이 보험이란 명칭을 쓰면 안된다고 주장했다. 그러나 농협은 보험업법의 적용을 받지 않는다는 농협법 조항에 따라 보험이라 명칭을 쓸 수 있다는 입장이다.

---

11) Frederick G. Crane, Insurance Principle and Practice, John Wiley and Sons, 1984, p. 84.

12) 사법연수원, 「전게서」, p. 2.

농협의 공제 사업 규모는 자산 기준으로 21조원에 달해 일반 보험사와 비교하면 업계 4위 수준이다. 생보협회 윤상 차장은 "농협법 조항은 농협이 보험과 비슷한 공제 상품을 취급해도 좋다는 의미이지, 보험사도 아니면서 함부로 보험이란 명칭을 써도 된다는 것은 아니다"라고 말했다.

그러나 농협 공제보험기획부 박형규 팀장은 "네군데 법률회사에 문의한 결과 한결같이 보험이란 명칭을 써도 된다는 답변을 받았다"고 반박했다.

보험업계는 또 농협의 공제 상품이 엄밀하게 보면 보험과 다르다고 주장했다. 다수의 가입자에게 보험료(공제료)를 받아 어려운 사정이 생긴 사람에게 보험금(공제금)을 주는 것은 보험과 공제가 같다. 그러나 보험 상품을 만들 때는 금융감독원에서 보험료 등에 대해 엄격한 심사를 받는 반면 공제 상품은 그렇지 않다는 것이 보험업계의 지적이다. 이에 대해 농협의 朴팀장은 "농협의 공제 상품은 내용적으로 보험과 전혀 차이가 없다"며 "다만 감독권이 금감원에 있느냐, 농림부에 있느냐 하는 차이일 뿐"이라고 설명했다.

(중앙일보. 200.09.17.)

제3부

해상보험과 수출보험의 이해

제1장 해상보험 입문

1. 해상보험이란

해상보험 = 항해로 인한 해상위험으로부터 발생한 해상손해를 담보

해상보험(Marine Insurance)은 항해에 관한 위험을 담보하여 피보험자[1]를 해상위험(maritime perils)으로부터 벗어나게 하는 것이 목적이다. 즉, 해상보험은 항해에 기인(起因) 또는 부수하는 해상위험으로 발생한 해상손해를 보험자가 피보험자에게 보상하는 보험이다.

Check Point 해상위험이란?

해상위험이란 선박의 항해와 관련하여 발생할 수 있는 제반위험을 말하는데 크게 자연적인 위험(좌초, 침몰, 폭풍우, 화재 등)과 인위적인 위험(해적, 강도, 투하, 선원의 악행, 전쟁 등)으로 구분된다. 기본적으로 해상보험은 해상위험에 관한 보험이지만 해상운송에 부수하는 육상운송 등의 화물손해에 대해서도 보상범위를 확장하여 운영하고 있다.

2. 해상보험의 종류

해상보험= 적하(cargo)보험, 선박(hull)보험, P&I(protection & indemnity)보험

1) 손해의 보상을 받는자.

1) 적하보험(Cargo Insurance)

적하보험의 보험의 목적(물) = 화물
적하보험의 피보험자 = 하주

적하보험은 하주의 소유자 이익을 피보험이익으로 하는 보험이다. 화물을 보험의 목적(물)로 하는 보험으로서 운송중 화물이 멸실 또는 훼손되거나 화물을 보존하기 위하여 경비를 지출함으로써 화물의 소유자가 입은 손해를 보험조건에 따라 보상하여 주는 보험으로서 해상적하보험증권은 선하증권, 상업송장과 함께 환어음에 첨부되어 국제무역거래계약의 이행수단으로 이용된다.

2) 선박보험(Hull Insurance)

선박보험의 보험의 목적(물) = 선박
선박보험의 피보험자 = 선사, 용선자

선박보험은 선박을 보험의 목적(물)로 하는 보험으로서 선박의 관리 및 운항중에 멸실이나 훼손 또는 선박을 보존하기 위하여 지출된 경비 및 선박으로부터 발생한 책임손해가 있는 경우 이러한 손해를 보험조건에 따라 보상하여 주는 보험이다.

3) P&I 보험

P&I 보험의 피보험자 = 선주, 용선자
선박보험과 P&I 보험의 차이점: 운영기관

선주책임상호보험조합(Protection & Indemnity)는 제3자에 대한 배상책임을 담보하는 선주상호간의 보험을 말한다. 일반적으로 이러한 선주상호간의 공제조합을 P&I클럽이라고 하고, 가입금은 call이라고 한다.

해상운송과정중에 발생하는 손해 및 배상책임은 다양하기 때문에 선주 및 용선자가 선박보험만으로는 이러한 모든 위험을 커버할 수 없다.

따라서 선주들은 선주상호간의 공제조합인 P&I클럽을 구성하여 운영하고 있다. P&I클럽에서 담보하여 주고 있는 담보범위는 국가별, 클럽에 따라 다종다양하나, 선원의 사상(死傷)이나 제3자에 대한 선주의 법적배상책임이 가장 중요한 담보대상이다.

〈표〉 해상보험의 종류

보험의 종류	주요내용
■ 적하보험	해상운송중에 해상위험에 의하여 하주가 입은 손해를 보상하는 보험
■ 희망이익보험	화물이 목적지에 도착함으로써 하주가 당연히 얻게 되는 희망이익을 해상위험의 발생으로 상실된 경우 그 상실된 희망이익을 보상하는 보험
■ 수입세보험	수입화물의 전부 또는 일부가 항해중 손상된 경우 하주가 정해진 수입세를 지급함으로써 입은 손해를 보상하는 보험
■ 컨테이너 보험	컨테이너에 화물을 싣고 운송되는 경우 컨테이너와 관련된 보험으로 컨테이너 자체 보험, 컨테이너 소유자의 제3자에 대한 배상책임보험, 컨테이너 운영자의 화물손해배상 책임보험으로 구분한다.

자료: 박명섭(2008)

Check Point 적하보험, 선박보험, P&I보험, 수출보험의 차이점은 무엇인가?

적하보험(cargo insurance), 선박보험(hull insurance), 선주상호책임보험(Protection & Indemnity), 수출보험(Export Insurance)의 차이점은 적하보험과 선박보험은 일반적으로 민영보험사(손해보험사)에 의해 운영되고 있고, P&I보험은 선사들의 조합 형태인 P&I클럽에 의해 운영되고 있다.

수출보험은 수출진흥을 위하여 꼭 필요한 보험이나 이윤추구가 목적인 민영보험사에는 도저히 담보할 수 없는 위험을 국가기관 및 공공기관에서 담보해주고 있다. 우리나라는 한국무역보험공사에서 수출보험을 취급하고 있다.

제2장 해상보험계약

1. 계약

계약(契約) = 약속(約束)

계약이란 약속이라고 정의할 수 있다. 그런데 우리가 자주하는 약속은 크게 나누어 보면 두가지로 분류할 수 있다. 첫째는 …하겠다, 둘째는 …하지 않겠다. 우리 꼬마와 매일하는 약속을 예를 들어 보면 "공부 열심히 하겠다", "거짓말 하지 않겠다".

이와 같이 약속은 크게 作爲(..하겠다)와 不作爲(…하지 않겠다)로 나누어 볼 수 있고, 계약이란 계약 당사자간에 작위와 부작위에 대한 약속이라고 정의할 수 있다. 이러한 계약은 계약의 성격에 따라 다종다양하게 많이 있는데 예를 들어 임차인과 임대인간에 약속을 임대차계약이라고 한다.

2. 무역계약과 해상보험의 관계

무역의 3대 계약 = 매매계약, 운송계약, 보험계약

무역계약이란 무역이라는 상행위를 수행하는데 필요한 무역관계자간의 약속이라고 정의할 수 있다. 무역관계자란 무역을 수행하는데 관계되는 당사자를 말하는데 기본적으로 수출업자, 수입업자이외에도 보험업자, 운송업자 등을 말한다.

무역계약은 수출업자와 수입업자간의 매매계약을 주계약(主契約)으로 하여 운송계약과 보험계약으로 구성되어 있다. 즉, 무역은 국제간의 상거래이므로 국제운송과정이 필요하고 이 과정에서 상존하는 위험을 관리하기 위해 보험이 필요하다. 이러한 운송계약과 보험계약은 기본적으로 수출입업자간에 무역거래의 기본적인 조건들을 정한 매매계약의 운송조건과 보험조건에 따라 수출업자나 수입업자 중에 한 당사자와 운송업자, 보험업자간에 체결된다(강영문, 2004).

3. 해상보험계약의 성격

해상보험계약 = 손해보상계약

해상보험계약은 보험자가 피보험자에게 계약에서 합의된 방법과 범위 내에서 해상손해, 즉 해상사업에 수반하여 발생하는 손해를 보상해줄 것을 약속하는 계약이다[2]. 이처럼 해상보험계약은 해상보험자가 해상위험으로 인해 발생한 해상손해를 해상보험계약에 의하여 피보험자에게 보상하는 손해보상계약이다.

Check Point 해상사업이란?

해상보험계약이 체결될 수 있는 해상사업은 다음과 같다.

첫째, 피보험재산(insurable property: 선박, 화물 등)이 해상위험에 직면할 경우

둘째, 선박, 화물 등이 해상위험에 직면함으로써 운임, 여객운임, 수수료 등을 받지 못할 경우

셋째, 선박, 화물 등이 해상위험에 직면함으로써 선불금(advances), 대부금, 선비(disbuesements) 등에 대한 담보금을 상실할 경우

2) MIA 제1조.

넷째, 선박, 화물 등을 소유함으로써 소유자가 제3자에 대해 배상책임을 부담하게 될 경우(전창원, 1998).

4. 해상보험계약의 관련자

■ 보험자 ■ 피보험자 ■ 보험계약자 ■ 보험대리점 ■ 보험중개인

1) 보험자

보험자(insurer, assurer, underwriter)는 보험계약을 인수하는 보험회사 또는 보험업자이다. 우리나라는 개인 보험업자를 인정하지 않으므로 보험회사를 말한다. 보험자는 보험사고가 발생하면 보험금을 지급한다. 보험자는 보험료의 대가로서 위험을 담보하고 그 위험으로 발생한 손해를 보상한다.

보험자는 보험사고가 발생한 경우에 보험금을 지급할 의무를 지는자로 일정액 이상의 자본금 또는 기금을 갖추고[3], 금융위원회의 허가를 받은 주식회사, 상호회사와 외국인회사만이 보험업을 영위할 수 있다[4]. 그러므로 개인, 합명회사, 합자회사, 유한회사는 보험자가 될 수 없다(사법연수원, 2009: 21). 우리나라 상법에서는 해상보험계약의 보험자는 해상사업에 관한 사고로 인하여 생길 손해를 보상할 책임이 있다고 규정하고 있다[5].

2) 보험계약자

보험계약자(Policy Holder, Proposer)는 보험자와 보험계약을 하는 자로 보험자에게 보험료를 지급한다. 영국 해상보험법에서는 피보험자의 대리인으로서 보험계약을 하는 자를 보험계약자라고 한다.

---

3) 보험업법 제6조.
4) 보험업법 제4조.
5) 상법 제693조.

3) 피보험자

피보험(insured, assured)는 손해가 발생했을 때 보험자에게 보험금을 청구하고 보상받을 수 있다.

Check Point 해상보험에서 피보험자와 보험계약자가 항상 동일인인가?

해상보험계약(marine insurance contract)은 보험자(insurer)가 해상위험으로부터 발생한 해상손해를 보험계약자(policy holder)와의 계약에 의해 합의한 범위안에서 피보험자(insured)에게 보상할 것을 약속하고 보험계약자는 그 대가로서 보험료(insurance premium)를 지급할 것을 약속한 계약이다.

적하보험에서는 인코텀즈 조건에 따라 보험계약자와 피보험자가 동일인인 경우도 있고 상이한 경우도 있다. 예를 들어 FOB조건에서는 보험계약자와 피보험자가 수입상으로 동일하지만, CIF조건에서는 보험계약자는 수출상이고, 피보험자는 수입상으로 상이하다.

> FOB: 보험계약자와 피보험자 동일
> CIF: 보험계약자와 피보험자 상이

Check Point 무역계약의 소유권 이전시점과 피보험이익의 관계?

무역계약에서 화물에 대한 피보험이익은 위험부담의 이전시점 또는 소유권의 이전시점에 이전된다. FOB조건이나 CIF조건에서 화물에 대한 위험부담은 선적지의 선박의 현측난간을 통과할 때에 수출자로부터 수입자에게 이전되므로, 화물에 대한 피보험이익도 선박의 현측난간을 기준으로 선적 전에는 수출자에게, 선적 후에는 수입자에게 있다(사법연수원, 2009: 117).

4) 보험대리점

일반적으로 보험상품은 점두판매가 어려워, 보험회사는 보험영업의 보조자로서 보험대리점을 활용한다. 보험대리점(Insurance Agent)은 보험회사를 대신해서 보험계약의 체결을 대행한다. 우리나라 보험업법에 의하면 보험대리점은 보험사업자를 위해 보험계약의 체결을 대리하는 자이다.

보험대리점은 보험자의 보험모집 보조자로서 보험자의 대리인의 지위를 갖고 보험회사의 대리권을 행사한다. 보험대리점이 보험자를 대신할 수 있는 권한을 갖을 수 있는 것은 보험대리점계약을 통해 수권되기 때문이다.

보험자는 보험대리점과 대리점계약을 통해서 보험대리점에게 보험모집에 관한 대리권을 부여하고, 보험대리점은 부여받은 대리권을 행사하여 보험계약을 체결한다. 일반적으로 보험대리점은 영업보증금을 보험회사에 기탁한다. 그리고 보험회사가 대리점에 부여한 대리권의 범위에 따라 보험대리점의 권한이 상이하다.

(1) 체약대리점

체약대리점은 보험자의 명의로 계약을 체결할 권한이 있고, 보험료도 지급받을 수 있으며, 통지수령권도 있다(사법연수원, 2009: 23). 이처럼 체약대리점은 보험자의 대리인으로서 보험계약 체결권을 갖을 뿐만 아니라 고지수령권, 보험료 수령권, 통지의 수령권 등도 갖는다. 또한 체약대리점이 보험계약과 관련하여 인지한 사유는 보험자가 인지한 것과 동일한 효력을 갖는다.

(2) 중개대리점

중개대리점은 보험계약의 체결을 중개만할 뿐 보험계약의 체결에 관한 어떠한 권한도 없는 보험대리점을 말한다[6]. 따라서 보험계약자가 보

6) 우리나라에서 보험대리점이 되고자 하는 자는 금융위원회에 등록해야 한다(보험

험회사가 아닌 중개대리점에 보험관련 중요 사안을 고지하거나 보험료를 납부한 경우 이는 보험자에게 고지하거나 보험료를 납부한 것으로 인정되지 않는다.

Check Point 우리나라 손해보험대리점은 체약대리점인가 중개대리점인가?

우리나라 대부분의 손해보험대리점은 획일적인 대리점계약을 통해 계약체결대리권 등 손해보험계약의 체결에 관한 광범위한 권한을 수여받고 있는 경우가 많다. 특히 우리나라는 보험업법시행령에서 보험대리점을 손해보험대리점, 생명보험대리점으로 구분하고 있다.

Check Point 해상보험대리점은 어떤 종류가 있나?

해상보험은 국제보험의 성격이 강해 보험대리점이 국내뿐만 아니라 세계 각지에 다양하게 설치되어 있는 경우가 많다. 대형 손해보험회사들은 세계 주요 항만도시에 손해정산대리점, 손해사정대리점, 보험인수대리점 등을 설치하여 국외에서 발생하는 해상보험사고를 신속하게 처리하고 있다.

해상보험대리점의 종류

- 손해정산(지급)대리점(claims settling agent)
- 손해사정대리점(claims surveying agent)
- 보험인수대리점(underwriting agent)

5) 보험중개사

보험중개사(Insurance broker)[7]는 특정 보험계약자의 위탁하에 불특정

업법 제87조). 그런데 보험업법 제2조 제9호는 체약대리점만을 규정하고 있어 우리나라의 법제상 중개대리점은 영위할 수 없게 되어 있다(사법연수원, 2009: 23).

다수의 보험자들과 보험계약의 체결을 단순히 중개하는 일을 한다. 보험중개사는 자신에게 보험의뢰를 한 보험계약자를 위하여 보험자로부터 가장 유리한 보험조건, 보험가격을 받을 수 있도록 노력한다.

보험중개사는 보험자의 보험모집 보조자가 아니라, 보험계약자의 위탁에 따라 보험계약의 요구에 가장 적합한 보험회사와 보험상품을 선택해 주는 업무를 담당한다. 보험중개사는 독립적으로 보험계약의 체결을 중개하는 자이다.

우리나라에서 보험중개사는 손해보험중개사, 인보험중개사 분류되고, 보험중개사와 보험계약자는 보험계약체결의 중개를 위탁하는 보험중개계약을 체결하고, 보험중개사는 중개수수료를 보험자에게만 받는다.

Check Point 보험대리점과 보험중개사의 차이점?

보험대리점과 보험중개사는 보험자로부터 보험중개 또는 체약한 계약건 수에 따라 수수료를 받는 공통점이 있다. 그러나 보험대리점은 특정 보험자를 위해 보험자의 보험모집 보조자로서 보험계약의 체결을 중개 또는 대리한다.

이에 비해 보험중개사는 불특정 보험자들과 특정 보험계약자 사이에서 보험계약자의 요구에 맞게 보험계약체결을 중개한다.

보험중개사는 특정 보험소비자로부터 보험중개 위탁을 받고 이를 위해 다양한 보험자와 보험상품중에서 보험소비자의 요구에 가장 적합한 보험자와 보험상품을 선정하고 보험계약의 체결을 중개한다.

보험중개사는 단지 보험계약이 체결되도록 중개만 할 뿐 보험계약 체결을 대리하지는 않는다. 따라서 보험자는 보험대리점이 보험모집과정에서 위법한 행위 등을 한 경우 보험계약자에게 책임을 지지만 보험중개사의 위법 행위에 대해선 책임이 없다.

---

7) 구 보험업법에서는 보험중개인이라는 명칭을 사용했으나, 2003년 5월 29일 전문개정이 변경되면서 보험중개사로 변경되었다(사법연수원 2009: 23).

6) 보험설계사

보험설계사는 보험자를 위하여 보험계약의 체결을 중개하는 보험자의 사용인이다[8]. 보험회사는 소속보험설계사가 되고자 하는 자를 금융위원회에 등록하여야 한다[9].

---

8) 구 보험업법은 보험모집인이라는 명칭을 사용했으나, 2003년 5월 29일 전문개정이 되면서 보험설계사로 변경되었다(사법연수원, 2009: 24).

9) 보험업법 제84조.

제3장 보험의 목적(물)과 피보험이익

보험의 목적(물): 보험계약의 대상, 보험사고가 발생하는 객체
피보험이익: 보험의 목적(물)에 대해 피보험자가 갖는 경제적 이해 관계

1. 보험의 목적(물)

보험의 목적(물)(Subject-matter Insured)은 보험사고가 실제 발생할 수 있는 위험발생의 객체를 의미한다. 즉, 보험의 목적(물)은 담보위험에 의하여 멸실되거나 손상(loss or damage)될 수 있는 대상물을 의미한다. 해상보험에서 보험의 목적(물)은 화물이나 선박 그 자체를 의미한다.

적하보험에서 보험의 목적(물)은 화물이다. 적하보험에서 화물의 범위는 상품성을 갖춘 동산(動産) 모두이다. 그러나 항해과정중에 선박내에서 사용되는 선용품 등은 적하보험의 화물의 대상에 포함되지 않는다.

2. 피보험이익

1) 피보험이익이란

피보험이익(Insurable Interest)은 보험의 목적(물)이 멸실 또는 손상됨으로써 경제적 손실을 입게되는 특정인과 그 보험의 목적(물) 사이에 존재하는 이해 관계를 의미한다(사법연수원, 2009: 116).

이처럼 피보험이익은 보험의 목적(물)에 피보험자가 갖고 있는 다양한 경제적 이해관계인데 이러한 피보험이익은 보험의 목적(물)에 대해 피보험자뿐만 아니라 이해관계자가 갖는 경제상의 이익을 의미한다.

피보험이익(被保險利益)은 피보험자가 재산상의 사고가 발생할 수 있는 보험의 목적(물)에 대하여 가지는 경제상의 이익 또는 보험의 목적(물)

에 대하여 피보험자가 가지는 적법한 경제적 이해관계이다.[10]

보험에서 보호하는 것은 손해를 입을 가능성이 있는 이해관계로 정의되는 피보험이익이다(황남일, 1998: 86). 우리나라 상법은 피보험이익을 보험계약의 목적이라고 정의하고 있다[11].

피보험이익은 피보험자가 보험사고가 발생할 경우 손해를 입게될 이익을 금전적으로 평가한 가액이다. 피보험이익은 보험의 목적(물)에 손해가 발생한 경우 경제적으로 손해를 입은 자와 그 보험의 목적(물)과의 적법한 경제적 이해관계를 의미한다.

해상보험은 보험사고로 인한 보험의 목적(물)의 손해를 보상할 것을 목적으로 하는 손해보험계약이다. 따라서 손해보상 한도를 결정하는 피보험이익을 정확하게 평가해야 한다.

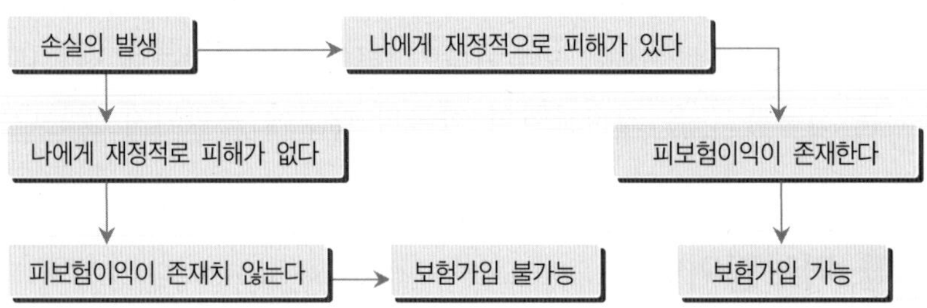

자료: 허연(2001)

〈그림〉 피보험이익(insurable interrest)의 존재와 보험가입 가능성

2) 피보험이익의 요건

피보험이익은 첫째, 적법하여야 하고, 둘째, 금전적으로 산정할 수 있는 이익이어야 하고, 셋째, 이미 확정되었거나 적어도 보험사고의 발생시까지는 확정될 수 있는 것이어야 한다[12].

10) 사법연수원, 「전게서」, p. 83.
11) 상법 제668조
12) 사법연수원, 「전게서」, p. 84.

(1) 경제적 이익

피보험이익은 금전으로 산정할 수 있는 경제적 가치가 있어야 한다. 따라서 금전으로 객관적인 환산이 불가능한 감정적인 이익, 도덕적인 이익, 종교적인 가치, 개인의 주관적인 특수가치 등은 피보험이익이 될 수 없다.

(2) 적법한 이익

피보험이익은 적법한 것이어야 한다. 피보험이익의 적법성 여부는 선의냐 악의냐의 여부가 아니라 법에 따라 결정된다. 불법 행위인 밀수 등에 의한 이익이나 판매가 법으로 금지된 총기류 등의 판매이익 등과 같이 반사회적인 불법행위는 피보험이익이 되지 않는다.

(3) 확정적 이익

피보험이익은 보험사고가 발생할 때에는 확정될 수 있는 이익이어야 한다. 또한 생명보험은 피보험이익이 보험계약을 체결 할 때에 확정되어야 한다. 해상보험에서 피보험이익은 반드시 현재 존재하는 이익일 필요는 없고, 장래에 발생할 이익도 가능하다. 예를 들어 국제무역에서 수입품이 수입지에 도착하여 하주가 얻게 되는 예정이익은 피보험이익이 될 수 있으나, 로또에 당첨되어 얻을 수 있는 예정이익은 피보험이익이 될 수 없다.

3. 국제무역과 피보험이익

> 무역거래 관계자들은 보험의 목적(물)인 수출입화물에 각자의 입장에서 다양한 피보험이익을 갖는다

적하보험에서 피보험이익은 적하의 보험가액, 희망이익, 관세이익을 말하며[13] 적하의 보험가액은 피보험재산의 원가에 선적비용과 선적에

부수하는 비용 및 보험비용이다[14].

일반적으로 동일한 보험의 목적(물)에 대하여 피보험자가 갖고 있는 경제적 이해관계가가 상이하면 다수의 피보험이익이 발생하고, 다양한 개별적인 피보험이익을 담보하는 보험계약이 체결될 수 있다. 국제무역에서는 격지간의 거래의 특성상 동일한 보험의 목적(물)에 다음과 같은 다양한 피보험이익이 발생할 수 있다.

1) 희망이익(imaginary profit)

국제무역에서 희망이익(imaginary profit)은 수입품이 수입지에 무사히 도착되어 수입업자가 수입품을 판매했을 때 얻을 수 있다고 수입업자가 예상하는 이익을 의미한다. 이러한 희망이익은 미확정이므로 일반적으로 CIF 송장가액의 10%를 희망이익으로 해상보험에 부보하는 것이 국제무역관습이다.

2) 증액보험(increased value insurance)

보험의 목적(물)의 시가가 변동되기 쉬운 화물은 예상되는 시가는 인상 증가분을 증액보험(increased value insurance)에 부보할 수 있다(사법연수원, 2009: 117). 증액(increased value)은 격지간의 거래인 국제무역에서 긴 항해중에 변동되는 보험가액의 증액부분으로 이러한 보험가액의 증액부분을 피보험이익으로 부보하는 것이 증액보험(increased value insurance)이다.

무역거래에서는 화물의 성질상 운송과정중에 보험가액의 변화가 자주 발생하는 화물에 대해 보험계약시 보험가액과 항해중에 변동되는 보험가액의 차액만큼 증가보험으로 부보하는 경우가 많다.

---

13) 사법연수원, 「전게서」, p. 116.
14) MIA 제16조 제3항.

Check Point Peak Cover Clause?

Peak Cover Clause는 대두, 사탕수수 등 국제원자재 가격이 국제물류 과정중에 상승한 경우 자동적으로 그 상품의 최고가격(peak value or price)으로 보험금액이 변하는 보험약관이다.

3) 중개수수료

국제무역에서 수출입업자의 매매계약에 중개인이 개입하는 경우가 많다. 이처럼 매매계약에 중개인이 개입한 경우 중개인은 거래 상품의 중개 수수료의 취득이익을 피보험이익으로 부보할 수 있다.

4) 수입세

수입화물이 통관되려면 수입세를 세관당국에 납부해야 한다. 그런데 수입화물이 파손 상태로 수입되더라도 그 손해만큼 수입세가 감액되지 않는다. 이처럼 수입화물이 파손되었을 경우 파손된 만큼 수입세를 담보하는 것이 수입세 보험이다.

이러한 수입세 보험은 일반적으로 보험가입 금액에 관세율을 곱한 금액을 적하보험에 추가하여 가입하는 것이 일반적이다(사법연수원, 2009: 117). 수입화물이 수입통관 전에 완전히 파손되면 수입세는 면제되므로 수입세보험의 보험조건은 WA only 조건정도로 많이 부보한다.

5) 후불운임

국제무역에서 화물이 운송과정중에 손상을 당하고 목적항에 도착되어도 정상품과 같은 운임을 지급해야 한다. 또한 선주, 용선자도 운송한 화물이 멸실된 경우 후불운임(Collective Freight)을 받을 수 없는 경우가 발생할 수 있다. 운임보험(freight contingency insurance, freight insurance)은 이러한 경우 운임을 담보해주는 보험이다.

Check Point 피보험이익의 기능은?

보험에서 피보험이익의 기능은 다음과 같다. 첫째, 피보험이익은 본질적으로 흠결이 있는 손해보험계약을 무효가 되게 함으로써 보험계약의 효력 판정기준이 된다.

둘째, 피보험이익은 보상의 기준이 되어 이득금지 원칙을 관철시킬 수 있게 한다(사법연수원, 2009: 84).

제4장 보험가액과 보험금액

보험가액: 보험의 목적(물)의 경제적 손실의 최고 한도액(법적인 보상한도)
보험금액: 손해발생시 보험자가 부담하는 보상책임 한도액(보험계약상의 보상한도)

1. 보험가액

보험가액 = 피보험이익의 금전적 평가액
법률상의 보상한도

보험가액(Insurable Value)은 보험의 목적(물)의 시장가치로 법적인 보상한도이다(박명섭, 2008: 37). 이처럼 보험가액은 특정상품의 피보험이익에 대해 발생할 수 있는 경제손실의 최고 견적액을 말한다. 즉, 보험가액은 보험사고가 발생했을 때 피보험자가 입을 수 있는 손해의 최고한도액이다. 보험사고가 일어났을 때 보험자의 보상책임 한도는 보험가액을 한도로 정해진다.

해상보험에서 화물의 보험가액은 화물의 원가, 선적비용, 선적에 부수되는 비용에 보험비를 합산한 금액이다. 우리나라의 상법에서는 적하보험의 보험가액을 선적한 때와 선적 한 곳의 적하의 가액과 선적 및 보험에 관한 비용으로 규정하고 있다[15].

보험가액은 보험계약자나 피보험자의 소유자산이지만, 보험사고가 발생했을 때 보험자의 보상책임에 영향을 미치므로 피보험자의 주관적인 평가에만 의존할 수 없다.

특히 보험가액의 평가를 피보험자의 주관적인 판단 및 의견에만 의존하여 평가한다면 피보험자가 보험을 통해 부당한 이득을 취할 수 있으므로 보험가액의 평가는 보편적인 판단에 의해 객관적으로 평가되어야

15) 상법 제697조

한다.

1) 기평가보험

(1) 기평가보험의 개념

기평가보험(旣評價保險)은 보험계약을 체결할 당시에 당사자 사이에 미리 피보험이익의 가액에 대하여 합의가 이루어진 보험이다[16]. 이러한 협정보험가액은 보험계약을 할 때 보험자와 보험계약자간에 합의하여 보험가액을 정하는 것을 의미한다. 그리고 이러한 협정보험가액을 기재한 보험증권을 기평가보험증권(Valued Policy)이라고 하고 이러한 보험을 (기)평가보험이라고 한다.

(2) 기평가보험의 목적(물)

일반적으로 보험가액은 평가시기와 평가장소에 따라 달라 질수 있다. 이러한 이유로 보험사고가 발생한 후에 손해보험에서 보험가액의 결정이 복잡하고 지연될 수 있다. 이처럼 기평가보험은 보험사고가 발생한 후에 보험계약자와 보험자간의 분쟁을 방지하고 신속한 보상을 위해 필요하다.

Check Point 보험가액의 평가시기?

보험가액의 평가는 일반적으로 보험계약을 체결할 때에 정한다. 그러나 보험계약을 체결할 때에 반드시 보험가액이 정해져야 될 필요는 없고, 보험사고 발생이전에만 보험가액의 평가가 이루어지면 된다.

Check Point 이득금지의 원칙?

보험은 보험사고로부터 원상을 회복하는 것이므로 보험계약자는 지급

---

16) 상법 제670조

보험금에서 이득을 취득해서는 안된다는 것이 이득금지의 원칙이다(박명섭, 2008: 31).

보험자와 보험계약자가 보험계약을 체결할 때 미리 정한 협정보험가액이 보험사고가 발생했을 때 보험의 목적(물)의 보험가액을 초과하는 경우 보험자가 이러한 사실을 입증하면 보험가액은 협정보험가액이 아닌 사고가 발생했을 때의 보험가액을 손해액 산정으로 할 수 있다. 또한 협정보험가액이 실제 보험가액보다 적은 경우에도 손해보험의 기본원칙인 실손보상 원칙에 어긋나는 일이다.

2) 미평가보험

미평가보험(未評價保險)은 보험계약을 체결할 당시에 당사자 사이에 피보험이익의 가액에 대하여 아무런 평가를 하지 않은 보험이다[17]. 즉, 미평가보험은 보험계약자와 보험자간에 보험계약을 체결할 때 보험가액을 미리 정하지 않은 보험이다. 이처럼 보험가액을 보험증권에 기재하지 않은 증권을 미평가 보험증권이라고 한다. 이러한 미평가보험에서 보험가액은 실제 보험사고가 발생했을 때의 가액을 보험가액으로 한다.

Check Point 보험가액불변의 원칙?

보험가액은 시장상황에 따라 변동할 가능성이 높기 때문에 일반적으로 보험계약의 체결시점에 보험자와 보험계약자간에 보험가액을 약정하고 보험계약기간동안에는 보험가액이 고정된 것으로 간주하는데 이를 보험가액불변의 원칙이라고 한다(박명섭, 2008: 37).

보험가액불변의 원칙은 보험자와 보험계약자간에 합의한 보험가액은 피보험자의 사기 등의 불법행위가 있지 않는 한 변하지 않는다고 간주하는 원칙이다. 보험가액불변의 원칙은 전 보험기간에 보험가액을 한 가지로 고정시키는 것이다.

---

17) 상법 제671조

Check Point 해상보험과 보험가액?

해상보험은 보험의 목적(물)이 국제물류과정에서 계속 이동하므로 사고 발생장소가 고정되어 있지 않아 사고가 발생한 때와 장소에 따라 보험가액이 달라져 보험가액을 결정하기가 쉽지 않다.

해상보험에서는 보험가액의 평가로 인한 분쟁을 사전에 방지하고 보험가액 산정에 소요되는 시간과 비용를 줄이기 사전에 보험자와 보험계약자간에 보험가액을 약정한다. 무역실무적으로는 상업송장을 기초로 하여 해상보험계약을 체결할 때에 보험가액을 협의하여 정한다.

해상보험은 실무상 거의 대부분 기평가보험으로 행해지고 있는데, 당사자 사이에 보험가액에 대한 정함이 없는 때에는 상법상 일정시점에서의 보험가액을 전 보험기간에 걸쳐 고정된 보험가액으로 하고 있다[18]. 즉, 해상보험은 보험가액 불변경주의를 채택하고 있다(사법연수원, 2009: 86).

해상보험계약은 화재, 침몰 등의 위험을 담보해주고 실제 보험가액, 보험금액은 화재, 침몰의 정도에 따라 보상한다. 선박보험은 선박 한척당, 개별상품은 상품별로 보상한다.

Check Point 영국법에서의 보험가액

영국 해상보험법에서 보험가액은 보험의 목적(물)의 원가에 선적 및 보험에 관한 비용을 가산한 금액으로 계약당사자간에 보험가액으로 협정한다. 협정보험가액은 CIF X 100%[19]이다.

2. 보험금액

보험금액 = 보험자의 보상책임 한도액

18) 상법 제689조, 696조, 698조.

19) 송장가액으로서 CIF가격을 기초로 하여 그 일정율의 금액을 가산한 금액이다.

1) 보험금액이란

보험금액(insured amount, sum insured)은 보험계약을 체결할 때에 보험자와 보험계약자간의 약정에 의하여 정해지는 보험계약상의 보상한도액으로서 보험금의 최고한도액이다(박명섭, 2008: 38).

이처럼 보험금액은 보험자가 계약상 부담하는 보상책임의 최고한도액이다. 보험자가 1회 보험사고에 대해 보상책임을 부담하는 최고한도액이다. 피보험자 입장에서는 보험사고가 일어났을 때 보상받고자 하는 최고 한도액을 의미한다.

2) 보험가액과 보험금액의 관계

- 전액(부)보험(full insurance): 보험금액 = 보험가액(통상의 경우)
- 초과보험(over insurance): 보험금액 > 보험가액
  - 초과부분은 법률상 무효 -
- 일부보험(under insurance): 보험금액 < 보험가액

보험금은 보험가액과 보험금액과의 관계에 따라 전부보험(보험금액=보험가액) 일부보험(보험금액 < 보험가액), 초과보험(보험금액 >보험가액)으로 구분할 수 있다.

그런데 보험계약상 보험자의 지급 최고 한도액인 보험금액은 보험가액을 초과할 수 없다. 보험금액이 보험가액을 초과하는 부분은 법률상 무효이다. 손해보험은 손실보상이 보험운영의 목적이기 때문에 보험사고로 인한 손해보상이 피보험자에게 부당이득을 주는 초과보험은 법률상 허용하지 않는다. 그러나 보험사고의 손해액과 손해방지비용의 합계액이 보험금액을 초과하는 경우에는 예외로 보상한다.

3. 보험금

보험금(claim paid)은 보험사고가 발생한 경우에 보험자가 피보험자에게 실제로 지급하는 금액이다. 이러한 보험금은 생명보험과 같은 정액보험에서는 보험계약 체결시에 미리 약정된다. 이에 비해 손해보험에서는 실손보상의 원칙에 따라 보험사고 발생 후의 손해액의 크기에 따라 보험금이 정해진다(박명섭, 2008: 37).

손해보험인 해상보험에서도 해상위험으로 인한 해상손해가 발생했을 때 피보험자가 받을 수 있는 보험금은 보험금액의 한도내에서 실제 발생한 손해액의 크기에 따라 결정된다.

제5장 해상보험의 기본원칙

1. 피보험이익의 원리

보험의 목적(물)에 대해 피보험자가 갖는 경제적 이해관계인 피보험이익은 손해보상의 원칙을 실현하는데 중요한 기본 원리가 되고 있다. 피보험 이익의 원리는 해상보험에서 손해보상이 이루어지려면 반드시 손해가 발생했을 때 피보험이익이 있어야 한다는 원리이다.

보험의 목적(물)에 이해관계가 없는 사람은 보험의 목적(물)을 부보할 수 없고, 피보험이익이 없으면 보험사고가 발생했을 때 보험금을 청구할 수도 없다. 예를 들어 자신이 소유한 자동차는 보험에 부보할 수 있지만, 이웃의 자동차는 보험에 부보할 수도 없고, 보험사고가 발생했을 때 보험금을 청구할 수도 없다. 그 이유는 이웃의 자동차는 나하고 경제적 이해관계인 피보험이익이 없기 때문이다.

피보험자가 보험계약을 체결할 때 보험의 목적(물)에 대해 경제적 이해관계를 가질 필요는 없지만 손해가 발생했을 때에는 반드시 보험의 목적(물)에 이해관계가 있어야 한다[20].

보험계약은 보험의 목적(물) 자체를 보호하는 것이 아니라 피보험자의 피보험이익을 보호하는데 목적이 있고, 보험금은 이러한 피보험이익을 회복하기 위하여 지급되는 금전이다(박명섭, 2008: 39). 해상보험에서는 해상사고 발생시 피보험자에게 피보험이익이 존재하고 있어야만 보험보상을 받을 수 있다[21].

---

20) MIA 제6조 1항.

21) MIA 제6조.

해상보험계약은 손해보상계약의 실손보상의 원칙을 따라야 하기 때문에 피보험이익의 원리가 지켜져야 한다. 예를 들어 보험사고가 발생했을 때에 피보험자가 보험의 목적(물)에 어떠한 경제적 이해관계도 없다면, 보험사고로 인해 피보험자에게는 경제적 손해가 발생하지 않는다.

그런데 이처럼 보험의 목적(물)에 피보험이익이 없는 피보험자에게 보험금이 지급된다면 이는 해상보험에서 지켜야할 손해보상의 원칙을 위반한 것이 되므로 보험계약이 무효가 된다.

피보험자가 손해가 발생했을 때 피보험 이익을 갖고 있지 않은 경우 피보험자는 손해발생을 알고 난 후에는 어떠한 행위나 선택에 의해서도 피보험이익을 가질 수 없다[22]. 해상보험은 손해보험계약으로 보험사고로 인해 피보험이익의 손해를 보상할 것을 목적으로 하므로 피보험이익을 객관적으로 정확하게 평가해야 한다.

Check Point 무역조건에서 위험이전 시기와 피보험이익의 관계

무역조건인 CIF, FOB 등에서 수출업자로부터 수입업자에게 위험이 이전되는 시점에 피보험이익도 이전이 되고, 무역서류의 양도에 의해 국제물류과정 중에 화물(보험의 목적(물))이 전매되는 경우는 피보험이익도 같이 양도된다.

2. 최대선의의 원칙

최대선의의 원칙(Utmost Good Faith)은 청약자인 보험계약자가 보험청약서를 작성할 때 최대선의를 다해 작성해야 한다는 원칙이다. 최근들어서 보험청약을 할 때 보험청약서 작성 전에 보험청약에 관한 내용을 전화상으로 녹취하는데 이 과정에서 청약자는 최대선의를 다해 보험자에게

22) MIA 제6조 2항.

보험정보를 고지해야 한다.

보험자는 보험 청약자가 보험청약서에 작성한 내용을 기준으로 보험의 인수 여부와 보험료를 산정한다. 따라서 보험청약자가 최고의 신의의 원칙을 지키지 않았을 경우 보험자는 보험계약을 취소할 수 있다.

해상보험계약은 최대선의에 근거한 계약이며 최대선의가 일방 당사자에 의하여 준수되지 않으면 계약은 타방 당사자에 의하여 취소될 수 있고[23] 최대선의 의무는 보험계약의 체결 전후를 불문하고 적용되며, 사기적인 보험금 청구를 하지 않을 의무 및 최대선의의무에 위반하는 청구를 하지 않을 의무는 보험증권의 묵시적 조건이다[24](사법연수원, 2009: 123).

이처럼 해상보험도 최고신의에 바탕을 둔 보험계약이므로 밀수 등을 정상적인 무역거래로 속이는 등 보험청약자의 불성실성한 계약은 보험자가 계약을 취소할 수 있다.

Check Point 고지의무란?

피보험자는 보험계약을 체결하기 전에 알고 있는 모든 중요한 사항을 보험자에게 고지하여야 하며 피보험자가 고지의무를 위반한 경우에 보험자는 보험계약을 취소할 수 있다[25]. 여기에서 중요한 사항은 신중한 보험자가 보험료를 산정하거나 또는 위험인수 여부를 결정함에 있어 그 판단에 영향을 미치는 일체의 사항을 말한다[26]. 이러한 고지의무는 최대선의 의무에서 파생된 한 부분이다[27].

---

23) MIA 제17조.
24) The Litsion Pride 1985 1 1 Lloyd's Rep 437 at 5.
25) MIA 제18조 제1항.
26) MIA 제18조 제2항, MIA 제20조 제2항.
27) The CTI 1984 1 Lloyd's Rep 476 at 512, CA.

보험에세이

자살 여부 입증은 보험사 책임

유가족에 입증 요구는 횡포
보험금 미지급 · 감액 주의

생명보험 계약자의 자살 입증 책임은 보험사에 있으며 소비자가 이를 증명할 필요가 없는 만큼 보험사의 감액 주장에 응하지 말라고 보험소비자연맹이 주의를 당부했다.

보소연은 7일 "보험사고가 자살일 경우 그 입증 책임은 보험사에 있지만 소비자에게 자살이 아니라는 증명을 요구하며 보험금 지급을 거부하거나 깎으려고 하는 보험사가 일부 있다"며 "소비자는 이 같은 횡포에 넘어가서는 안되며 보험 가입 시 선택에 주의를 기울여달라"고 밝혔다.

보소연에 따르면 3개 생명보험사에 가입한 권모씨(55 · 여 · 대전)가 지난 3월 야산에 올랐다 실족사했다. 경찰은 사체검안 결과 실족사로 처리했다. 권씨 사망 이후 A사와 B사 등 2개사는 실족사를 인정, 재해보험금을 지급했다. 하지만 C사는 자살 가능성이 있다며 보험금이 적은 일반보험금을 지급하려해 유족들이 수령을 거부하고 있는 것으로 알려졌다.

권씨는 2006년 중증의 우울증과 불안증세로 장기간 약물치료를 받았고, 2009년에는 알코올의존성증후군으로 입원치료를 받았다. 사망시에는 2007년 수첩에 '엄마는 한 줌의 재가 되어 거름이 되고 싶다'는 메모가 함께 발견됐다.

생명보험 표준약관 제16조에 따르면 고의로 자신을 해친 경우 보험금을 지급하지 않지만 '피보험자가 정신질환 등으로 자유로운 의사결정을 할 수 없는 상태에서 자신을 해친 경우는 예외로 한다'고 명시돼 있다.

보소연은 "정황증거만으로 자살로 추정해 보험금을 지급하지 않는 것은 부당하다"며 "특히 우울증 등에 의한 사망은 보험금을 지급하도록 약관에 규정돼 있음에도 재해보험금 지급을 미루는 것은 보험사의 횡포로밖에 볼 수 없다"고 말했다.

이와 관련, C사는 "권씨 사망 등과 관련해 사실관계가 일부 다르다"며 "다른 보험사와 비교해 적지 않은 규모의 일반보험금을 지급했다"고 해명했다.

(경향신문, 2010.6.8.)

보험에세이

보험사 '계약 후 알릴 의무' 위반 남발에 제동

보험사들이 '계약 후 알릴 의무' 위반을 들어 보험금을 삭감 지급하던 관행에 제동이 걸렸다.

금융감독원 산하 금융분쟁조정위원회는 23일 이모씨(21)가 보험계약 체결 후 군입대한 사실을 알리지 않은 것이 계약 후 알릴 의무 위반에 해당하는지 여부에 대해 H보험사를 상대로 낸 조정신청에서 이씨의 청구를 인용하는 결정을 내렸다.

'계약 후 알릴 의무'란 보험계약 체결 후 보험가입자가 직업이나 직무가 바뀌어 사고위험도가 높아졌을 때 보험사에 통지할 의무가 있다는 조항이다.

이씨는 지난해 8월 군입대후 축구경기에서 다리 골절로 116일간 입원 치료를 받고 보험금 지급을 신청했으나 '계약 후 알릴 의무'를 이행하지 않았다는 이유로 담보액의 39%인 136만원의 임시생활비밖에 받지 못했다.

금융 분쟁 조정위는 이에 대해 "군 입대 사실만으로 위험도가 현저하게 증가했다고 단정할 수 없고 군인을 위험등급 3등급으로 분류한 것은 보험사의 내부 기준에 불과하기 때문에 계약 후 알릴 의무 위반이 있었다고 보기 어렵다"고 결정했다. 이에 따라 이씨는 보험금 348만원 전액을 받게 됐다.

금융 분쟁 조정위의 이번 결정은 장기 상해보험 상품의 보험약관 규정을 형식적으로 해석, 보험사고가 발생하면 '계약 후 알릴 의무' 위반을 들어 보험금을 적게 내주던 관행에 제동을 건 것으로 풀이된다.

(조선일보, 2001.7.23.)

3. 손해보상의 원칙

손해보상(Indemnity)의 원칙은 보험을 통해 보험사고로 피해를 입은 피보험자의 보험의 목적(물)을 손해발생 전에 놓여 있던 상태 그대로만 회복시킨다는 원칙이다. 이를 위해 분담, 대위와 같은 보험원리를 적용한다.

1) 분담

분담(分擔; contribution)은 피보험자가 동일한 보험의 목적(물)에 대해 두 개 이상의 보험회사에 부보하고 보험사고가 발생한 경우 해당 보험회사들은 손해를 분담하여 보험의 목적(물)을 보험사고 발생 전의 상태로만 회복시켜 준다. 복수의 보험회사들은 발생된 손해에 대해 비례하여 각각 분담하고, 보험사간의 분담의무는 형평의 원칙에 따른다.

2) 대위

대위(代位; subrogation)는 보험사고가 발생했을 때 보험회사가 피보험자에게 손실보상을 하고 실손보상한 만큼 보험의 목적(물)에 대한 피보험자의 권리를 취득하는 것을 말한다.

예를 들어 보험사고가 제3자의 과실로 인해 발생했을 때 피보험자가 손해보상을 보험회사와 과실이 있는 제3자로부터 이중으로 받는다면 이는 손해보상의 원칙에 위배된다.

따라서 보험회사는 피보험자에게 보험금을 지급하고, 피보험자가 과실있는 제3자에게 갖고 있는 손해보상 청구권의 권리를 대위하여 지급한 보험금만큼 과실있는 제3자로부터 지급받는다.

보험회사는 이러한 대위를 통해 피보험자에게 지급한 손해보상으로 인한 준비금의 손실을 줄일 수 있다. 보험자가 대위권을 행사할 때 보험자는 보험자가 피보험자에게 지급한 보험금 이상을 과실있는 제3자로부터 지급받을 수 없다. 즉, 보험자가 피보험자에게 지급한 보험금만큼만 과실있는 제3자로부터 지급받을 수 있다.

4. 근인주의

근인주의(The Doctrine of Proximate Cause)는 손해보상이 이루어지려면 발생된 손해와 담보위험과의 사이에 인과관계가 성립해야 한다는 원칙이다. 즉, 근인주의에 따르면 피보험자가 발생된 사고로 인한 손해에 대해

보험회사로부터 보험금을 지급받으려면 보험의 목적(물)에 발생된 손해가 반드시 보험증권상의 담보위험에 근인하여 발생해야 한다.

만약 발생된 손해가 두 가지 원인의 결합에 의해 발생되었는데 그 손해를 일으킨 원인 중에 하나가 보험증권상의 면책위험일 경우에는 보험회사는 보험금을 지급하지 않는다.

근인(近因) = 과거의 관점: 시간적으로 손해에 가장 가까운 원인
현재의 관점: 가장 효과적이고 우세한 원인

5. 담보

담보(warranty): 보험계약자가 반드시 지켜야할 사항
담보(cover): 보험자가 위험을 보호하는 것

1) 담보란

보험에서 담보란 피보험자가 보험자에게 지켜야 될 사항을 약속하는 것이다. 이처럼 담보는 피보험자가 어떤 일을 하겠다 또는 하지 않겠다의 약속이거나 어떤 특정 사실이 존재하는지 아닌지의 여부를 정확히 확인하는 것이다.

영미계약법에서 약속은 계약의 본질로 약속을 위반하면 비즈니스 상대방에게 계약 해지권이 주어진다. 이처럼 비즈니스계약에서 담보위반은 계약의 정지조건(conditions precedent)으로 작용한다. 보험자는 피보험자가 담보위반을 한 경우 담보위반 일로부터 보험자의 보상책임을 해제받는다. 그러나 피보험자의 담보위반 일 이전에 발생한 보험사고로 인한 피보험자의 손해는 보험자가 손해보상을 해야 한다.

(1) 묵시적 담보

묵시적 담보(默示擔保: implied warranties)는 보험증권에 기재되어 있지는

않더라도 법에 의하여 준수될 것이 요구되는 담보로서 감항능력 담보와 적법성 담보가 있다.

해상사업은 적법한 방법으로 수행되어야 한다. 따라서 보험의 목적(물)인 화물이 밀수품이거나 선박이 범죄목적으로 사용된 경우에는 보험자는 이러한 밀수품이나 범죄목적에 사용된 선박이 멸실되더라도 면책된다(사법연수원, 2009: 114-115).

묵시적 담보는 계약 당사자간의 합의유무에 상관없이 실체법에 의해 보험계약에 부과된 담보이다. 따라서 이러한 묵시적 담보는 계약 당사자들이 법에서 부과하고 있는 묵시적 담보를 반대하는 합의를 하였더라도 무효이다. 즉, 묵시적 담보는 계약 당사자가 계약자유의 원칙에 의해 배제할 수 없는 반드시 지켜야될 담보이다.

해상보험에서 묵시담보

- 항해사업의 적법성
- 선박의 내항성(内航性: seaworthiness)

(2) 명시적 담보

명시적 담보(明示擔保; Express Warranties)는 어떤 특정한 사안을 이행하거나 이행하지 않을 것 또는 어떤 여건을 충족할 것을 피보험자가 약속하는 담보 또는 특정한 상태의 사실의 존재를 긍정하거나 부정하는 담보로서 보험증권에 기재된 것을 말한다. 이처럼 명시적 담보는 보험계약서에 명시된 담보이다.

명시적 담보는 위험의 발생과 관련하여 중요한 것이든 아니든 불문하고 정확하게 충족되어야 하는 조건으로 이를 위반하게 되면 보험사고가 담보위반과 아무런 관계가 없이 발생하였다고 하더라도 그 사유와 시기에 상관없이 보험자는 담보위반 일에 소급하여 보험계약상의 일체의 책임을 면하게 된다[28].

28) 사법연수원, 「전게서」, p. 114.

제6장 해상손해

1. 해상손해의 개념

해상보험에서 손해(Loss)[29]는 해상손해(海損; average)를 의미하는 것으로 해상손해란 해상위험으로 인해 보험의 목적(물)인 화물, 선박 등이 멸실 또는 손상되어 피보험자에게 미치는 재산상의 불이익이다. 해상손해는 그 유형에 따라 물적손해, 비용손해 및 책임손해로 구분된다.

〈표〉 해상손해

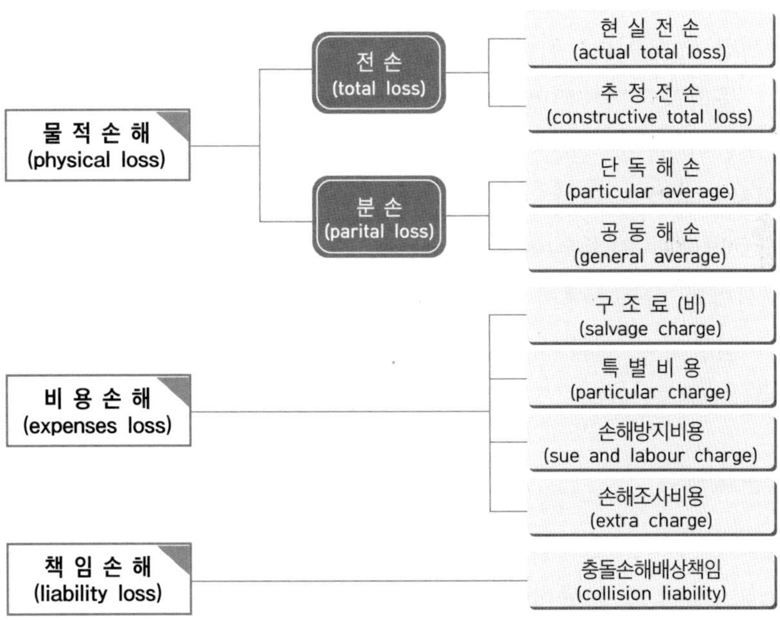

자료: 전무부(1999)

29) 손해는 원하지 않은(undesired) 또는 의도하지 않은(unintentional) 자산가치의 하락 또는 소멸을 의미한다(박명섭, 「해상보험」, 우용출판사, 2008, p. 15).

1) 물적손해

물적손해는 직접손해라고도 하는 손해로 보험의 목적(물) 자체가 멸실 또는 손상됨으로 인하여 피보험자가 입는 손해를 말한다.

이러한 물적손해는 보험의 목적(물)에 발생된 손해의 정도에 따라 전손과 분손으로 구분된다. 전손은 현실전손과 추정전손으로 구분되고 분손은 공동해손, 단독해손, 비용해손으로 분류된다.

2) 물적손해의 종류

> 전손과 분손의 차이점: 손해의 정도에 따른 구분

(1) 전손

전손(total loss)은 피보험이익 전체에 손해가 발생한 물적손해이다. 전손은 보험의 목적(물)이 담보위험으로 멸실되어 피보험이익 전부에 손해가 발생한 경우이다. 전손의 범주에 포함되는 보험의 목적(물)의 멸실 범위는 물리적 멸실 뿐만 아니라 금전적으로 그 가치가 완전히 상실된 것도 포함이 된다. 전손이 발생한 경우 피보험자는 보험금액의 전액을 보험회사로부터 지급받을 수 있다.

해상보험에서 전손은 선박과 화물이 모두 전손되는 경우도 발생할 수 있고, 선박과 화물중에서 한쪽만 전손되는 경우도 발생할 수 있다. 또한 선박이 침몰되어 선박이 전손되더라도 화물은 구조되어 전손이 발생하지 않는 경우도 있다.

가. 전손의 종류

해상보험에서는 전손을 현실전손(Actual Total Loss)과 추정전손(Constructive Total Loss)으로 분류하고 있다.

> 전손 = 현실전손 + 추정전손

TIP

현실전손과 추정전손의 차이점: 현실적인 전손 여부와 위부절차 여부

가) 현실전손

현실전손의 형태

- physical destruction: 보험의 목적(물)의 물리적 파괴
- alternation of species: 보험의 목적(물)이 본래의 성질을 상실
- irretrievable deprivation: 보험의 목적(물)에 대한 피보험자의 지배력 상실
- missing of ship: 선박의 행방불명

현실전손(actual total loss)은 부보된 화물이 현실적, 절대적으로 손해가 발생하여 경제적 가치를 완전히 상실한 것이다. 영국해상보험법에서는 다음과 같은 경우를 현실전손으로 규정하고 있다[30].

① 물리적 파괴

물리적 파괴(physical destruction)는 현실전손의 대표적인 사례로 보험의 목적(물)이 담보위험에 의하여 완전히 파괴된 경우를 말한다. 항해중에 선박의 침몰에 의한 화물의 멸실이나 선박이나 보관창고의 화재에 의한 화물소실도 물리적 파괴에 의한 현실전손에 해당된다.

② 변종

변종(變種; alternation of species)은 보험의 목적(물)이 보험사고 이후 물리적으로는 존재하지만 심각한 피해로 당초 보험에 부보될 때의 상품의 종류가 아닌 다른 종류로 변한 경우이다.

예를 들어 항해중에 선박에 해수(海水)가 유입되어 당초 보험에 부보할 때 식용 쌀이었던 보험의 목적(물)이 전손되어 사료용으로 변한 경우 변종에 의한 현실전손에 해당된다.

③ 회복이 불가능한 상실

회복이 불가능한 상실(irretrievable deprivation)은 보험의 목적(물)이 물리

30) MIA 제57조, 제58조.

적으로 보험에 부보할 때 그 상태로 존재하고 있으나, 피보험자가 보험의 목적(물) 대한 소유권이나 점유권을 상실하여 그 회복이 불가능하게 된 경우이다.

대표적인 사례는 보험의 목적(물)이 전쟁중에 적군에게 포획되거나 전리품으로 몰수된 경우 보험의 목적(물)이 존재하고 있지만, 피보험자가 현실적으로 박탈당한 보험의 목적(물)의 소유권을 회복할 수 없어 현실전손으로 처리된다.

④ 선박의 행방불명

선박의 행방불명(missing of ship)은 해상보험의 보험의 목적(물)인 화물을 적재한 선박이 항해중 소식이 끊긴채 상당기간 찾을 수 없을 때 전손처리하는 경우이다.

선박의 행방불명의 기간인 상당한 기간이 어느 정도의 기간을 의미하는지는 여러 가지 여건이 감안된 사실문제이다. 우리나라에서는 행방불명된 선박의 존재 여부가 3개월간 분명하지 않을 때 그 선박을 행방불명으로 간주한다[31].상당한 기간이 지나고도 행방불명된 선박을 찾지 못하는 경우 그 선박은 Lloyd's에서 missing vessel로 게시되고, 해상보험자는 그 시점에 피보험자에게 전손 보험금을 지급한다.

나) 추정전손

추정전손(constructive total loss; CTL)은 현실적으로 보험의 목적(물)에 전손이 발생하지는 않았으나 전손을 피할 수 없거나, 보험의 목적(물)의 가액을 초과하는 비용을 들이지 않으면 현실전손을 막을 수 없는 경우이다.

추정전손은 해상보험에만 있는 전손의 형태로 경제전손, 해석전손이라고도 한다 추정전손은 보험의 목적(물)에 현실전손은 발생하지 않았으나 현실전손으로 될 것이 불가피하다고 판단되거나 보험의 목적(물)의 가액을 초과하는 비용의 지출이 없으면 현실전손의 발생을 피할 수 없

31) 상법 711조.

는 경우 등에 인정된다.

이러한 추정전손은 보험의 목적(물)이 완전히 멸실된 것이 아니기 때문에 화물의 손상 상태가 현실전손과 분손의 중간상태로 영국 해상보험법에서는 다음과 같은 경우 추정전손으로 규정하고 있다[32].

첫째, 선박이나 화물을 탈취당하여 피보험자가 선박이나 화물을 회수할 가능성이 없을 때

둘째, 탈취당한 보험의 목적(물)의 회수는 가능하나 그 비용이 보험의 목적(물)의 가액을 초과할 것으로 예상될 때.

셋째, 보험의 목적(물)이 손상된 경우에 그 손상을 수리하는 비용과 수리한 후 보험의 목적(물)을 최종 목적지까지 계반하는 비용 등의 총비용이 화물의 가액을 초과하는 경우.

넷째, 손상된 선박을 수리할 수는 있으나 수리비가 선박가액을 초과하는 경우

ICC 제13조 추정전손조항

13. Constructive Total Loss

No claim for Constructive Total Loss shall be recoverable hereunder unless the subject-matter insured is reasonably abandoned either on account of its actual total loss appearing to be unavoidable or because the cost of recovering, reconditioning and forwarding the subject-matter to the destination to which it is insured would exceed its value on arrival.

제13조 추정전손조항

추정전손에 대한 보험금 청구는 보험의 목적(물)의 현실전손이 불가피하다고 생각될 때 또는 보험의 목적(물)을 회복시켜 그것을 부보된 목적지까지 계속 운반하는데 소요되는 비용이 목적지에 도착했을 때의 보험의 목적(물)의 가액을 초과할 것 같기 때문에 보험의 목적(물)을 정당하게 위부하지 않는 한, 이 보험에서는 보상되지 않는다.

32) MIA 제60조.

Check Point 피보험자에게 추정전손은 항상 분손보다 유리한가?

추정전손의 경우 피보험자는 이를 분손으로 취급하여 실제의 손해를 청구할 수도 있고, 위부를 통하여 현실전손처럼 취급할 수도 있다[33].

보험의 목적(물)의 손상상태가 현실전손과 분손의 중간 상태인 경우 보험처리를 분손으로 할 것인가, 추정전손으로 할 것인가의 선택권은 피보험자에게 있다.

부보한 보험의 목적(물)의 보험가액이 상승하고 있거나 보험의 목적(물)이 일부보험으로 부보된 경우에 손상된 보험의 목적(물)을 추정전손으로 보험 처리하면 피보험자에게 불리하다 이러한 경우에는 분손으로 처리하는 것이 피보험자에게 유리하다.

또한 피보험자가 보험사고가 발생한 보험의 목적(물)을 추정전손으로 처리할 경우 보험의 목적(물)에 남아있는 피보험자의 권리를 보험자에게 위부함과 동시에 보험계약은 종료되지만 기간보험에 있어서 피보험자가 분손에 대한 클레임을 청구할 것을 선택한 경우에는 보험기간내에 수선이 완료되면 그 보험기간이 종료되는 날까지 계속해서 보험보호를 받을 수 있는 장점이 있다.

Check Point 추정전손과 보험의 담보조건?

피보험자가 부보한 보험이 전손을 부담하는 보험조건이면, 현실전손뿐만 아니라 추정전손도 담보가 된다. 그러나 피보험자가 부보한 보험이 분손만을 보상하는 보험조건이면 피보험자는 보험사고를 추정전손으로 처리할 수 없다.

또한 피보험자가 부보한 보험이 전손만 담보하는 보험조건이면 피보험자는 보험사고를 분손으로 처리할 수 없고 추정전손으로만 처리해야 한다. 그리고 피보험자가 부보한 보험의 보험조건이 전손이 발생한 경우

---

33) MIA 제61조.

오로지 현실전손만 담보한다고 보험증권에 명시되어 있는 경우에는 추정전손으로 처리되지 않고 분손으로만 처리된다.

2. 추정전손과 위부

피보험자가 보험의 목적(물)에 발생된 보험사고를 추정전손으로 처리하려면 발생된 보험사고가 MIA 제60조에서 규정하고 있는 추정전손의 요건에 부합해야 되고, 피보험자가 보험의 목적(물)에 갖고 있는 일체의 권리와 보험사고 후 존재하고 있는 보험의 목적(물)의 잔존물을 보험자에게 양도하는 위부절차를 밟아야 한다.

1) 위부란

위부(委付; Abandonment)는 추정전손으로 간주할 수 있는 보험사고가 발생했을 때 피보험자가 그 손해를 분손으로 처리하지 않고, 추정전손으로 처리하기 위한 선행조건이다. 즉, 위부는 피보험자가 발생된 보험사고를 분손처리하지 않고 전손으로 처리하여 전손 보험금을 보험자에게 청구할 수 있는 권리를 얻기위한 법률적 조치이다. 피보험자는 보험자에게 보험의 목적(물)을 위부함으로써 현실전손에 준하여 보험금을 청구할 수 있다[34].

2) 위부의 통지

피보험자가 판단할 때 추정전손에 해당되는 보험사고가 발생했을 때 피보험자는 보험의 목적(물)에 대한 소유권을 보험자에게 이전하고 전손 보험금을 청구하는 위부절차의 첫 단계인 위부의 통지를 보험자에게 해야 한다.

위부의 통지는 위부의 원인이 생긴 이후에 상당한 기간내에 행해져야

34) MIA 제61조.

하고 피보험자가 위부의 통지를 정당하게 한 경우 피보험자의 권리는 보험자가 위부의 승낙을 거절하였다는 사실로 인하여 방해받지 않는다[35].

위부의 통지 목적은 보험자가 손해를 경감할 수 있는 기회를 제공하는데 있다. 영국법에서는 위부가 성립하려면 피보험자가 보험자에게 위부통지를 해야 한다고 규정하고 있다. 영국법에서는 위부의 통지를 위부의 청약(tender of abandonment)으로 간주한다(이시환, 2010: 25-26). 한국의 상법에서는 위부는 피보험자의 단독행위로서 보험자의 승낙이 없어도 그 효력이 발생한다.[36]

피보험자의 위부의 통지는 피보험자의 보험사고를 추정전손으로 처리하기 위해 보험의 목적(물)에 대한 소유권을 포기하여 보험자에게 이전한다는 의사표시로 서면이나 구두 등 위부의 통지의 형식에는 제한이 없다. 보험사고가 발생한 후 피보험자의 위부의 통지가 없으면 발생된 손해는 분손으로 처리된다.

3) 위부의 승인과 불승인

피보험자가 위부를 보험자에게 통지하면 보험자는 위부를 승인할 수도 불승인할 수도 있다. 위부의 승낙은 명시적으로나 묵시적으로나 가능하나 보험자의 단순한 침묵은 위부의 승낙이 아니다[37].

위부의 통지가 승낙된 경우 위부는 철회할 수 없다. 위부의 승낙은 확정적으로 손실에 관한 책임 및 통지의 충분성을 인정하는 것이다[38].

보험자가 위부를 승인한 후에는 승인한 위부에 대해서는 이의를 제기할 수 없다. 이와같이 보험자가 일단 위부의 통지를 승낙한 이상 이의를 제기할 수 없기 때문에 보험실무상 보험자로서는 일단 위부를 거절하는 것이 관행이다[39].

---

35) MIA 제62조 제3항, 제4항.
36) 최기원, 「상법학신론(하)」, 박영사, 2008, p. 747.
37) MIA 제62조 제5항.
38) MIA 제62조 제6항.
39) 사법연수원, 「전게서」, p. 129.

또한 보험자가 위부를 승인하지 않으면 피보험자는 발생된 보험사고에 대해 전손보험금의 지급요구를 할 수 없다[40]. 보험자가 위부를 승인하지 않은 경우 피보험자가 전손보험금을 받으려면 소송을 제기해야 한다.

ICC 제17조 포기조항

17. Waiver Clause

Measures taken by the Assured or the Underwriters with the object of saving, protecting or recovering the subject-matter insured shall not be considered as a waiver or acceptance of abandonment or otherwise prejudice the rigts of either party.

제17조 포기조항

피보험자 또는 보험자가 보험의 목적(물)을 구조, 보존하거나 또는 회복하기 위해 취한 피보험자 또는 보험자의 어떠한 행위도 위부의 포기 또는 수락, 또는 당사자의 권리의 침해로 고려되지 않는다.

4) 위부의 효과

위부의 효과는 피보험자가 보험사고를 전손으로 처리하고 보험금액의 전액을 보험자에게 청구할 수 있고, 보험자는 피보험자의 보험의 목적(물)에 대한 일체의 권리를 취득한다.

5) 위부와 잔존물 대위

보험에서 위부제도는 피보험자가 전손보험금을 받기위해 무조건적으로 보험자에게 보험의 목적(물)의 소유권을 이전하는 절차인데, 이 때 보험의 목적(물)에 재산적 가치가 남아있다는 것이 전제조건이다. 그런데 만약 원자력선의 침몰과 같이 남아있는 보험의 목적(물)을 회수, 철거하는 비용이 보험가액을 초과하는 경우가 발생할 수 있다.

40) 상법 717조.

보험의 목적(물)의 잔존물과 관련하여 철거의무, 손해배상의무가 발생하는데 보험금을 상회하는 비용이 발생할 수도 있다. 이러한 이유로 화재보험이나 자동차보험과 같은 손해보험약관에는 잔존물을 취득하지 않는다고 명시한 경우가 있다.

Check Point 위부와 대위의 차이점?

위부: 피보험자의 권리 ↔ 대위: 보험자의 권리

위부와 대위의 차이점은 다음과 같다.

첫째, 위부제도는 피보험자의 권리이고, 대위제도는 보험자의 권리이다.

위부는 보험사고 발생 후 피보험자의 자율적인 선택에 의해 보험의 목적(물)에 남아있는 피보험자의 일체의 권리를 보험자에게 이전시키고, 보험자에게 전손보험금을 청구하는 권리이다.

대위는 보험자가 피보험자에게 전손보험금을 지급함에 따라 피보험자가 갖고 있는 보험의 목적(물)과 제3자에 대한 배상청구권 등의 권리를 획득하는 것이다.

둘째, 위부는 피보험자가 전손보험금을 받기위한 선행조건이고, 대위는 보험자가 전손보험금을 지급한 후에 발생하는 권리이다

셋째, 위부는 추정전손만에만 발생하지만, 대위는 손해보상원칙, 보험회사 준비금 보전 등의 목적을 위해 추정전손뿐만 아니라 현실전손, 분손의 경우에도 발생한다.

넷째, 위부의 법률적 효과는 피보험자의 위부통지와 보험자의 승낙이 있어야 한다. 이에 비해 대위는 보험자가 보험금을 지급하면 자동적으로 효과가 발생한다.

다섯째, 피보험자의 위부를 보험자가 승인하고 전손보험금을 피보험자에게 지급한 경우 보험자는 보험의 목적(물)의 소유자로서 권리를 행사한다. 이에 비해 보험자가 대위권을 행사할 때는 피보험자의 이름으로 해야 한다.

여섯째, 보험사고 발생 후 보험의 목적(물)에 회수금이 있을 때 위부의 경우에는 회수금 전액이 보험자에게 귀속되지만, 대위는 보험자가 피보험자에게 지급한 보험금의 한도내에서 회수할 수 있다(황남일, 1998).

3. 분손

1) 분손이란

분손(Average/Partial Loss)이란 보험의 목적(물)의 일부분에만 손해가 발생한 경우이다. 즉, 피보험이익의 일부에 멸실 또는 손상이 발생했을 때 분손이 발생한다.

2) 분손의 종류

단독해손: 손해를 단독으로 부담
공동해손: 손해를 공동으로 부담

보험사고가 발생했을 때 분손 손해를 단독으로 부담하는 단독해손과 손해를 공동으로 부담하는 공동해손으로 구분된다.

(1) 단독해손

단독해손(particular average; PA)은 손해를 입은 자가 단독으로 부담하는 손해로 피보험자가 단독으로 부담해야 할 분손을 의미한다. 단독해손은 담보위험에 의하여 보험의 목적(물)의 일부분에 손해가 발생한 경우이다.

Check Point 일부의 전손은 전손인가, 분손인가?

일부의 전손이란 동일종류의 화물이 하나의 보험증권에 일괄 평가되어 인수되었다가 화물중의 일부가 담보위험으로 전손된 경우이다. 예를 들어 산적화물이나 포장화물이 포장 단위당 유실이나 소실, 불착, 도난으로 전손이 발생한 경우 분손으로 처리한다.

Check Point sentimental loss or damage

sentimental loss or damage(감정적 손해)는 항해중에 선박의 선창에 보관중인 일부의 화물에 손해가 발생한 경우, 피보험자가 부보한 자신의 화물에는 실체적인 손해가 발생하지 않았으나, 동일 선창내에 보관중인 다른 화물에 손해가 발생했기 때문에 자신의 화물에도 손해가 발생했을 가능성이 있다고 보험회사에 손해처리를 요구하는 것을 말한다.

Check Point sympathetic damage

sympathetic damage(감염 손해 또는 교감적 손해)는 항해중에 해수(海水)의 유입으로 부패된 화물의 냄새가 동일 선창내에 보관중인 다른 화물에 스며들어 손해가 발생한 경우이다.

(2) 공동해손(general average: GA)

공동해손은 항해중에 선장이 화물과 선박이 공동의 위험에 직면하여 공동의 안전을 위해 고의로 화물 및 선박에 발생시킨 분손을 말한다. 이러한 선장의 고의적인 행위를 공동해손행위(general average act)라고 한다.

공동해손은 육상운송이나 항공운송에는 없고 해상운송에만 있다. 항해중에 공동의 안전을 위해 희생된 선박과 화물의 손해나 비용은 항해가 종료된 후에 공동해손으로 손해를 피한 다른 화물의 소유자들이 잔존재산의 가액에 비례해서 분담한다.

공동위험은 화물을 선적한 선박이 실질적으로 안전하게 운항할 수 없는 현실적인 위험이다. 따라서 실질적인 위험이 아닌 위험 가능성이나 통상적인 위험은 공동위험으로 간주되지 않는다. 공동해손의 본질은 선박과 화물의 공동의 안전을 지키는 것이며 공동해손 희생이나 공동해손 비용은 공동의 안전을 확보하는 결과로서 발생한 것이다.

① 공동해손 희생

공동해손 희생(general average sacrifice)은 공동해손으로 인해 선박과 화물에 발생한 물리적 손해를 의미한다. 예를 들어 화물을 적재한 선박이 해상위험인 침몰에 직면한 경우 화물과 선박의 공동의 위험인 침몰을 피하고 공동의 안전을 지키기 위해 바다속에 투하된 일부 화물의 손해를 말한다.

② 공동해손 비용

공동해손 비용(general average expenditure)은 공동의 안전을 위해 고의적으로 좌초한 선박을 목적항으로 예인하기 위해 발생된 비용 등이다. 이러한 공동해손 비용은 일반적으로 선주가 먼저 지출한 후 공동해손정산에 의해 각 이해 관계자가 부담한다[41].

③ 공동해손 분담금

공동해손 분담금(general average contribution)은 공동해손 희생으로 해상위험을 피한 잔존재산 소유자들의 공동해손 분담액이다. 공동해손정산은 York-Antwerp Rules에 준거해서 공동해손정산인(General Average Adjuster)에의해 이루어지는데 공동해손 정산은 수 년씩 걸리는 경우도 있다.

Check Point 공동해손과 적하보험의 관계

적하보험은 공동해손정산에 의해 하주인 피보험자가 부담하는 공동해손분담액을 전액 보상한다. 적하보험에서는 면책위험이 아닌 담보위험을 줄이거나 방지하기 위해 고의적으로 행한 공동해손 행위에 의해 발생한 공동손해 분담액을 보상한다. 즉 면책사유 이외의 일체의 원인에 의한 공동해손 손해를 담보한다.

---

41) MIA 제66조.

ICC 제2조 공동해손조항

2. This insurance covers general average and salvage charges, adjusted or determined according to the contract of affreightment and/or the governing law and practice, incurred to avoid or in connection with the avoidance of loss from any cause except those excluded in Clauses 4,5,6 and 7 elsewhere in this insurance.

제2조

이 보험은 제4조, 제5조, 제6조 및 제7조 또는 이 보험의 그 밖의 조항에서 면책된 원인을 제외한 그 밖의 일체의 원인에 의해서 발생한 손해를 회피하기 위해서 또는 회피하는 것과 관련하여 지출되고, 용선계약 및/또는 준거법 및 관습에 의해 정산되거나 결정된 공동해손 및 구조료를 보상한다.

4. 비용손해

해상보험에서 비용손해란 해상위험에 직면한 보험의 목적(물)에 물적 손해가 발생하는 것을 방지하거나 구조하기 위하여 피보험자 또는 그 대리인이 지출한 비용으로 인해 발생한 손해를 의미한다. 비용손해에는 손해방지비용, 구조료, 단독비용, 공동해손비용 등이 있다.

1) 손해방지비용

손해방지비용(sue and labour charges)은 항해도중에 피보험자나 그 대리인이 담보위험에 의해 발생되는 손해를 피하거나 경감하기 위하여 지출한 비용이다.

피보험자나 대리인의 손해방지 행위는 피보험자나 대리인이 보험자의 이익을 지켜주기 위한 행위이다[42]. 이처럼 손해방지비용은 손해방지의

42) 손해를 방지 또는 경감할 목적으로 합리적인 조치를 취하는 것은 모든 경우에 있어서 피보험자 및 그 대리인의 의무이다(MIA 제78조 제4항).

무에 의하여 지출되는 비용으로 특약이 없어도 보험자가 보상한다(이시환, 2010; 28). 선장은 피보험자인 하주의 대리인으로 하주와 연락을 하여 손해의 경감 수단 등에 대해 하주의 동의를 얻어야 한다[43].

ICC 제16조 피보험자의 의무조항

16. Duty of Assured Clause

It is the duty of the Assured and their servants and agents in respect of loss recoverable hereunder

16.1 to take such measures as may be reasonable for the purpose of averting or minimising such loss, and

16.2 to ensure that all rights against carriers, bailees or other third parties are properly preserved and exercised and the Underwriters will, in addition to any loss recoverable hereunder, reimburse the Assured for any charges properly and reasonably incurred in pursuance of these duties.

제16조 피보험자의 의무조항

이 보험에서 보상해주는 손해에 관하여 다음 사항을 이행하는 것은 피보험자, 그 사용인 및 대리인의 의무이다.

16.1 손해를 방지하거나 또는 경감시키기 위한 목적으로 합리적 조치를 강구하는 것 그리고

16.2 운송인, 수탁자 또는 기타 제3자에 대한 일체의 권리가 적절히 보존되고 행사되도록 확보해 놓는 것, 그리고 보험자는 이 보험에서 보상하는 손해에 추가하여 위의 의무를 수행함에 있어 적절하고 합리적으로 발생한 어떤 비용이라도 피보험자에게 보상한다.

Check Point 근인과 대위권의 관계

손해방지비용은 해상보험에서 담보하는 손해를 방지 또는 경감하기 위해 발생된 비용이어야 한다. 보험자의 이익과 관계없는 면책위험에 의

43) MIA 제78조.

한 손해를 방지하기 위한 비용은 보상되지 않는다.

그러나 담보위험이 제3자의 귀책사유로 발생하여 손해가 발생한 경우 손해의 근인은 담보위험이므로 보험자는 피보험자에게 보험금을 지급하고 피보험자의 제3자에 대한 권리에 대위하여 피보험자의 명의로 제3자에게 구상할 수 있다[44](이시환, 2010: 29).

Check Point 보험가액을 초과하는 손해방지비용은 보상되나?

손해방지비용은 보험자의 이익을 보전하기 위해 피보험자나 대리인이 손해방지 행위를 하는 과정에서 발생된 비용이다. 보험자가 손해방지 비용을 보상하는 이유는 피보험자가 보험가입 후 도덕적 위험의 증대로 보험의 목적(물)의 손해를 경감할 수 있는 조치를 취할 수 있음에도 불구하고 태만하여 발생되는 손해를 막기 위해서이다.

따라서 피보험자의 합리적이고, 정당한 손해방지 행위로 인한 손해방지비용이 보험가액을 초과하더라도 손해방지비용은 보상된다[45]. 예를 들어 피보험자의 손해방지 노력에도 불구하고 보험의 목적(물)이 전손된 경우 보험자는 피보험자에게 전손보험금과 손해방지 비용을 모두 지급한다.

이처럼 보험자의 보험의 목적(물)에 대한 보상책임과 손해방지비용에 대한 보상책임은 별개의 독립된 계약으로 손해방지비용은 해상보험증권의 손해방지약관하에 지출되는 비용이다[46].

2) 구조비용

구조비용(salvage charges)은 해난에 직면한 선박이나 화물을 구조계약을 체결하지 않은 제3자가 구조했을 경우, 해사법에 의해 구조자에게 지불

44) MIA 제79조.

45) 손해에 대한 보상액과 손해방지비용의 합계액이 보험금액을 초과해도 이를 보험자가 부담한다(MIA 제78조 제1항).

46) MIA 제78조.

해야 되는 보수 및 보상금에 대한 비용이다.

해상보험자는 담보위험으로 인한 손해를 방지하기 위하여 발생한 구조료를 보상할 책임이 있다[47]. 해상운송과정중에 선박이나 화물이 해난에 처해 있을 때 그 부근을 항해하던 제3자의 선박이 구조하는 경우 구조자는 구조한 보험의 목적(물)의 보험금액내에서 구조보수를 청구할 수 있다.

해상보험에서 보상하는 구조비용은 계약구조(contract salvage)가 아닌 제3자에 의한 임의구조(voluntary salvage)에 의해 발생된 보수나 보상금을 의미한다. 피보험자 또는 피보험자의 대리인에게 고용되어 있는 자가 행한 구조에 대한 보수는 구조료에 포함되지 않는다[48].

Check Point 손해방지비용과 구조비용의 차이점

첫째, 손해방지 행위의 주체는 피보험자나 그 대리인이지만, 구조행위의 주체는 조난중인 선박과 특정관계가 아닌 제3자이다.

둘째, 손해방지비용은 손해방지 행위가 성공하든 실패하든 보험자가 손해방지지용을 보상한다. 그러나 구조비용은 제3자의 구조행위가 성공[49]을 해야만 구조비용이 지급된다.

셋째, 손해방지비용은 손해방지약관에 의해 보상되는 비용이지만, 구조비용은 사전에 계약을 하지 않은 구조자에게 피보험자가 지출하는 비용이다.

넷째, 손해방지비용은 손해방지비용이 보험금액을 초과해도 보상이 되지만, 보험금액을 초과한 구조비용은 보상되지 않는다.

---

47) MIA 제65조 제2항.

48) MIA 65조.

49) 구조행위의 성공의 범위는 보험의 목적(물)을 전부 구조한 것뿐만 아니라 일부를 구조한 것도 포함된다.

3) 특별비용

특별비용(particular charges)은 보험의 목적(물)의 안전(safety) 또는 보존(preser- vation)을 위하여 피보험자에 의해 지출된 비용으로 공동해손비용과 구조료 이외의 비용이다[50].

Check Point 손해방지비용과 특별비용의 관계

손해방지비용은 목적지 도착 이전에 지출된 비용이고, 특별비용은 목적지에서 지출된 비용이다. 특별비용은 보험금액의 한도내에서만 보상받을 수 있는 비용손해이지만, 손해방지비용은 보험금액을 초과해도 보상된다.

또한 손해방지 비용은 그 비용이 피보험자 또는 그 대리인 등에 의해 지출되어야 하지만, 특별비용은 지출자를 한정하지 않고 있다. 일반적으로 특별비용은 손해방지비용을 포함하는 것으로 해석된다. 손해방지비용과 특별비용을 구분해야 하는 경우는 보험금액을 초과하는 경우 발생한다. 이러한 경우에는 비용을 발생시킨 행위가 실제로 손해를 방지하거나 경감하기 위한 것이었느냐 아니면 손해가 발생했기 때문에 단지 비용이 증가했는가를 판단해야 한다(이시환, 2010: 182).

4) 부대비용

부대비용(extra charges: 附帶費用)은 손해의 증명과 정확한 손해액의 확정을 위해 피보험자가 지출된 비용으로 감정수수료(survey fee)가 대표적이다. 그런데 부대비용은 발생된 손해가 보험자가 담보하는 손해일 경우에만 보상된다.

---

50) MIA 제 64조 2항.

Check Point 연속된 개별 손해금액이 보험금액을 초과하면?

보험의 목적(물)에 연속손해(successive losses)가 발생한 경우 개별적인 손해에 대한 지급액의 총계가 보험금액을 초과하는 경우에 보험자는 보상을 해야 한다.[51)]

해상보험에서 손해보상액의 최대한도는 보험사고 한 건당 적용되는 것이므로 여러 번의 보험사고로 선박이 손상을 입는 경우 보험증권에 별도로 명시되어 있지 않은 한 개별 수리비의 총계가 보험금액을 초과해도 보상한다.

Check Point 전손은 분손을 흡수한다

해상보험에는 전손이 분손을 흡수한다는 원칙이 있다[52)]. 이 원칙은 보험의 목적(물)에 분손이 발생한 후 수리나 보상되기 전에 또다시 전손이 발생한 경우 보험자는 피보험자에게 전손보험금만 지급한다는 원칙이다.

예를 들어 피보험자가 담보위험에 의해 발생한 보험의 목적(물)의 분손을 수리하지 않은 채 항해중에 면책위험으로 인해 전손된 경우 보험자는 보험의 목적(물)에 먼저 발생한 분손을 보상하지 않는다.

또한 반대로 보험의 목적(물)에 면책위험에의해 분손이 발생하고 나중에 담보위험에 의해 전손이 발생한 경우 먼저 발생한 분손은 전손에 흡수되어 보험자는 피보험자에게 전손보험금을 지급한다. 보험자가 보험의 목적(물)에 발생한 손해를 분손으로 처리하면 보험의 목적(물)의 담보는 계속된다.

---

51) MIA 제77조.
52) MIA 제77조.

제7장 해상보험의 역사

1. 해상보험은 언제부터 시작되었나?

해상보험의 기원은 정확한 통설이 정립되어 있지 않다. 해상보험의 기원은 고대의 베일에 가려져서 어둠속으로 사라졌다. "veiled in antiquity and lost in obscurity". 12세기 이전에 현재와 같은 보험제도가 있었다는 기록은 발견되지 않았다. 그러나 해상보험제도와 유사한 모험대차와 공동해손제도가 있었다는 기록은 남아있다.

2. 모험대차(해상대차)

모험대차 = 융자 + 해상위험의 담보

해상보험은 그리스, 로마시대부터 지중해 지역에서 행해지고 있던 모험대차(冒險貸借: bottomry)가 발전하여 정착된 보험제도이다. 모험대차는 해상사업을 영위하는 무역업자들이 선박이나 화물을 담보로 하여 금융업자로부터 일정한 금액을 융자받아 항해가 무사히 종료되면 원금과 높은 이자를 상환하고 만일 해상사고로 인하여 항해를 종료하지 못하면 원금과 이자를 상환하지 않은 제도이다(구종순, 2009).

모험대차(冒險貸借)는 해상대차라고도 불리는 것으로 차주(借主)인 선주나 하주가 대항해를 무사히 마치고 귀항하면 대주(代主)에게 차입금의 원금과 고액의 이자를 지불한다.

그러나 만약 선박이 대항해중에 해상위험으로 전손된 경우 차주인 하주나 선주는 대주에게 원금을 변제하지 않아도 되는 제도이다.

은행업과 해상보험제도가 정착되기 전에 모험대차는 은행의 융자와 해상위험의 담보를 담당하였다. 대주(代主)는 현대의 금융기관처럼 선박을 담보로 선주(船主)에게 융자하고 항해가 무사히 마쳤을 때 원금과 이자를 받았다. 현대의 금융기관과의 차이점은 융자해준 선박이 전손되었을 때에는 융자한 자금의 상환을 요구하지 않는다는 점이다.

이러한 선박을 대상으로 한 모험대차는 지중해 상업의 전성시대인 12~13세기에 이탈리아를 비롯한 프랑스, 포루투갈, 스페인 등의 항구에서 번창하였다[53].

그러나 모험대차는 교회법에 의해 고액의 이자 징수가 금지되면서 자취를 감추게 되었고[54], 모험대차에서 행하던 위험부담 기능을 보완하여 보험료를 대가로 해상위험을 담보하는 해상보험이 14세기 이탈리아에서 태동되었다. 이처럼 해상보험은 14세기 이탈리아에서 처음으로 고안된 제도가 아니라, 모험대차를 모태로 해서 수정보완되었다.

3. 공동해손제도

고대의 상인들은 자신들의 상품을 선박에 싣고 목적지에 직접 가서 판매하고 자신이 필요한 상품을 사거나 교환하였다. 이처럼 고대의 상거래에서 해상운송은 중요한 운송수단이었는데, 선박에 많은 상인들의 화물을 적재하고 항해하다가 해난에 직면하면 선원들은 선박과 화물의 공동안전을 위해 일부 화물을 바다에 투하하였다.

이러한 공동의 이익을 위하여 투하된 일부 화물의 희생을 각 하주들이 분담하기 위해 공동해손제도(General Average)가 태동되었다. 이러한 공동해손제도는 해상보험의 기초가 되었고, 공동해손은 현재 운영되고 있

53) Victor Dover, A Handbook to Marine Insurance, Witherby, 1982, pp. 4-5.

54) 그 당시 모험대차로 징수되었던 이자는 22%~33.3% 정도였다(木村榮一, 「海上保險」, 千倉書房, 1978, pp. 1-2).

는 해상보험제도의 중요한 부분을 형성하고 있다.

4. 해상보험의 태동

모험대차와 공동해손제도에 뿌리를 두고 있는 해상보험은 14세기 초에 유럽의 상업의 중심지인 지중해 연안의 프로렌스[55], 피사[56] 등의 이탈리아 도시에서 시작되었다. 이처럼 초창기 해상보험은 지중해시대(14~15세기)에 이탈리아를 중심으로 사용되었다.

그러나 17세기 후반부터 상업의 중심가 영국으로 이동하면서 해상보험도 영국에서 발전되었다. 지중해 시대에 영국은 농업국이었고, 당시 상업도시인 이탈리아의 도시들에 원료를 공급하는 국가였다.

이 당시 상업금융 후진국이었던 영국의 상업금융은 이탈리아 북부의 롬바르드에서 영국으로 건너와 런던의 롬바르드 거리에 거주하고 있던 롬바르드 상인에 의해 지배되었다. 특히 해상보험은 이탈리아의 롬바르드 상인이 영국에 보급하고 운영하였다.

그런데 16세기 중반 이후 영국의 국력이 향상되었고, 이런한 분위기속에 런던의 이탈리아 롬바르드 상인들도 영국을 떠나기 시작했고, 점진적으로 해상보험업무를 영국인이 하게 되었다. 해상보험 거래도 1567년 설립된 왕립연구소(Royal Exchange)에서 이루어졌다. 이러한 영국의 해상보험제도는 17세기 후반부터 영국의 식민지가 전 세계로 확대되면서 더욱 발전되었다.

---

55) 1397년 프로렌스에서 계약된 해상보험증권이 발견되었다.

56) 1384년 피사에서 계약된 해상보험증권이 발견되었다.

제8장 해상보험 시장

1. 해상보험시장 개요

일반적으로 시장은 수요와 공급에 의하여 가격이 결정되는 곳이다. 이러한 시장에서 판매자와 구매자는 서로 협상하여 적정한 가격을 결정한다. 해상보험시장에서 가격은 해상보험료(premium)이고, 해상보험 상품의 구매자는 수출입업자, 선주 등이다. 해상보험의 부보대상은 적하보험에서는 화물[57]이고, 선박보험에서는 선박이다.

해상보험 상품의 판매자들은 개인보험자, 보험회사, P & I 클럽 등이다. 그런데 해상보험시장은 무역과 보험에 대한 지식이 없는 일반인들이 거래할 수 있는 시장이 아니고, 무역과 보험에 대한 전문지식이 있는 전문가들이 해상보험 상품을 사고 파는 시장이다.

2. 적하보험시장의 특징

적하보험의 대상인 화물이 국내에서만 거래되는 것이 아니고 전 세계로 이동하므로 적하보험은 다른 보험에 비해 국제성이 강하고 외국 보험사간의 경쟁이 발생한다.

이러한 해상보험의 국제성과 국제간의 경쟁으로 인해 일부 국가들은 무역거래를 할 때 자국의 수출입업자는 해상보험의 부보를 반드시 자국의 보험자에게만 해야 되는 자국부보제도를 운영하고 있다.

57) 15~16세기에는 노예가 자주 화물로서 해상보험에 부보되었다. 그런데 노예가 자살한 때에는 화물의 내부적 하자로 보험자가 면책되었다(박명섭, 2008: 52).

자국부보제도가 있는 국가의 수출자는 FOB계약을 체결할 수 없고, 수입자가 CIF계약을 체결할 수 없다. 자국부보제도를 운영하고 있는 국가들은 대부분 후진국이나 개도국들이다. 우리나라는 자국부보제도를 운영하고 있지 않다.

Check Point 해상보험의 준거법은?

대부분의 국가에서 해상보험거래에 사용하고 있는 해상보험증권과 약관은 영국에서 제정한 것을 일부 수정한 것이다. 특히 적하보험에서 사용하고 있는 협회적하약관 제19조에서는 이 보험(해상보험)은 영국의 법률과 관례에 따르기로 한다는 해상보험의 준거법이 명시되어 있다.

선박보험에서도 협회기간약관(Institute Time Clauses-Hulls)의 첫머리에 이 보험은 영국의 법률과 관습에 준거한다는 해상보험의 준거법이 명시되어 있다.

우리나라의 해상보험 관련판례에서는 해상보험계약에서 야기되는 일체의 책임문제는 영국의 법률 및 관습에 의거하여야 한다는 준거법약관은 유효하다는 판결이 있다[58].

또한 해상보험계약에서 영국의 법률 및 관습을 적용한다는 약정은 선량한 풍속, 기타 사회질서에 위반되는 사항을 내용으로 하는 법률행위라고 보여지지 않니하므로 그 준거법의 약정은 유효하다는 판결이 있다[59](양승규, 2009). 이처럼 우리나라에서는 해상보험의 준거법으로 영국의 법률 및 관습을 적용한다는 대법원 판례와 고등법원 판례가 있어 해상보험의 준거법으로 영국의 법률 및 관습이 적용되고 있다.

Check Point MIA란?

MIA란 1906년도에 제정된 영국의 해상보험법(The Marine Insurance Act,

58) 대법원 1977. 1.11 판결. 71다 2116 보험금-파기환송.
59) 서울고등법원 1980.8.19 판결. 77나 340 보험금-청구기각.

1906: MIA)을 말하는 것으로 이 법은 1906년까지 사용해 오던 해상보험에 관한 보편적인 원리나 관습을 정리하여 수록하였다. MIA는 현재까지도 영국해상보험법의 체계를 이루고 있으며, 대부분의 국가들은 해상보험 관련 자국의 법에 MIA을 원용하여 제정하고 있다(구종순, 2010).

3. 로이즈 보험시장

1) 로이즈의 발전과정

세계 해상보험의 대명사인 로이즈는 커피점에서 출발하였다. 에드워드 로이드가 테임즈 강변에 개점한 로이즈 커피점은 17세기말 선장, 선주, 무역업자 등이 해운과 무역에 관한 정보를 교환하는 장소가 되었고, 로이즈는 선원들이 세계 각지에서 가져오는 해사정보를 뉴스로 만들어 해사관계자들에게 제공하면서 해상보험 거래장소로 각광받게 되었다.

로이즈 커피점에서 해상보험이 체결되던 시기에는 왕립거래소(Royal Exchange)에서 해상보험거래를 할 수는 있었으나 전통적이고, 격식있는 왕립거래소는 일반 상인들에게 호감을 주지 못했고[60], 대부분의 상인들은 개인사무실에서 해상보험을 인수하였다. 이처럼 그 당시 영국에는 지금과가 같은 조직적으로 체계화된 보험시장이 없었다.

이 당시 보험의 인수는 무역업자와 같은 개인이 부업으로 행하고 있었다. 그런데 개인이 혼자서 선박 전체나 선적화물 전부를 인수하는데는 무리가 있어 10명 정도의 사람들이 분담에서 보험을 인수하였다.

이처럼 해운의 전문지식을 가진 상인들이 인수위험이 명시된 한 장의 종이의 밑부분에 자신의 인수금액을 적고, 서명하여 해상위험을 인수하는 언더라이터가 되었다.

로이드가 사망한 후에도 로이즈는 지속적으로 해상보험의 거래장소 역할을 하였으나 18세기 들어와 로이즈 커피점에서 도박보험이 행하여

60) Lloyd's A Sketch History, London, 1982, p. 1.

졌다[61]. 이런 도박보험에 반대한 언더라이터들은 1769년에 New Lloyd's Coffee House로 장소를 옮겨 회원제로 운영하였고, 1774년에는 21년간 약 160파운드의 조건으로 Royal Exchange내에 room을 설치하여 로이즈를 보험거래소로 형태로 발전시켰다[62].

1771년 로이즈 위원회가 탄생되었고, 1871년에는 영국의회 제정법(Act of parliament)에 의해 로이즈법(Lloyd's Act)이 제정되어 로이즈조합(Corporation of Lloyd's)으로 법인화되었고[63], New Lloyd's Act가 제정되어 해상보험분야 뿐만 아니라 비해상보험분야까지 보험업무를 확대하여 현재와 같은 거대 로이즈 보험시장으로 발전되었다.

2) 로이즈 보험시장 개요

로이즈(Corporation of Lloyd's; 로이즈조합)는 일반적인 보험회사하고 큰 차이점이 있다. 로이즈는 보험회사가 아니다. 로이즈는 개인보험업자(underwriter)들의 조합이다.

로이즈는 보험을 직접 거래하지 않으며 투명하고 엄격한 거래기준하에 보험거래와 관련된 각종 서비스를 로이즈 언더라이팅 회원들에게 제공하고 로이즈 언더라이팅 회원들이 각자 자기계정으로 보험상품을 거래하는 집단이다.

3) 로이즈 언더라이팅 회원

로이즈 언더라이팅 회원(Underwriting Members of Lloyd's)은 로이즈에서 보험을 인수할 수 있는 언더라이터들이다. 로이즈 언더라이팅 회원들은 남녀 및 국적에 상관없이 로이즈 언더라이팅 회원의 추천을 받고, 로이즈 위원회(Committee of Lloyd's)가 요구하는 신리성과 같은 인격요인과 재

---

61) 이 당시 도박보험의 대상이 되는 사건은 병이든 군주나 정치가들이 언제 사망할 것인지, 노상강도가 처형 당할 것인지 등에 관한 것 들이었다(황남일, 1998: 297).

62) Hodges, S., Law of Marine Insurance, Cavendish Publishing Ltd., 1996, p. 53.

63) H. Bennett, The Law of Marine Insurance, 2nd ed., Oxford University Press Ltd: London, 2006, pp. 63-64.

무조건을 충족해야 한다.

로이즈 언더라이팅 회원은 독립된 보험업자로 회원 각자가 체결하는 보험계약의 주체로서 자신이 인수한 위험에 대해서는 자신이 책임을 진다. 로이즈 언더라이팅 회원은 로이즈의 명성과 신뢰에 걸맞는 보험계약의 이행을 보장할 수 있는 증거금을 확보하고 있어야 한다.

또한 보험료 수입중 일정부분을 보증보험(Guarantee Policy)에 부보하고 로이즈에 중앙기금(central fund)을 납부하고, 연간결산서(annual audit)를 제출하여 재무건전성을 검증받아야 한다.

Check Point 보험회사 언더라이터와 로이즈 언더라이터의 차이점은?

보험회사 언더라이터(company underwriters)는 로이즈 언더라이팅 회원과 달리 특정 보험회사에 고용된 피고용인으로 보험계약의 주체는 보험회사 언더라이터가 아니고 보험회사이다.

4) 신디케이트

로이즈에서는 개인 언더라이터들이 개별적으로 인수할 수 없는 규모가 큰 위험을 신디케이트(syndicate)를 구성하여 공동으로 인수한다. 일반적으로 하나의 신디케이트를 구성하는 언더라이터들은 100명 정도이다.

Check Point active underwtiter의 역할은?

로이즈의 보험인수 회원은 약 23,000명으로 해상, 비해상, 항공, 자동차, 생명 등 5개 분야로 나누어진 200개 신디케이트에 소속되어 신디케이트를 통해 보험을 인수하고 있다. 로이즈 수입보험료의 75%는 영국이외의 국가로부터의 수입이다(박명섭, 2008: 49).

로이즈의 개별 신디케이트에는 active underwtiter가 지정되어 있다. 이러한 active underwtiter는 해당 신디케이트를 대표하여 로이즈 브로커가

세계각지로 부터 모집하여 중개해주는 위험을 신디케이트 소속 전원의 명의로 인수한다. 신디케이트의 개별 언더라이터들은 각자의 인수비율에 따라 각자가 책임을 부담한다.

5) 로이즈 보험브로커

로이즈는 보험인수를 반드시 로이즈 보험브로커(Lloyd's Insurance Broker)하고만 해야 한다. 로이즈 보험브로커는 로이즈 언더라이팅회원들과 보험거래를 할 수 있는 권리를 수권받은 보험브로커이다.

이러한 로이즈 브로커들은 보험상품을 의뢰한 고객이 원할 경우 로이즈가 아닌 일반 보험회사들과도 거래를 할 수 있다. 로이즈 브로커는 자신이 의뢰한 위험이 로이즈 언더라이터에의해 인수되면 보험료 납입에 대한 책임을 져야 한다. 그 대신 피보험자가 보험료를 완납할 때까지 보험증권을 유치할 권한을 갖고 있다(황남일, 1998).

제9장 해상적하보험계약

1. 개별(확정)보험계약

개별(확정)보험계약(facultative insurance)은 보험자가 선적화물에 대한 위험을 인수할 것인지, 인수하지 않을 것인지를 선적할 때마다 결정하는 보험계약이다(오시학, 2008).

즉, 개별(확정)보험계약은 보험계약별로 개별적인 담보조건과 보험료가 결정되는 보험계약이다. 개별(확정)보험계약에서는 선명, 항로 등도 보험계약시에 특정한다. 이러한 개별(확정)보험계약에는 확정보험증권이 발행된다. 확정보험증권은 보험계약을 체결할 때 보험계약의 내용 전부가 확정되어 있는 확정보험에 의해 발행하는 보험증권이다.

2. 포괄(예정)보험계약(open contract)

포괄(예정)보험계약은 보험계약에 일반적인 사항만 명시하고, 미래에 행해질 여러 건의 선적화물을 미리 포괄적으로 부보하여 보험증권을 발행한다. 그리고 그 후 선적할 때마다 선적명, 보험가액, 목적지 등을 통보만 하면 자동적으로 부보하는 보험계약이다(오시학, 2008).

포괄(예정)보험계약은 보험계약을 청약할 때 보험계약 청약에 필요한 일부 내용이 미상(未詳)인 채로 보험자가 인수하는 계약이다. 이러한 포괄(예정)보험계약은 국제무역의 현실을 반영하여 무보험 상태를 막고, 해상보험계약의 수월성을 높이고 있다. 포괄(예정)보험계약은 장기 무역계약에 의한 대량화물의 수출입에 사용된다.

일반적으로 보험계약이 성립되려면 보험의 목적(물)의 피보험이익이 확정되어야 하고 이를 위해서는 화물의 내용, 수량, 선박명 등이 특정되어야 한다. 그런데 FOB 계약의 경우 수입상은 수출상으로부터의 선적통지에 근거해서 해상보험계약을 신청한다.

그런데 만약 수출상으로부터 선적통지가 지연되는 경우에는 화물이 해상운송중에 무보험상태가 될 수 있다. 격지간의 상거래인 무역거래를 주요 대상으로 하고 있는 적하보험계약에서 해상보험계약에 필요한 모든 사항을 정확히 파악한 후에 적하보험계약을 체결하는 것은 보험의 유용성과 효용성을 떨어뜨릴 수 있다. 수출입업자가 장기간의 수출입을 지속적으로 할 경우 포괄적으로 보험에 부보함으로써 무보험상태로 인한 피보험자의 손해를 막을 수 있다.

1) 개별예정보험계약

개별예정보험계약(provisional insurance)은 개별피보험화물의 수량, 가격, 적재선박명, 출항일 등이 확정되지 않은 상태에서 포괄적으로 보험계약을 체결하여 예정보험증권(provisional policy)을 발급 받고, 추후에 미확정사항이 확정되면 피보험자가 확정된 내용을 보험자에게 통보하여 확정보험증권(definite policy)을 발급 받는다.

2) 포괄예정보험계약

포괄예정보험계약(open contract)은 1년 이상의 장기간의 대량화물의 수출입거래를 할 때 지속적으로 선적될 예정화물에 대한 예정보험계약이다.

연속적으로 유사한 수출입을 하는 수출입업자는 선적할 때마다 개별보험계약을 체결하지 않고, 일정금액 한도 내 또는 일정기간 내의 수출입화물을 포괄적으로 부보하는 경우가 많다(오시학, 2008). 포괄예정보험계약은 선적할 때마다 보험계약을 체결하지 않고 수출입해야 하는 화물 전체를 대상으로 포괄적으로 보험조건, 보험요율을 협정한다.

(1) Floating Policy

선명등미상 보험증권(船名等未詳 保險證券: floating policy)은 포괄적 문언으로 보험계약을 기술하고, 선명 및 그 밖의 명세를 후일 확정통지에 의해 규정하는 보험증권이다[64].

floating policy는 화물을 선적할 선박 등이 특정되지 않은 보험이다. 선명등미상 보험증권에는 포괄적인 문언으로 보험계약을 체결하고 선명 등의 세부적인 내용은 추후에 확정통지에 의해서 정하는 보험증권이다[65]. 이에비해 선박을 특정한 보험증권을 special policy 또는 named policy라고 한다.

floating policy는 보험자와 피보험자간에 합의된 일정금액내에서 모든 선적화물이 자동으로 부보되며 피보험자는 선적할 때마다 선적내용을 보험자에게 통보해야 한다(오시학, 2008).

피보험자인 하주는 동일한 목적지로 출항하는 동종의 화물에 대한 보험료를 참조해서 잠정적인 평균보험료를 기준으로 산정한 총보험료를 보험자에게 먼저 납부하고, 추후에 보험의 목적(물)에 대한 확정통지를 한 후 보험자에게 정확한 보험료를 정산한다.

floating policy는 보험자의 보상 한도액을 정해 놓고 체감시킨다. 실제로 선적통지 후 그 금액만큼 보험자의 책임액이 감소하는 체감예정보험이다. 따라서 보험계약자는 한도액을 주의해서 관리해야 한다.

(2) Open Cover

오픈담보(open cover)는 보험자가 보험의 목적(물)을 일정기간 담보하는 보험계약이다. 오픈 담보는 보험의 목적(물)의 수량이나 보험가액에 상관없이 피보험자와 보험자가 일정기간을 약정하고, 보험자가 약정된 기간중 피보험자의 모든 화물을 자동으로 담보해주는 보험계약이다.

오픈담보에서 보험자는 피보험자에게 잠정보험료의 납부를 요구하지

64) MIA 제 29조.
65) MIA 제 29조.

않고 피보험자의 보험의 목적(물)에 대한 확정통지에 근거해서 월별, 분기별로 보험료를 보험계약자에게 청구한다. 오픈담보에서 담보기간은 일반적으로 1년으로 한다.

(3) Open Slip(Open Policy)

Open Cover는 일반적으로 담보기간을 1년으로 하고 있으나, Open Slip은 담보기간이 무한대이며 대신 보험자의 최고 책임한도액은 보험계약 당시에 정해진다(오시학, 2008: 193).

제10장 보험서류

1. 해상보험은 언제부터 시작되었나?

보험증권(insurance policy)은 피보험자가 보험을 가입하였다는 증거서류로서 보험계약의 성립과 그 내용을 보험회사 또는 언더라이터가 작성하고 기명날인하여 보험계약자에게 교부하는 증서이다.

이러한 보험증권은 보험계약이 성립되었다는 증거서류이고, 수출업자가 은행에 네고할 때 필수 선적서류중의 하나이다. 특히 피보험자가 보험금을 청구할 때 제출하는 서류이다.

Check Point 보험증권에서 약관이란?

보험에서 약관(clause)은 보험자가 다수의 보험수요자들과 보험계약을 체결하기 위하여 사전에 작성한 계약조항이다. 이러한 약관은 계약당사자 사이에 개별적인 협상에 의해 자유롭게 합의되는 계약조건과 다르다(박명섭, 2008: 39).

보험계약의 내용을 구성하고 있는 것은 보험계약조항들이다. 이러한 보험약관에는 일반적이고 표준적인 것을 표준약관 또는 보통약관(common clause)이라고 하고, 보험계약자의 선택에 따라 보통약관의 약정사항을 제한하거나 확대하는 약관을 특별약관(special clause)이라고 한다.

2. 보험증명서

보험증명서(insurance certificate, certificate of insurance)는 보험자 또는 보험

자의 대리인이 이미 발행된 보험증권에 의거하여 보험계약의 성립 및 부보사실을 증명해주는 증서이다.

보험증명서에는 보험증권과 같이 모든 약관이 상세하게 기재되어 있지 않고 보험계약이 이러한 약관 및 특약에 의하고 있다는 보험내용만 기재되어 있다. 보험증명서는 보험증권의 이면약관이 생략되어 있다.

이러한 보험증명서는 포괄예정보험계약에서 보험증권을 발행할 때 확정되지 않았던 미확정사실이 확정되어 이러한 내용을 보험가입자가 보험자에게 통보하면 보험자가 보험증권에 의거해서 확정된 사실을 첨가하여 발행하는 보험서류이다.

포괄예정보험계약으로 적하보험이 체결된 후 미확정사실이 확정되어 선박에 적하품이 선적될 때마다 보험계약자가 요구하면 보험자는 원보험증권(original policy)에 근거하여 보험증명서를 발행하여 보험계약자에게 교부한다. 이러한 보험증명서는 원보험증권과 동등한 권리 및 효력이 있다.

3. 보험승인서

보험승인서(Cover Note)는 보험중개인이 피보험자의 보험의뢰에 따라 피보험자가 요구한 보험조건에 따라 보험회사에 부보하였다는 통지서로 보험각서라고도 한다.

이러한 보험승인서는 보험중개인이 발행하는 서류로 피보험자와 보험회사간에 직접 보험계약을 체결한 증명서류가 아니기 때문에 보험계약에 대한 법적 효력이 없다. 따라서 보험승인서의 소지인이 보험회사에 보험금을 직접 청구할 수 없다.

따라서 보험승인서의 소지인이 보험금을 청구하려면 보험회사에 직접 청구하지 못하고, 보험중개인에게 청구하고, 보험중개인이 다시 보험회사에 보험금을 청구해야 한다.

이러한 보험승인서는 보험계약에 대한 법적효력은 없으나 보험중개인의 과실에 의해서 피보험자가 손해를 입은 경우에는 피보험자가 보험중개인에 대한 증거로서 사용할 수 있다(황남일, 1998: 304).

4. 슬립

슬립(slip)은 보험중개인이 보험의뢰인으로부터 고지받은 내용을 보험회사에 통보할 때 작성하는 보험서류이다.

5. 추가계약서

추가계약서(Endorsement: Rider)는 보험증권, 보험증명서가 발행된 후에 보험계약의 내용을 일부 변경하고자 할 때 필요한 보험서류이다. 보험계약자 또는 피보험자는 변경된 내용을 보험회사에 통보하고, 만약 변경된 내용이 추가보험료를 지불할 사안이면 추가보험료를 지급한다. 이 때 보험회사는 추가계약서로서 Endorsement를 발행하여 피보험자에게 발송하여 원보험증권 또는 보험증명서에 첨부하도록 한다.

Check Point 보험서류와 무역 Nego의 관계?

적하보험에서 보험증권은 일반적으로 2통이 발행되는데 수출업자는 매입은행에 네고할 때 보험증권 전통을 제시해야 한다. 또한 신용장에서 보험증명서를 요구할 때는 보험증권으로 네고가 가능하다.

포괄예정보험계약에 의한 보험증명서는 은행에서 선적서류로 접수가 된다. 그러나 보험증개인(broker)이 발행하는 보험승인서(cover note)는 신용장에서 허용하지 않는 한 네고서류로 은행에서 접수되지 않는다.

보험서류상에 표시되어 있는 통화는 신용장에 표시되어 있는 통화와 일치해야 한다. 또한 보험증권의 발행일자가 선하증권의 적재일 이후의 일자가 표시되어 있는 보험서류는 은행이 접수하지 않는다.

제11장 적하보험의 담보방식

1. 해상보험증권과 신구협회적하약관

Lloyd's S.G Policy(Companies' Combined Policy) + ICC(FPA, WA, All Risks)
New Marine Policy + ICC(C,B,A)
ICC = Institute Cargo Clauses
Institute = Institute of London Underwriters

해상보험증권은 국제적으로 1779년 영국의 로이즈 보험증권양식(Lloyd's S.G Policy Form)이 로이즈 보험시장에서 공식적으로 표준양식으로 채택된 이래 1982년 신해상보험증권양식(New Marine Policy Form: MAR)이 도입될 때까지 200년간이 넘도록 근본적인 수정없이 사용되었다.

Lloyd's S.G Policy는 선박보험, 적하보험의 공통증권으로 사용되었다. 이 양식은 영국해상보험법(Marine Insurance Act 1906)의 제1부칙에 보험증권 양식으로 게재되어 있다. 보험증권 본문에 보험의 목적(물)과 보험기간, 피보험자의 성명 등의 계약명세뿐만 아니라 보험약관조항을 포함하고 있어서 다른 손해보험증권에 비해 복잡한 보험증권이다[66]. S.G Policy 약관은 본문약관(20개조항), 이탤릭서체약관(3개조항), 난외약관 등으로 복잡하게 구성되어 있다.

S.G Policy상의 담보위험과 약관의 내용이 시대적 흐름에 따라 미비한 점이 있어 기술 및 약관위원회(Technical & Clauses Committe)에서 S.G Policy에 첨부하여 사용할 수 있는 최초의 협회적하약관(Institute Cargo Clauses)인

66) 한낙현, “2009 협회적하약관 주요 개정내용 및 영향고찰”, 손해보험, 한국손해보험협회, 2009, p. 37.

ICC(FPA)가 1912년 채택된 이후 1921년에 ICC(WA), 1951년에 ICC(All Risks)이 도입되었으며, 이러한 구협회약관은 수차례 개정을 거쳐 현재 사용하고 있는 것은 1963년 구협회적하약관이다. 구협회적하약관은 14개조항으로 구성되어 있는데 이 중에서 위험약관(제5조)을 제외한 13개조항은 그 내용이 동일하다.

그런데 좀더 쉽게 이해할 수 있는 적하보험약관에 대한 해운업자, 무역업자 등의 요구가 반영되어 1982년 탄생한 것이 신협회적하약관(Institute Cargo Clauses)의 C,B,A조건과 New Marine Policy Form(MAR)이다. 신협회적하약관은 8개로 구분하여 19개약관으로 구성되어 있으며 담보위험은 A,B,C 조건으로 구분된다(강영문, 2004). 이러한 신협회적하약관은 2009년 개정되었다.

New Marine Policy Form(MAR)은 S.G Policy[67]와 달리 보험조건에 대한 조항들은 협회적하약관과 협회선박약관에 맡기고, 증권 표면에는 약인조항, 타보험조항, 선서조항, 영국재판권관할 조항만을 남겨두어 보험계약에 대한 증거서류로서 불가결한 사항만을 규정하는 간결한 증권형태로 변하였다[68].

협회적하약관에서 협회(Institute)란 런던보험자협회(ILU: Institute of London Underwriters)를 말한다. 이처럼 런던보험자협회(ILU: Institute of London Underwriters)가 작성한 것이 협회약관이다[69].

런던보험업자협회는 1998년 11월 비해상보험단체인 런던 국제보험 및 재보험시장협회(London International Insurance and Reinsurance Market Association: LIRMA)와 합병하여 국제언더라이팅협회(International Underwriting Association: IUA)로 출범하였다(이시환: 2001: 1).

---

67) 보험자가 Lloyd's Policy Form과 1963년 ICC를 부대하여 인수한 경우 보험자의 보상책임여부와 범위는 1963년 ICC뿐만 아니라 Lloyd's Policy Form의 난해한 보험증권본문을 참조해야 하며, 더욱이 약관에 기재되지 않은 사항에 대해서는 준거법인 MIA와 영국의 판례를 참조해야 하는 경우도 발생한다(한낙현, 2009: 40).

68) 사법연수원, 「전게서」, p. 108.

69) D.O' May and J. Hill, Marine Insurance : Law and Policy, Sweet & Maxwell Ltd: London, 1993, pp. 11-12.

로이즈는 로이즈시장협회(LMA: Lloyd's Underwriters Association)를 만들어 국제언더라이팅협회에는 가입하지 않고 있다. 그러나 보험회사와 로이즈는 합동적하보험위원회(JCC: Joint Cargo Committee)를 만들어 공동보조를 취하고 있다[70].

로이즈시장협회(LMA: Lloyd's Underwriters Association)와 합동적하위원회(JCC: Joint Cargo Committee)는 1982년 협회적하약관을 3년 동안의 준비과정을 거쳐 2009년 1월 1일자 협회적하약관을 공표하였다(이재복, 2009: 59).

〈표〉 신 · 구협회 적하약관의 비교

구 약 관	신 약 관
1. 운송약관(Transit Clause)	제8조 운송약관(Transit Clause)
2. 항해종료약관(Terminstion of Adventure Clause)	제9조 운송계약종료약관(Terminstion of Contract of Carrige Clause)
3. 부선약관	삭제
4. 향해변경약관(Change of Voyage Clause)	제10조 향해변경약관(Change of Voyage Clause)
5. 분손부담보약관(FPA Cluse) 분손담보약관(WA Clause) 전위험담보약관(A/R Clause)	(C)Clause 제1조 (B)Clause 제1조 (A)Clause 제1조
6. 추정전손약관(Constructive Total Loss Clause)	제13조 추정전손약관
7. 공동해손약관(General Average Clause)	제2조 공동해손약관
8. 내항성담보약관(Seaworthiness Admitted Clause)	제5조 불내항 · 부적합면책약관(Unseaworthness and Unfitness Exclusion Clause)
9. 수탁자약관(Bailee Clause)	제16조 피보험자의무약관(Duty of Assured Clause)
10. 보험이익불공여약관(Not to Inure Clause)	제15조 보험이익불공여약관(Not to Inure Clause)
11. 씽방과실충돌약관(Both to Blame Collision Clause)	제3조 쌍방과실충돌약관(Both to Blame Collision Clause)
12. 포획 · 나포부담보약관(FC & S Clause)	제6조 전쟁위험면책약관(War Exclusion Clause)
13. 동맹파업 · 소요 · 폭동부담보약관(FSR & CC Clause)	제7조 동맹파업면책약관(Strikes Exclusion Clause)
14. 신속조치약관(Reasonable Despatch Clause)	제18조 신속조치약관(Reasonable Despatch Clause)
15. 주의사항	주의사항

신설약관	
	제4조 일반면책약관(Gerneral Clause)
	제12조 계반비용약관(Forwarding Charges Clause)
	제14조 증액약관(Increased Value Clause)

자료: 東京海上火災保險株式會社, 「前揭書」, pp. 62-63.

70) N.G. Hudson, The Institute Clauses 2nd ed., Lloyd's of London Press Ltd, 1995, pp. 1-2.

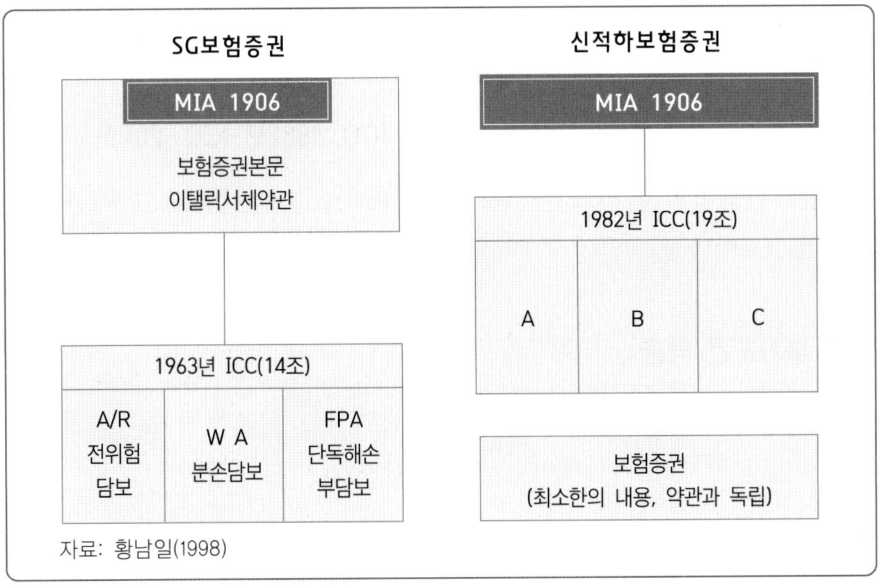

〈그림〉 신구보험증권의 구조

ICC 제19조 영국법률 및 관습조항

19. This insurance is subject to English law and practice.

제19조 영국법률 및 관습조항

이 보험은 영국의 법률 및 관습을 따른다.

신적하보험증권 준거법조항

Notwithstanding anything contained herein or the contrary, this insurance is understood and agreed to be subject to English law and practice only as to liability for and settlement of any and all claims

이 보험 중에 기재 또는 첨부되어 있는 어떠한 반대규정에도 불구하고, 이 보험은 보험자의 모든 보상청구에 대한 책임과 결제에 관하여 영국의 관습 및 법률에 따를 것을 합의한다.

2. 해상적하보험약관

1) 기본조건 약관(S.G. Policy, 1963년 ICC, 1982년 ICC, 2009년 ICC)

해상적하보험의 기본조건약관은 S.G. Policy, 1963년 ICC, 1982년 ICC, 2009년 ICC이다.

2) 부가조건 약관

부가조건 약관은 적하보험의 위험약관에서는 담보되지 않고, 피보험자가 할증보험료를 지불해야만 보험자가 담보하는 위험이다.

Check Point 우리나라에서 사용하고 있는 적하보험증권과 약관은?

현재 우리나라에서는 신협회적하약관과 구협회적하약관을 보험계약자의 선택에 의하여 모두 사용하고 있다. 우리나라에서 사용하고 있는 영문적하보험증권 양식은 런던보험업자협회가 Lloyd's S.G Policy를 선박용과 적하용으로 분리한 Companies' Combined Policy를 모방한 것과 New Marine Policy를 사용하고 있다.

우리나라의 손해보험회사들은 해상적하보험계약을 체결함에 있어 S.G Policy에 구약관을 첨부시켜 계약을 체결하기도 하고, 신해상보험증권과 신협회적하약관을 사용하여 해상보험계약을 체결하기도 한다(사법연수원, 2009: 108).

이처럼 우리나라는 영국의 런던보험업자협회(ILU; Institute of London Underwriters)의 협회적하약관 및 보험증권 양식을 채택하고 있다[71]. 우리나라의 해상보험회사들은 재보험도 주로 영국의 해상보험시장을 이용하고 있다.

---

71) 상법 제693조.

3. 적하보험약관의 담보방식

1) 포괄책임주의와 열거책임주의

해상보험에서 보험자가 해상위험을 담보하는 방식은 포괄책임주의와 열거책임주의로 구분된다. 포괄책임주의(包括責任主義)는 면책위험 이외의 모든 우발적인 사고로 인한 손해를 보험자가 포괄적으로 담보하여 주는 방식이다.

열거책임주의(列擧責任主義)는 보험자가 보험약관에 열거된 위험만을 담보하여 주는 방식이다. 따라서 열거책임주의에서는 보험약관에 열거되지 않은 손해는 담보되지 않는다.

2) 신 · 구협회 적하약관의 담보방식

A/R, A조건은 면책위험이외의 모든 우발적인 사고로 인한 손해를 포괄적으로 담보하여 주는 포괄책임주의방식이고. FPA, WA, B, C조건은보험자가 보험약관에 열거된 위험만을 담보하여 주는 방식이다.

3) 신 · 구협회 적하약관의 담보범위

담보범위는 A/R, A조건이 가장 넓고, 그 다음이 WA, B조건이며 가장 담보범위가 적은 조건이 FPA, C조건이다. 신 · 구약관간에 담보범위의 차이가 있으나 일반적으로 구협회적하약관 FPA는 신협회적하약관 C와, 구협회적하약관 WA는 신협회적하약관 B와, 구협회적하약관 A/R은 신협회적하약관 A조건과 담보방식이나 담보범위가 거의 비슷하다.

국제해상운송에서 운송인의 면책사유가 되는 위험은 해상보험에서 담보되는 위험과 담보되지 않는 위험으로 구분된다. 담보되는 위험은 보험자의 담보위험과 면책위험은 신 · 구약관이 차이를 보이고 있다. 하주는 적하보험 부보시 이러한 점을 주의하여 부보하지 않으면 발생된 손해를 자신이 부담해야 되는 경우가 발생할 수 있다(강영문, 2004).

구 1963년 협회적하약관(ICC)

ICC(FPA), ICC(WA), ICC(A/R)

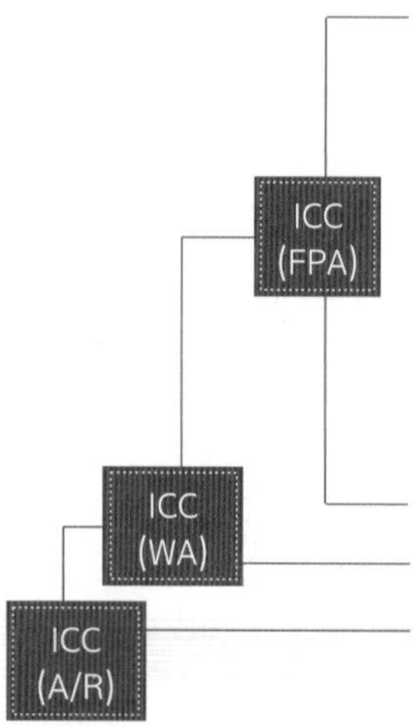

1. 본선 및 부선의 침몰, 좌초, 화재, 충돌(S.S.B.C. : sinking, stranding, burning, collision)로 인하여 발생한 화물의 전손(현실전손 및 추정전손) 및 분손(공동해손 및 단독해손)
2. 악천후(heavy weather)로 인하여 발생한 전손 및 공동해손
3. 선적, 환적, 양하작업중 추락으로 인하여 발생한 포장당 전손
4. 피난항에서 양하작업으로 인하여 발생한 손해
5. 비용손해(손해방지비용, 구조비, 손해조사비용 등)
6. 악천후로 인하여 발생한 단독해손
7. 다음을 제외한 모든 손해
   A. 일반면책위험
      ① 피보험자의 고의적 비행에 의한 손해
      ② 보험의 목적(물)의 통상적 손해
      ③ 포장부적합으로 인한 손해
      ④ 보험의 목적(물)의 고유의 하자 또는 성질에 의한 손해
      ⑤ 지연으로 인한 손해
   B. 선박 및 운송용구의 불내항 및 부적합 면책
   C. 전쟁위험(war risk) 면책
   D. 동맹파업위험(strikes risk)면책

* W/SRCC(war/strikes, riots and civil commontions : 전쟁·동맹파업, 소요 및 폭동위험)을 담보하려면 추가 보험료(additional premium)를 지급하여야 함

(주) ICC(FPA) = Institute Cargo Cluses(free from particular average) : 협회적하약관(분손부담보)조건
ICC(WA) = Institute Cargo Cluses(with average) : 협회적하약관(분손담보)조건
ICC(A/R) = Institute Cargo Cluses(all risks) : 협회적하약관(전위험담보)조건

4. 해상운송인의 양대주의의무와 해상보험

헤이그 규칙에서는 선박의 감항성 확보와 상업과실에 대해 해상운송인에게 상당한 주의(Due Diligence)의무를 부과하고 있다[72]. 이러한 해상운송인의 양대주의의무가 준수되지 않을 경우 해상운송인은 면책되지 않는다[73].

1) 감항능력주의 의무

(1) 감항능력주의 의무의 개념

감항능력이란 일상적인 항해에서 화물이 적절하고 안전하게 선적, 운송, 보호, 양륙될 수 있도록 선장 및 선원이 승선을 하고 선박이 의장을 갖춘 상태이다[74].

감항능력주의 의무는 운송인이 면책을 주장하기 위한 선행조건이다[75]. 선박의 감항능력에 대해 영국해상보험법에서는 "선박이 부보된 해상사업을 수행할 수 있고, 일반적인 해상고유위험에 대항할 수 있도록 모든 점에서 합리적으로 적합할 때 그 선박은 감항능력(Seaworthiness)을 갖춘 것으로 간주된다"[76].

해상운송인은 항해 전과 항해 개시시(Before and at the beginning of the Voyage)에 다음의 사항에 관하여 상당한 주의(Due Diligence)를 하여야 한다.

(a) 선박을 항해에 견딜 수 있는 상태로 둘 것.

(b) 선박에 선원의 승선, 선박의장과 필수품의 보급을 적절하게 할 것

(c) 선창, 냉동실과 냉기실, 기타 물건을 적재하는 모든 장소를 물건의 수취, 운송 및 보존에 적합하고 양호한 상태에 둘 것.[77]

---

72) 헤이그 규칙 제3조 1항, 제3조 2항.

73) D. M. Day, *op. cit.*, pp. 28-30.

74) William Tetley, Marine Cargo Claims, 3rd ed., Montreal International Shipping Publication, 1988, pp. 370-373.

75) *Ibid.*, pp. 46-50.

76) M. I. A. Sec. 39(4).

(2) 불감항과 해상보험

선박의 불감항에 대해 구약관에서는 명시적인 규정이 없었다. 그러나 묵시적 담보위반으로 면책되었다. 신약관에서는 제5조 1항에서 선박 및 부선의 불감항과 부적합에 기인한 화물손해에 대해 보험자의 면책을 규정하고 있다.

신약관 제5조 1항

In no case shall this insurance cover loss, damage or expense arising from unseaworthiness of vessel or craft, unfitness of vessel craft conveyance container or liftvan for the safe carriage of the subject-matter insured, where the Assured or their servants are privity to such unseaworthiness or unfitness, at the time the subject-matter insured is loaded therein.

그러나 선박의 감항능력에 관하여 직접적인 당사자가 아닌 피보험자인 하주에게 감항능력담보를 엄격하게 요구하는 것은 불합리하다. 따라서 신약관 제5조 제2항에서 선박의 감항과 적합에 대한 묵시담보위반이 있어도 피보험자나 그 사용인이 관여하고 있지 않는 한 면책된다.

신약관 제5조 2항

The Underwriters waive any breach of the implied warranties of seaworthiness of the ship and fitness of the ship to carry the subject-matter insured to destination unless the Assured or their servants are privity to such unseaworthiness or unfitness.

여기에서 privity는 실제로 알고 있거나, 알고 있으면서도 모르는척 하는 행위이다[78]. 이처럼 제5조 1항의 감항능력 담보의무가 피보험자나 그 사용인에게 엄격히 적용되는 경우는 하주가 화물을 적재할 때 선박의 불감항과 부적합을 알고 있을 때만 적용된다(강영문, 2004).

---

77) Hague Rules Article 3-1.

78) R. J. Templeman on Marine Insurance; Its Principles and Practice, 6th ed., London Pitman, 1981, pp. 42-43.

그러나 피보험자나 그 사용인이 선박의 불감항 및 부적합에 대해 알고 있었을 때에는 발생된 화물손해가 불감항 및 부적합에 의해 발생하지 않아도 피보험자는 담보위반으로 보상받을 수 없다[79].

ICC(A)(B)(C)의 제5조 불감항 및 부적합면책조항

Exclusions

5.1 In no case shall this insurance cover loss damage or expense arising from unseaworthiness of vessel or craft, unfitness of vessel craft conveyance container or liftvan for safe carriage of the subject-matter insured, where the Assured or their servants are privy to such unseaworthiness of unfitness, at the time the subject-matter insured is loaded therein.

5.2 The Underwriters waive any breach of the implied warranties of seaworthiness of the ship and fitness of the ship to carry the subject-matter insured to destination, unless the Assured or their servants are privy to such unseaworthiness or unfitness.

제5조(면책)

5.1 어떠한 경우에도 이 보험은 하기의 사유로부터 발생한 멸실, 손상 또는 비용을 담보하지 아니한다.

선박 또는 부선의 불내항, 보험의 목적(물)의 안전운송을 위한 선박, 부선, 운송용구, 컨테이너 또는 리프트밴의 부적합.

단, 보험의 목적(물)을 적재할 때에 피보험자 또는 그 사용인이 그와 같은 불내항 또는 부적합을 인지하고 있을 경우에 한한다.

5.2 보험자는 선박의 내항 및 보험의 목적(물)을 목적지로 운송하기 위한 선박의 적합에 대한 묵시담보의 어떠한 위반에 대하여도 보험자의 권리를 포기한다. 단, 피보험자 또는 그 사용인이 그러한 불내항 또는 부적합을 인지하지 못한 경우에 한한다.

---

79) R. H. Brown, *Analysis of Marine Institute Clauses book One The Institute Cargo Clauses,* Wirtherby Co., Ltd., 1982, pp. 14-17.

Check Point 2009년 ICC 약관과 1982년 ICC 약관의 불감항 면책의 차이점?

1982년 ICC 약관에서는 선박, 부선의 불감항과 부적합의 경우의 면책은 피보험자와 사용인이 알고 있는 경우였으나, 2009년 ICC 약관에서는 사용인을 포함시키지 않고 피보험자가 선박, 부선의 불감항과 부적합을 알고 있는 경우로 한정하였다.

따라서 2009년 ICC 약관에서는 피보험자의 사용인이 불감항을 알고 있어도 보험자는 면책되지 않는다. 또한 컨테이너 등이 부적합하다고 해도 피보험자나 그 사용인이 적재하지 않은 경우나 보험기간이 개시된 후 적재된 경우에는 보험자가 면책되지 않는다(이시환, 2010: 71).

해상보험판례

불감항과 화재

이 해상보험판례는 선적동안에 얼어 있는 파이프를 녹이기 위하여 열을 가하다 화재가 발생한 경우이다. 선장은 선박에 천공을 지시했고, 그 결과 화물에 손해가 발생하였다. 법원은 선박에서 화재 발생시 선박이 불감항상태였음을 발견하였고, 선주의 고용인들이 화재를 일으킨 것은 실제적으로 운송인이 선박의 감항능력을 갖추기 위한 주의의무에 실패한 것이라고 판결하였다[80].

이 해상보험판례에서 화재의 원인은 선박내의 얼어 있는 파이프를 녹이기 위해 열을 가하다 발생한 것으로 선적시 선박내의 파이프가 언상태에 있었다는 것은 선박이 불감항 상태였다는 것이다.

따라서 화재의 원인이 선박의 불감항이므로 운송인이 면책되지 않고, 또한 해상보험에서도 면책사유에 기인한 화재는 보상하여 주지 않는다.

---

80) Maxine Footwear v. Canadian Government Merchant Marine; W. E. Astle, *Hague Rules Digest*, pp. 54-58.

2) 해상운송인의 화물취급주의 의무

헤이그 규칙에서는 해상운송인은 운송품의 선적, 취급, 적부, 운송, 보관, 관리, 양하를 적절하고 신중하게 하지 않으면 안된다[81]고 명시하고 있다. 이 조항에서 "Properly"란 운송인이 화물에 대하여 인지하고 있는 범위 내에서의 적절한 조치를 의미한다[82]. 즉, 해상운송인에게 절대적인 의무를 부과하고 있는 것은 아니다[83].

화물취급 단계별 상업과실의 발생유형

화물취급의 단계	상업과실의 발생유형
선 적	선적시 Winch의 취급부적절 → 화물추락, 타(他)화물과 충돌 등
적 부	선적후 부적절한 적부 → 오염손해, 파손 등
운 송	운송중 나쁜 기후에 대한 대비 불비 → 파손, 누손 등
양 하	선적시와 동일, 불착손해

자료: 강영문(2004)

3) 상업과실에 대한 해상보험의 담보

상업과실에 대한 해상보험의 담보는 구약관 분손담보(WA), 분손부담보(FPA)의 제5조 및 신약관 제3조에서 포장단위당 전손이 담보되고 있고, 구약관 분손담보(WA), 분손부담보(FPA)의 제5조 및 신약관 제1조 5항에 의해 피난항에서의 화물의 양하시 추락손이 담보되고 있을 뿐이다.

---

81) 헤이그 규칙 제3조 제2항.

82) Albacora SRL *v.* Westcott and Laurence Line; 1966, 2 Lloyd's Rep 53; D. M. Day, *op. cit.*, p. 28: 이 해상보험판례는 소금에 절인 생선이 부패한 경우인데, 생선은 화물 성질상 냉동으로 보관이 요구되었으나, 운송인은 그 사실을 몰라서 단지 엔진과 보일러에서 멀리 보관시켰다. 법원은 운송인이 화물을 적절하게 운송하였다고 판결하였다. 즉, 하주의 적절한 지시 사항(냉동실 보관)이 사전에 필요했다.

83) William Tetley, *op. cit.*, pp. 533-349.

해상보험판례

적재불량과 악천후

이 해상보험판례는 전자삽(Electric Shovel) 24개를 선적하고 인도(印度)로 향해중이던 선박이 항해도중 예상치 못했던 큰 폭풍우를 만나 많은 전자삽이 파손된 경우이다.

하주는 이 해상보험판례의 원인을 운송인이 화물을 부적절하게 적재하였고, 충분하지 못하게 화물을 묶은 것(Lashing, Choking)에 기인하였다고 주장했다.

이에 반해 운송인은 화물 손해의 원인이 항해도중 만난 심한 폭풍우 때문이라고 주장하였다. 법원은 화물손해가 운송인의 부적절한 적재로 인해 발생했다고 판결하였다. 손해발생시 받침대가 완전하지 않았고, 적재된 화물 사이에 갭이 있어 화물이 붕괴되었기 때문이다[84].

이 해상보험판례에서 항해도중 폭풍우가 있었던 것은 사실이고, 만약 폭풍우가 없는 평온한 항해였다면 적재화물의 붕괴손해는 발생하지 않았을 수도 있다. 그리고 예상치 못한 폭풍우는 헤이그 규칙 제4조 2항(c)호의 해상고유의 위험으로 운송인이 면책되는 위험이다.

따라서 이 해상보험판례에서 운송인이 화물적재에 주의의무를 충실히 하였고, 이를 증명할 수 있었다면 운송인은 면책사유인 해상고유의 위험에 의해 면책받았을 가능성도 있다. 따라서 이 해상보험판례는 운송인이 면책사유를 주장하기 위해서는 선행조건으로 화물취급주의의무(적절한 적재)를 해야됨을 보여주는 경우이다(강영문, 2004).

Check Point　감항능력주의무와 화물취급주의의무의 차이점?

운송인의 양대주의의무인 감항능력주의의무와 화물취급에 관한 주의의무의 차이점은 감항능력주의의무는 선박의 선적 및 발항당시에만 적용되는 주의의무인데 반해 화물의 취급에 관한 주의의무는 선적 및 발

84) Blackwood Hodge Private Ltd. *v.* Ellerman Lines Ltd; 1963, Llyod's Law Reports pp. 454-456.

항당시 뿐만 아니라 운송인의 책임기간동안 계속 지켜져야 할 주의의무이다.

(1) 1982년 협회적하약관조건(ICC)의 담보손해 및 면책사항

ICC(C), ICC(B), ICC(A)

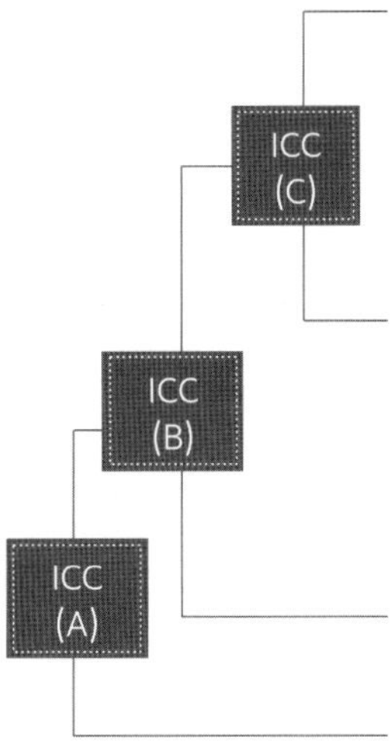

1. 화재 또는 폭발로 인하여 발생한 손해
2. 본선 또는 부선의 좌초, 침몰, 전복으로 인하여 발생한 손해
3. 육상운송용구의 전복 또는 탈선으로 인하여 발생한 손해
4. 피난항에서 화물의 하역중 발생한 손해
5. 공동해손으로 인한 손해
6. 투하로 인한 손해
7. 지진, 분화, 낙뢰로 인한 손해
8. 갑판상 유실로 인한 손해
9. 본선, 부선, 선창, 운송용구, 컨테이너, 지게차 또는 보관장소에 해수, 호수, 강물의 침입으로 인한 손해
10. 본선, 부선으로의 선적 또는 하역작업중 바다에 떨어지거나 갑판에 추락하여 발생하는 포장당 전손
11. 다음을 제외한 모든 손해
    - A. 일반면책위험
        - ① 피보험자의 고의적 비행에 의한 손해
        - ② 보험의 목적(물)의 통상적 손해
        - ③ 포장부적합으로 인한 손해
        - ④ 보험의 목적(물)의 고유의 하자 또는 성질에 의한 손해
        - ⑤ 지연으로 인한 손해
    - B. 선박 및 운송용구의 불내항 및 부적합 면책
    - C. 전쟁위험(war risk) 면책
    - D. 동맹파업위험(strikes risk) 면책

* W/SRCC(war/strikes. riots and civil commotions : (전쟁/동맹파업, 소요 및 폭동 위험)를 담보하려면 추가보험료(additional premium)를 납부하여야 함.

5. 구협회적하약관

구협회적하약관에는 FPA, WA, All Risks 약관이 있다. 1912년에 FPA, 1921년에 WA, 1951년에 All Risks약관이 제정되었다(한낙현, 2009: 38).

이 세가지 약관들이 S.G Policy에 첨부하여 사용되었는데, 이 약관들은 1958년 1963년에 주요 부분이 개정되었는데 현재 사용되는 것은 1963년에 개정된 약관이다(사법연수원, 2009: 108).

이 세가지 구협회적하약관은 각각 14개 조항과 한개의 주의규정으로 구성되어 있는데, 14개 조항가운데에서 제5조만 상이하고 나머지 13개 조항은 모두 같다.

〈표〉 영국 해상보험법의 구성체계

주요규정	조항	주요규정	조항
1) 해상보험 Marine Insurance	1-3	10) 보험료 The Premium	52-54
2) 피보험이익 Insurable interest	4-15	11) 손해와 위부 Loss & Abandonment	55-63
3) 보험가액 Insurable Value	16	12) 분손 partial Losses	64-66
4) 고지 및 표시 Disclosure & Representations	17-21	13) 손해보상한도 Measure of Indemnity	67-78
5) 보험증권 The Policy	22-31	14) 보험금을 지급한 보험자의 권리 Rights of Insurer on payment	79-81
6) 중복보험 Double Insurance	32		
7) 담보 및 기타 Warranties. etc.	33-41	15) 보험료환급 Return of Premium	82-84
8) 항해 The Voyage	42-49	16) 상호 보험 Mutual Insurance	84
9) 보험증권의 양도 Assignment of Policy	50-51	17) 보　칙 Supplemental	85-94

자료: 구종순(2010)

6. 구협회적하약관

1) ICC FPA(Free fom particular average: 단독해손 부담보조건)

warranted free fom particular average....

분손부담보약관(ICC FPA)는 당초에는 단독해손을 부담보조건으로 하고, 전손과 공동해손만 담보하는 조건이었으나 담보범위를 확대하였다. 본선

단독해손부담보약관(FPA)

Warranted free Particular Average unless the vessel or craft be stranded sunk, or burnt, but notwithstanding this warranty the Underwriters are to pay the insured value of any package which may be totally lost in loading, transshipment or discharge, also any loss or damage to the insured which may reasonably be attributed to fire, explosion, collision or contact of the vessel and/or convey with any external substance(ice included) other than water, or to discharge of cargo at a port of distress, also to pay special charges for landing warehousing and forwarding if incurred at an intermediate port of call or refuge, for which Underwriters would be liable under the standard form of English marine Policy with the Institute Cargo Clauses(WA) attached.
This Clause shall operate during the whole period covered by the policy.

선박 또는 부선이 좌초, 침몰되었거나 또는 대형화재를 당한 경우 이외에는 단독해손을 담보하지 않는다. 그러나 상기의 면책조건에도 불구하고 보험자는 선적, 환적 또는 하역 시에 전손이 되는 화물포장단위에 대해 그 협정보험가액을 지불하고, 또한 화재, 폭발, 선박간의 충돌 또는 선박 및/또는 부선 및/또는 운송용구와 물 이외의 타물(얼음 포함)과의 접촉 또는 조난항에 있어서의 적하의 하역에 상당인과관계가 있다고 간주되는 보험의 목적(물)의 멸실 또는 손상에 대해서도 지불한다. 또한 중간의 기항항 또는 피난항에서의 양륙, 입고 및 계반 운송을 위해서 특별비용을 지출한 경우에는, 이들 특별비용이 협회적하약관(분손담보)이 첨부된 영국해상보험증권표준양식에 의해 보험자가 보상책임이 있는 경우는 특별비용을 지불한다.

및 부선의 침몰, 좌초, 충돌(S.S.B.C: Singking, Stranding, Burning, Collision)으로 인해 발생한 전손뿐만 아니라 단독해손도 담보한다. 또한 선적, 환적, 양하작업중 추락으로 인하여 발생한 포장당 전손과 피난항에서의 양하작업으로 인하여 발생된 손해를 확대 담보한다.

2) ICC WA(with average)

warranted free fom average under the percentage specified in the policy....

분손담보약관(ICC WA)는 본질적으로 단독해손을 담보하나 보험증권 본문의 면책율 약관(Memorandum Clause)의 소손해면책율 미만의 단독해손은 부담보 한다. ICC WA와 ICC FPA의 당초의 차이점은 ICC FPA는 단독

분손담보약관(WA)

Warranted free from average under the percentage specified in the policy, unless general or the vessel or craft be stranded, sunk or burnt, but notwithstanding this warranty the Underwriters are to pay the insured value of any package which may be totally lost in loading, transshipment or discharge, also for any loss or damage to the insured which may reasonably be attributed to fire, explosion, collision or contact of the vessel and/or convey with any external substance(ice included) other than water, or to discharge of cargo at a port of distress.
This Clause shall operate during the whole period covered by the policy

분손은 공동해손의 경우 또는 선박 또는 부선이 좌초, 침몰, 또는 대화재를 당한 경우 이외에는 보험증권에 기재된 면책비율 미만의 분손은 담보하지 않는다. 단, 상기의 면책조건에도 불구하고 보험자는 선적, 환적 또는 양륙시에 전손이 되는 경우가 있는 개개의 화물 포장 단위에 대해 그 협정보험가액을 지불하고, 또한 화재, 폭발, 선박 상호간의 충돌 또는 선박/또는 부선 및/또는 운송용구와 물 이외의 타물(얼음을 포함함)과의 접촉 또는 조난항에 있어서의 적하의 양륙에 상당인과관계가 있다고 간주되는 보험의 목적(물)의 멸실이나 손상에 대해서도 보상한다.

곡류, 어류, 소금 과일, 곡분, 종자	일체의 단독해손 면책 (좌초, 침몰, 화재의 경우를 제외)
설탕, 담배, 대마 아마, 피혁	5% 미만의 단독해손 면책 (좌초, 침몰, 화재의 경우를 제외)
그 외의 화물	3% 미만의 단독해손 면책 (좌초, 침몰, 화재의 경우를 제외)

자료: 황남일(1998)

〈그림〉 면책비율조항의 내용

해손을 담보하지 않는 것이고, ICC WA는 소손해 면책율 이상의 단독해손을 담보한다는 점이다.

그러나 ICC FPA가 단독해손 담보를 확대하여 실질적으로 ICC WA와 ICC FPA의 보험의 실무적 차이점은 ICC FPA는 황천(Heavy Weather)으로 인해 발생된 단독해손을 담보하지 않으나, ICC WA는 황천(Heavy Weather)으로 인해 발생된 단독해손이 소손해면책비율 이상일 경우 담보한다는 것이 유일한 차이점이다.

Check Point WAIOP란

WAIOP(with average irrespective of percentage)는 면책비율에 상관없이 단독해손을 담보해주는 보험조건이다.

Check Point Franchise Clauses와 Deductible Clauses의 관계

소손해면책조항(Memorandum, Franchise Clauses)은 담보위험에 의한 손해가 일정비율에 달하지 않은 소손해의 경우에는 이를 보상하지 않고 그 비율에 달한 때에는 손해액의 전액을 보상한다.

이에 비해 공제조항(Deductible Clauses, Excess Clauses)은 담보위험에 의한 손해가 일정비율을 초과하는 경우 그 초과부분에 해당하는 손해액만을 보상한다(이시환, 2010: 373).

3) ICC All Risks

전위험담보약관(ICC All Risks)은 ICC 약관상 보상되지 않는 면책위험을 제외하고는 소손해 면책율이하의 소손해까지도 일체의 위험을 담보해주는 보험조건이다.

그러나 전위험담보약관은 전위험을 담보하는 것이지 전손해를 담보하는 것은 아니다. 따라서 외래적인 사고(external accident)나 우발적인 사고(fortuitous accident)에 의한 손해만 담보한다(황남일, 1998: 208).

또한 전위험 담보조건이라고 하더라도 여기에서의 위험은 해상위험을 뜻하는 것이다. 해상위험이란 오직 바다의 우연한 사고 또는 재난만을 의미한다[85]. 따라서 전위험 담보조건의 해상보험계약에서도 피보험자는 최소한 해상위험에 의하여 우연히 사고가 발생하였다는 점을 입증하여야 한다[86].

전위험담보약관에서 면책되는 위험은 일반면책위험인 피보험자의 고의적인 비행에 의한 손해, 보험목적(물)의 통상적인 손해, 포장의 부적합으로 인한 손해, 보험목적(물)의 고유의 하자 또는 성질에 의한 손해, 지연으로 인한 손해[87]. 선박 및 운송용구의 불내항 및 부적합으로 인한 손해[88], 전쟁위험[89]과 동맹파업[90]으로 인한 손해이다.

---

85) MIA RCP 제7조.

86) 사법연수원, 「전게서」, p. 111.

87) General Exclusions Clause.

88) Unseaworthiness and Unfitness Exclusion Clause.

89) War Exclusion Clause.

90) Strikes Exclusion Clause.

전위험담보약관(All Risks)제5조

This insurance is against all risks of loss or damage to the subject-matter insured but shall in no case be deemed to extend to cover loss damage or expense proximately caused by delay or inherent vice or nature of the subject matter insured. Claims recoverable hereunder shall be payable irrespective of percentage

이 보험은 보험의 목적(물)의 멸실 또는 손상의 모든 위험을 담보한다. 단, 어떠한 경우에도, 지연 또는 보험의 목적(물)의 고유의 하자 또는 성질에 근인해서 생기는 멸실, 손상 또는 비용까지도 확대하여 담보하는 것으로 간주해서는 안 된다. 이 보험에 의해서 청구할 수 있는 보험금은 손율에 관계없이 지불된다.

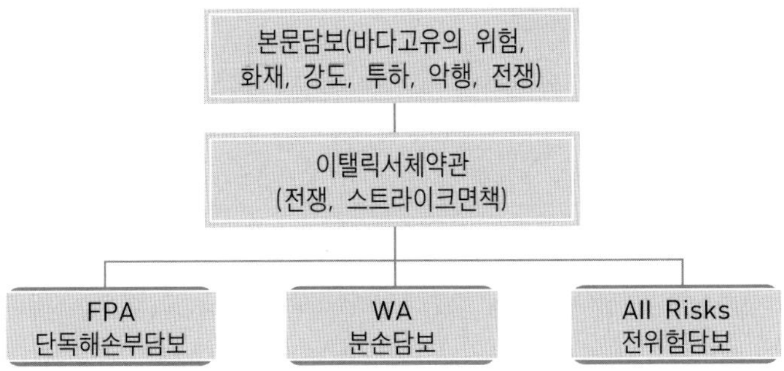

〈그림〉 SG보험증권의 위험 담보

〈표〉 보험조건별 손해보상범위

<table>
<tr><th colspan="3">보 험 조 건</th><th colspan="2">보 상 하 는 손 해</th></tr>
<tr><td rowspan="10">A/R (포괄책임주의)</td><td rowspan="9">WA (열거책임주의)</td><td rowspan="8">FPA (열거책임주의)</td><td colspan="2">① 전손(현실전손 및 추정전손)</td></tr>
<tr><td colspan="2">② 공동해손(공동해손희생, 공동해손비용 및 공동해손분담금)</td></tr>
<tr><td rowspan="3">비용 손해</td><td>③ 구조료</td></tr>
<tr><td>④ 손해방지비용 및 특별비용</td></tr>
<tr><td>⑤ 부대비용</td></tr>
<tr><td rowspan="3">특정 분손</td><td>⑥ SSB 사고시의 단독해손</td></tr>
<tr><td>⑦ sling loss</td></tr>
<tr><td>⑧ 화재 · 폭발 · 충돌 · 접촉 및 조난항에서의 적하의 양륙에 기인하는 손해</td></tr>
<tr><td colspan="2">기타 분손</td><td>⑨ 특정분손 이외의 분손. 다만 면책비율이 적용된다.</td></tr>
<tr><td colspan="4">⑩ 특정분손 이외의 분손. 소손해면책이 적용되지 않음.</td></tr>
</table>

자료: 이시환(2006)

〈표〉 구해상보험의 담보위험

No	손 해	구해상보험조건	비 고
①	현실전손		
③	추정전손	①-② TLO.	거의 사용 안 됨(선박보험에 사용)
③	공동해손		
④	비용손해		
⑤	특정분손	①-⑤ FPA.	Incoterms상의 최저부보조건
⑥	불특정분손(면책율)	①-⑥ WA.	
⑦	불특정분손(무면책율)	①-⑦ A/R.	면책약관이외 전위험담보

자료: 박명섭(2008)

7. 신협회적하약관

1982년 ICC의 기본적인 약관에는 ICC(A), ICC(B), ICC(C)가 있다. 이들 세 가지 기본약관은 모두 19개 조항으로 구성되어 있고 8개의 section으로 분류되어 있다

8개의 section은 다음과 같다. 담보위험(risks coverd), 면책조항(exclusions), 보험기간(duration), 보험금청구(claims), 보험이익(benefit of insurance), 손해경감(minimising losses), 지연의 방지(avoidance of delay), 법률 및 관례(law and practice)(이시환, 2010: 21).

ICC(A)는 동약관에 의해 면책되는 손해를 제외하고 피보험화물에 대한 멸실, 손상의 일체의 위험을 담보하기 때문에 발생된 위험이 해상위험인가의 여부만 판단하면 되고, 별도로 담보위험을 검토할 필요가 없다(이시환, 2010: 37).

ICC(B), ICC(C)는 열거된 담보위험 이외의 위험은 담보하지 않는다. ICC(B), ICC(C)의 담보위험은 다음과 세 가지 범주로 분류된다.

첫째, 약관 제1조 1항에서는 위험과 손해사이의 근인을 요구하지 않는 담보위험을 열거하고 있다. 제1조 1항에 열거된 위험과 손해사이에는 근인관계가 없더라도 상당 인과관계가 있으면 보험자가 그 손해를 보상한다.

둘째, 약관 제1조 2항에서는 위험과 손해사이의 근인을 요구하는 담보위험을 열고하고 있다. 제1조 2항 열거된 위험으로 손해가 발생하면 피보험자는 손해가 발생했다는 사실뿐만 아니라 손해의 원인도 입증해야 한다.

셋째, Sling Loss로서 피보험자는 추락한 포장단위의 손해가 전손되었음을 증명해야 한다[91](이시환, 2010: 37).

〈표〉 신협회 적하약관의 구성

구분 (clause subject)	약관 번호	약 관 명
담보위험 (risks covered)	1 2 3	■ 위험약관(Risks Clause) ■ 공동해손약관(General Average Clause) ■ 쌍방과실충돌약관(Both to Blame Collision Clause)
면책 (Exclusions)	4 5 6 7	■ 일반면책약관(General Exclusions Clause) ■ 불내항・부적합면책약관(Unseaworthness and Unfitness Exclusion Clause) ■ 전쟁위험면책약관(War Exclusion Clause) ■ 동맹파업면책약관(Strikes Exclusion Clause)
보험기간 (duration)	8 9 10	■ 운송약관(Transit Clause) ■ 운송계약종료약관(Terminstion of Contract of Carrige Clause) ■ 항해변경약관(Change of Voyage Clause)
보험금 청구 (claims)	11 12 13 14	■ 피보험이익약관(Insurable Interest Clause) ■ 계반비용약관(Forwading Charges Cluase) ■ 추정전손약관(Constructive Total Loss Clause) ■ 증액약관(Increased Value Clause)
보험이익 (benefit of insurance)	15	■ 보험이익불공여약관(Not to Inure Clause)
손해의 경감 (minimizing losses)	16 17	■ 피보험자의무약관(Duty of Assured Clause) ■ 포기약관(Waiver Clause)
지연의 회피 (avoidance of delay)	18	■ 신속조치약관(Reasonable Despatch Clause)
법률과 관습 (law and practice)	19	■ 영국의 법률과 관습약관(English Law and Practice Clause)

자료: 전무부(1998)

---

91) Brown, Analysis, *op. cit.*, p. 7.

〈표〉 I.C.C(1982)의 담보위험 · 면책위험 (O— 담보, ×— 면책)

	담보위험	(A)	(B)	(C)
제1조	화재, 폭발	O	O	O
	선박 · 부선의 좌초, 침몰, 전복	O	O	O
	육상운송용구의 전복, 탈선	O	O	O
	선박간의 충돌, 선박, 부선, 운송용구와 화물과의 접촉	O	O	O
	피난항에서의 화물의 양륙	O	O	O
	공동해손희생손해	O	O	O
	투하	O	O	O
	지진, 분화, 낙뢰	O	O	×
	갑판유실	O	O	×
	선박 · 부선, 운송용구, 컨테이너, 리프트밴, 보관장소에서의 해수 · 강물의 침수	O	O	×
	적재 · 양륙 중의 1포장당 전손	O	O	×
	위에 열거한 이외의 원인에 의한 손해	O	×	×
제4조	면책위험	(A)	(B)	(C)
	피보험자의 고의의 불법행위	×	×	×
	통상의 누손, 중량, 용적의 감소 · 자연소모	×	×	×
	포장 · 준비의 불충분	×	×	×
	보험의 목적(물)의 고유의 하자, 성질	×	×	×
	지연	×	×	×
	선주, 관리자, 용선자, 운항자의 지급불능, 경제상의 궁핍	×	×	×
	일체의 악의적인 행위에 의한 손해	O	×	×
	원자력 위험	×	×	×
제5조	피보험자가 알고 있는 선박, 컨테이너 등의 불감항, 부적합	×	×	×
제6조	전쟁위험	×	×	×
제7조	스크라이크 위험	×	×	×

자료: 김병기(2001)

1) ICC(A)

ICC(A)는 구약관의 All Risks조건과 유사하다. ICC(A)는 포괄책임주의 방식으로 위험을 담보하고 있기 때문에 보험자의 일반면책위험, 선박의 불내항 및 부적합위험, 전쟁위험 및 동맹파업위험을 제외한 모든 위험을 담보한다.

ICC(A)제1조 위험조항

Risks covered

This insurance covers all risks of or damage to the subject-matter insured excepted as provided in Clauses 4, 5, 6 and 7 below

제1조(담보위험)

이 보험은 하기 제4조, 제5조, 제6조, 및 제7조에 규정된 사유를 제외하고, 보험의 목적(물)의 멸실 또는 손상에 관한 모든 위험을 담보한다.

〈표 2-1〉 1982년 ICC(A)와 2009년 ICC(A)조건 비교

구 분		실질 내용 변경	용어 · 문구 수정	변경 사항 없음
약관구분	약 관 명 약관			
담보위험	1. 위험약관		O	
	2. 공동해손약관		O	
	3. 쌍방과실충돌약관		O	
면책조항	4. 일반면책약관	O		
	5. 불감항 · 부적합면책약관	O		
	6. 전쟁면책약관			O
	7. 동맹파업면책약관	O		
보험기간	8. 운송약관	O		
	9. 운송계약종료약관		O	
	10. 항해변경약관	O		
보험금 청구	11. 피보험이익약관		O	
	12. 계반비용약관		O	
	13. 추정전손약관		O	
	14. 증액약관		O	
보험이익	15. 보험이익 불공여약관	O		
손해경감	16. 피보험자의무약관		O	
	17. 포기약관		O	
지연의 방지	18. 신속조치약관			O
법률 및 관례	19. 영국법률 및 관례약관			O
유의사항	'Held covered' note		O	

자료: 이시환(2010)

2) ICC(B)

ICC(B)는 구약관의 With Average조건과 유사하다. ICC(B)는 열거책임주의 방식으로 위험을 담보하고 있기 때문에 약관상 열거하고 있는 위험만 담보한다.

1.1 화재 또는 폭발
1.2 선박 또는 부선의 좌초, 교사, 침몰 또는 전복
1.3 육상운송용구의 전복 또는 탈선
1.4 선박, 부선 또는 운송용구와 물이외의 타물체와의 충돌 또는 접촉
1.5 피난항에서의 화물의 양하
1.6 지진, 분화 또는 낙뢰
2.1 공동해손희생
2.2 투하 또는 파도에 의한 갑판상의 유실
2.3 선박, 부선, 선창, 운송용구, 컨테이너, 리프트밴 또는 보관 장소에 해수, 호수 또는 하천수의 유입
3. 선박 또는 부선에 선적 또는 양하작업중 해수면으로 낙하하여 멸실되거나 추락하여 발생된 포장단위당의 전손

3) ICC(C)

ICC(C)는 구약관의 FPA조건과 유사하다. ICC(C)는 열거책임주의 방식으로 위험을 담보하고 있기 때문에 약관상 열거하고 있는 위험만 담보한다. ICC(C)조건은 ICC(B)조건보다 담보범위가 적다.

ICC(B)조건에서는 담보가 되지만 ICC(C)조건에서는 담보가 되지 않은 위험은 다음과 같다. 지진, 분화 또는 낙뢰, 투하 또는 파도에 의한 갑판상의 유실, 선박, 부선, 선창, 운송용구, 컨테이너, 리프트밴 또는 보관장소에 해수, 호수 또는 하천수의 유입, 선박 또는 부선에 선적 또는 양하작업중 해수면으로 낙하하여 멸실되거나 추락하여 발생된 포장단위당의 전손.

ICC(C) 제1조

Risks covered

1 This insurance covers, excepted as provided in Clauses 4,5,6 and 7 below,

1.1 loss of or damage to the subject-matter insured reasonably attributable to

1.1.1 fire or explosion

1.1.2 vessel or craft being stranded grounded sunk or capsized

1.1.3 overturning or derailment of land conveyance

1.1.4 collision or contact of vessel craft or conveyance with any external object other than water

1.1.5 discharge of cargo at a port of distress,

1.2 loss of or damage to the subject-matter insured caused by

1.2.1 general average sacrifice

1.2.2 jettison.

제1조(담보위험)

이 보험은 제4조, 제5조, 제6조 및 제7조에 규정된 면책 사유를 제외하고, 다음의 손해를 담보한다.

1.1 다음의 원인에 합리적으로 기인하는 보험목적(물)의 멸실 또는 손상

1.1.1 화재 또는 폭발

1.1.2 선박 또는 부선의 좌초, 교사, 침몰, 또는 전복

1.1.3 육상용구의 전복 또는 탈선

1.1.4 선박간의 충돌 또는 선박, 부선 또는 운송용구의 물 이외의 타물과의 접촉

1.1.5 피난항에서의 화물의 하역,

1.2 다음의 사유에 근인해서 발생한 보험의 목적(물)의 멸실 또는 손상

1.2.1 공동해손희생

1.2.2 투하.

Check Point 2009년 협회적하약관의 특징은?

ICC(1982)가 도입된지 25년이 지난 2006년 런던의 국제언더라이팅협회(IUA)와 로이즈 시장협회(LMA)의 합동적하위원회(Joint Cargo Committee: JCC)는 1982년 협회적하약관의 개정을 검토하기로 결정하여 3년 동안의 준비과정과 전 세계적인 자문을 거쳐 2009년 1월 1일자 ICC(A), ICC(B), ICC(C) 및 그에 부수하는 전쟁약관, 스트라이크 약관을 공표하였다(이재복, 2009: 61).

2009년 ICC의 주요 개정내용은 운송기간의 변경, 선의의 매수인과 양수인의 보호, 면책사유의 변경, 계속담보, 선의의 피해자를 보호하기 위한 항해변경조항, ICC(B)조건의 담보내용, 전반적인 용어의 업데이트 및 추가적인 담보 등이다[92].

Check Point 2009년 ICC와 1982년 ICC의 용어상 차이점?

2009년 ICC에서는 underwriters라는 말대신에 insurers로 servants라는 말 대신에 employees로 표준화하였다(이재복, 2009: 59). 이외에도 adventure → transit, goods → subject-matter insured, delivery → unloading, name herein → named in the contract of insurance.[93]

92) Sharpe, W., The Institute Cargo Clauses, 1982 and 2009-A Comparison, CBMU Annual General Meeting 2008.

93) Charles Taylor, institute cargo 2009-A comparison of the 1982 and 2009 clauses with additional commentary(http://www.rhlg.com/pdfs/cargoclauses09.pdf).

〈표 2-2〉 2009년 ICC(B)와 ICC(C)상의 담보위험

	B	C
A. 다음 사유와 상당인과관계가 있는 멸실 · 손상	B	C
① 화재 또는 폭발	O	O
② 선박 · 부선의 좌초 · 교사 · 침몰 · 전복	O	O
③ 육상운송용구의 전복 · 탈선	O	O
④ 선박 · 부선 · 운송용구와 물 이외의 타물과의 충돌 · 접촉	O	O
⑤ 조난항에서의 화물양륙	O	O
⑥ 지진 · 화산의 분화 · 낙뢰	O	X
B. 다음 사유로의 인한 멸실 · 손상		
⑦ 공동해손희생	O	O
⑧ 투하	O	O
⑨ 갑판유실	O	X
⑩ 선박 · 부선 · 선창 · 운송용구 · 컨테이너 또는 보관 장소에의 해수 · 호수 · 강물의 유입	O	X
⑪ 선박 · 부선에의 선적·양륙 도중 바다에 낙하 또는 추락하여 발생한 포장 단위당의 전손	O	X

자료: 이시환(2010)

제12장 협회 적하보험약관의 담보위험과 면책위험[94)]

1. 담보위험(perils covered, perils insured against)

해상보험에서 담보하여 주는 위험조항은 ICC(A)약관은 제1조에 A.R. 약관은 제5조에 있다. A.R.약관 제5조는 면책위험을 함께 포함하고 있으나, ICC(A)약관에서는 면책조항을 제4조의 일반면책 조항으로 분리시켰다.

신증권양식	약관상의 담보방식	
(담보위험에 관한 규정 없음)	협회적하약관.................해상위험 협회전쟁약관.................전쟁위험 협회스트라이트약관.........스트라이크위험	3가지 약관이 독립적으로 되어 있음

자료: 김병기(2001)

〈그림〉 I.C.C(1982)의 담보위험

1) 화재 또는 폭발

화재는 해상고유의 위험은 아니지만 해상에서 발생하는 대형 위험중의 하나이다[95)]. 화재는 Fire와 Burning으로 분류할 수 있다. Burning은 선박의 대부분이 소실되어 버린 상태를 의미하고, Fire는 선박의 일부만

94) 협회적하약관의 담보위험과 면책위험의 내용은 저자가 발표한 논문들의 일부를 수정보완하였음.

95) J. Richardson, *op. cit.*, pp. 48-49.

이 연소된 것을 말한다[96].

해상운송중에 선박에서 화재가 발생하면 소실뿐만 아니라 태움(Scorching), 그을림(Smoking) 균열(Cracking), 누름(Charring)의 손상이 발생된다[97]. 화재로 인한 손해는 화재가 발생하기 전의 발화(Ignition)의 단계까지 가지 않은 단순한 열(Heat)에 의한 손해도 발생한다[98].

뜨거운 열(Heat)만 발생하고 화염(Flame)이 발생하지 않은 경우에는 화재로 간주하지 않는다[99]. 이처럼 화재는 백열(Incandescene) 또는 발화(Ignition)의 단계에 도달하지 않고 열이나 연기만 나는 것을 의미하지 않고, 화염(Flame)을 의미한다[100].

해상보험에서 화재는 화재보험에서의 화재와 유사한 위험이다[101]. 해상보험에서 화재는 구해상보험증권의 위험조항에 열거되어 있고, 신협회약관 ICC(A), (B), (C) 모든 조건에서 담보하여 주는 위험이다. 신약관 1.1.1에서는 구약관 제 5 조와 동일하게 화재를 담보하여 주고 있다. 피보험자가 화물의 멸실 또는 손상이 화재 또는 폭발의 결과로 발생했음을 합리적으로 추정할 수 있다면, 피보험화물의 멸실 또는 손상이 화재 또는 폭발에 직접근인(Proximately Caused)하였음을 입증할 필요는 없다[102]

해상보험에서 담보하는 화재로 인한 손해는 선박 또는 부선위에서 또는 운송용구에서 화재 또는 폭발로 보험의 목적(물) 또는 그 부근에 있는 물건의 연소로 인한 손해를 의미한다. 따라서 화재로 인한 손해는 소실뿐만 아니라 화재의 연기나 열손(Heating Damage)도, 소화주수(消火注水)

---

96) Taisho, *op. cit.*, pp. 61-67.

97) 龜井利明, 「前揭書」, pp. 170-175.

98) 小井谷操三, 「前揭書」, pp. 192-193.

99) David Mcnair *v.* The Santa Malta, 1967, 2 Lloyd's Rep. 391; J. Richardson, *op. cit.*, pp. 48-56.

100) 1 K. B. 699, 1930, p. 708; In Buckye State, 39 F. Supp. 344, 1941; A. M. C 1238, W. D. N. Y; William Tetly, *op. cit.*, pp. 412; 이 해상보험판례는 곡식이 선창에 버려진 라이트 벌브에의해 손해를 입은 경우이다. 법원은 화재는 열이상을 의미한다고 판결하였다. 즉, 백열(glow) 또는 화염(flame)이 없으면 화재가 아니다고 판결하였다.

101) Taisho, *op. cit.*, pp. 63-68.

102) R. H. Brown, *Cargo Insurance Contract*, Section six-page. 4-9.

로 인한 손해도 화재로 인한 손해로 보상한다[103](이시환, 2010: 38). 화재에 의한 열손(Heating Damage)은 담보되지만, 해상운송인의 부적절한 화물적재에 의한 열손은 담보되지 않는다[104].

폭발(explosion)은 폭음, 화염 또는 파괴 작용을 수반하며, 폭발은 일반적으로 충격(Concussion)이나 인화(Ignition)에 의해 발생한다[105]. 폭발의 경우는 S.G. Policy의 위험약관에는 폭발위험이 열거되어 있지 않았다. 따라서 화재를 근인으로 하는 폭발만 담보되었으나, 신약관에서는 폭발을 위험약관에 열거하고 있으므로 화재에 근인하지 않은 담보위험으로 인한 폭발손해도 보상한다. 폭발은 선상뿐만 아니라 육상에서 발생해도 담보 된다[106].

103) Goodare, *op. cit.*, pp. 23-25.

104) R. H. Brown, *Cargo Insurance Contact,* Section Six-page. 4-8.

105) 龜井利明, 「海上保險總論」, 成山堂, 1977, pp. 173-177.

106) R. H. Brown, *Marine Insurance Cargo Practice,* pp. 106-109.

Check Point Spontaneous Combustion?

해상보험에서는 보험자의 면책위험에 근인하지 않는 화재 또는 폭발이 담보된다. 그러나 화재나 폭발이 면책위험으로 발생된 경우에는 담보되지 않는다.

긴 항해에서 면화, 석탄, 양모, 어분(魚粉) 등의 화물에 자주 발생하는 자연발화(Spontaneous Combustion)[107]로 인한 화재손해는 화물의 고유의 하자 또는 성질로 인한 것이므로 보험자가 면책된다[108]. 자연발화의 경우 입증책임이 보험자에게 있다[109].

이처럼 면화와 양모 등의 화물고유의 성질에 의한 자연발화는 할증보험료를 지불하면 부가위험담보약관인 Spontaneous Combustion에 의해 담보된다.

Check Point 자연발화로 인한 다른 화물의 손해는 보상되는가?

해상운송중에 선박에 적재된 석탄에 자연발화가 발생하였을 경우 석탄자체의 손해보상은 화물의 고유한 성질로 인한 손해로 보험자가 면책된다. 그러나 석탄의 발화로 선박에 적재되어 있던 다른 화물에 손해가 발생한 경우 다른 화물의 손해의 근인(近因)은 화재이므로 보험자가 보상해야 한다[110].

---

107) Victor Dover, *A Handbook to Marine Insurance*, 7th ed., Witherby & Co., Ltd., 1970, pp. 180-183.

108) M I A 제 55 조 (2)항 C호에서는 보험의 목적(물)의 고유한 하자 및 성질로 인한 화재손해는 보험자가 면책된다고 규정하고 있다.

109) Gaunt *v.* British & Foreign Marine Insurance Co., 1921, 2 A. C. 41. H. L.

110) Taisho, *op. cit.*, pp. 63-64.

2) 본선 또는 부선의 좌초, 교사, 침몰, 전복

신약관 ICC(B)와 (C)의 1.1.2에서는 본선 또는 부선의 좌초, 교사, 침몰, 전복으로 인한 화물손해를 담보하여 주고 있다. 본 조항에서 담보하고 있는 위험은 구해상보험증권 본문상에서 담보하고 있던 해상고유의 위험에 해당되는 것 중에서 몇가지만 명시한 것으로 전복과 교사를 추가하였다.

(1) 좌초

좌초(stranding)는 예측할 수 없는 이례적이고, 불가항력적인 해상사정으로 선박이 우연히 해저 또는 해저에 고착되어 있는 물건에 올라앉아 앞으로 나갈 수 없는 상태를 의미한다.

이처럼 좌초는 선박이 외적인 우연한 해상원인에 의해 해저에 있는 장애물에 얹혀 상당한 시간 앞으로 나갈 수 없이 정지되어 있는 상태를 말한다[111].

즉, 좌초는 선박이 해저의 암초나 말뚝, 침몰선 등의 견고한 물체에 올라 앉아 있는 상태를 말한다[112]. 그러나 선박이 빙산조각이나 난파물 등의 해상의 부유물에 올라 앉는 것은 좌초로 인정되지 않는다[113].

좌초로 인정되려면 선박이 해저상의 물체에 올라 앉아 일정시간 정체해야 한다[114]. 좌초로 인정받기 위해 물체위에서 정체해야 하는 시간은 사실문제이다[115]. 관련 해상보험판례에 의하면 좌초로 인정되기 위해 선박이 해저 물체위에서 정체해야 하는 시간은 1분30초부터 15분에서 20분 사이이다[116].

---

111) 이시환, 2009년「해상적하보험약관론」, 두남, 2010, p. 39.
112) 横尾登米·松田和也,「貨物海上保険」, 損害保険事業總合研究所, 1994, pp. 123-127.
113) 今村 有,「前揭書」, pp. 116-118.
114) 木村榮一,「海上保険」, 千倉書房, 昭和 59年, pp. 114-116.
115) Dover, *op. cit.*, pp. 311-312.
116) M' Dougle *v.* Royal Exchange Assurance Corporation, 1816; Baker *v.* Towery 1816.

이에 비해 촉초(觸礁: Touch and Go)는 선박이 해저 또는 해저상의 물체에 올라 앉은 상태에서 정체하지 않고 바로 물체를 돌파하여 항해를 계속하는 것으로 이는 좌초로 인정되지 않는다.

선박의 좌초는 신·구약관 모두 담보하는 위험이다. 해상보험에서는 선박 또는 부선이 좌초 당했을 때 심한 요동으로 선박에 적재된 화물이 붕괴되거나, 갑판적 화물이 선박밖으로 추락하여 발생된 손해 등을 보상한다[117]. 그러나 피보험자의 악의적 행동에 의한 좌초는 보상되지 않는다[118].

(2) 교사

교사(膠沙: Stranding)[119]는 선박이 모래나 진흙 등의 유연한 곳에 올라앉은 것으로 선박이 견고한 물체에 올라앉은 상태인 좌초와는 다르다.

신·구약관 모두 교사에 근인한 해상손해를 보상한다. 교사로 선창에

117) R. H. Brown, Marine Insurance Cargo Practice, pp. 106-110.
118) Pateras v. Royal Exchange Assurance, 1934, 49 Ll.l. Rep. 400; E. R. Hardy Ivamy, Case Book, *op. cit.*, pp. 156-158.
119) 日本에서는 교사를 좌주(座州)라고 부른다(木村榮一, 「前掲書」, pp. 113-117).

해수가 유입하거나 선박에 적재된 화물의 붕괴에 의한 손해, 갑판적재 화물이 선박밖으로 추락하여 발생된 손해 등을 보상해준다[120].

(3) 침몰

침몰(Sinking)은 선박이 해수면 아래로 가라앉는 것을 말한다. MIA에의하면 침몰은 침몰된 선박을 인도할 수 없어 전손으로 처리되는 심몰(深沒: Foundering)과 침몰된 선박의 인도가 가능하여 분손으로 처리되는 전몰(Submersion)로 구분된다.

선박이 침몰된 것으로 인정되려면 선박이 가라앉아 해저에 닿아야 한다[121]. 침몰의 범위와 관련하여 선박이 완전히 해수면 아래로 가라 앉지 않고 선체의 일부가 해수면위에 나타나 있거나, 간조(干潮) 때에 선체의 일부가 해수면상에 나타나 있어도 침몰로 인정된다[122]. 즉, 선박이 만조(High Tide)때 수면 아래로 가라 앉고, 간조 때에 선박이 수면위로 나타나도 선박이 항해할 수 없으면 침몰로 인정된다[123]. 또한 수심이 얕은 바다에 선박이 가라 앉은 경우에도 선박이 해저에 닿아 있으면 침몰로 인정이 된다[124].

120) R. H. Brown, Cargo Insurance Contract, Section Six-p. 5-8.

121) Bryant and May Ltd. v. London Assurance, 1886, 2 TLR 591; Ivamy, E. R. Hardy, *Marine Insurance*, pp. 413-414: 본사건에서 배심원들은 목재를 싣고 가라앉은 선박이 해저에 닿지 않아 침몰에 해당되지 않는다고 판결하였다.

122) 横尾登米・松田和也, 「前揭書」, pp. 122-124.

123) Taisho, *op. cit.*, pp. 61-63.

124) E.R.H, Ivamy, *op. cit.*, pp. 413-415.

(4) 전복

선박의 뒤집힘을 의미하는 전복(overturning)은 구해상보험증권에서는 규정되어 있지는 않았으나, 동종의 위험(All Other Perils)으로 해석되어 담보되었고, 신약관에서는 담보위험으로 규정하고 있다. 이처럼 신약관에서 선박의 전복을 담보위험으로 추가한 것은 선박이 전복되었지만 침몰이 발생하지 않은 손해도 보험자가 보상한다는 취지이다[125].

3) 육상운송용구의 전복 또는 탈선

신약관에서는 해상운송에 부수하는 육상운송과정에서 운송용구가 전복(overturning) 또는 탈선(derailment)함으로써 발생하는 손해를 담보한다(구종순, 2009). 신약관은 제8조 운송약관에 의해 육상의 창고간을 담보하고 있고, 컨테이너 수송혁신에 따른 복합운송의 증가로 육상운송이 해상운송과 결합되는 경우가 많아 육상운송용구의 전복 또는 탈선도 담보한다.

종래의 Lloyd's S.G Policy에서는 육상위험을 예상하지 않아 첨부되었던 적하약관에서도 담보여부가 명확하지 않았으나, 창고간 약관이 삽입되어 육상위험을 담보하는 경우에는 S.G Form의 기타 해상위험으로 취급하여 해상고유의 위험과 동종의 위험으로 간주하였다[126].

---

125) 松島 惠, "新協會貨物約款にをける擔保危險と免責危險", 「損害保險研究」, 第46券 1號, 1984. 7, pp. 252-254.

126) 한동호, "신협회적하약관에 있어서의 부담위험과 면책위험", 대한상사중재원, 1984, pp. 32-34.

4) 선박, 부선 또는 운송용구와 물이외의 타물체와의 충돌 또는 접촉

신·구약관 모두 선박, 부선, 운송용구가 물이외의 타(他)물체와 충돌하거나 접촉함으로써 화물에 발생하는 손해를 보상한다. 충돌(collision)은 다른 물체와 격돌 또는 격렬한 접촉을 의미한다.

과거 영국법에서 충돌은 선박간의 충돌만을 의미하고, 방파제 등 선박이외의 물체와의 접촉은 충돌에 포함하지 않았다[127]. 이처럼 협의적인 의미에서 충돌은 선박간의 충돌만을 의미한다[128]. 협의적인 의미에서 선박간의 충돌에는 선박의 일부분인 닻(Anchor)과 선박이 접촉한 경우도 충돌에 포함된다[129].

광의적으로 해상보험에서 충돌은 부유물(Floating), 항해가능한 물체(Navigable Objects)뿐만 아니라 항구, 얼음, 난파선의 돌출 부분[130]과 같은 해상장애물과의 충돌도 포함된다[131].

본선·부선 또는 운송용구와 물이외의 타물체와 충돌 또는 접촉에 의한 손해는 구약관 제5조 및 신약관 제1조 4항에 의해 담보된다. 신·구약관 모두 충돌로 인한 손해를 담보하여 주나, 신약관에서는 구약관에서 명시되어 있던 ice inclued라는 용어가 삭제되었다. 따라서 신약관에서는 물뿐만 아니라 얼음과의 충돌로 인한 손해도 담보하지 않는다.

구약관(FPA, WA) 제 5 조

collision or contact of the vessel and/or craft and/or conveyance with any external substance (ice included) other than water....

---

127) Templeman, *op. cit.*, pp. 426-428.

128) Newtown Creek Towing Co. *v.* Aetna Ins. Co., 1900, 163 N. Y. Rep. 114; 이 해상보험판례에서 법원은 선박을 고의적으로 氷原(field of ice)을 통과하게 하여 발생한 손해는 담보되지 않는다고 판결하였다.

129) 木村榮一, 「前揭書」, pp. 116-118.

130) M' Cowan *v.* Baine and Johnston; The Niobe, 1891, A. C. 401; Chandler *v.* Blogg; 1898, 1 Q. B. 32; E. R. Hardy Ivamy, *Marine Insurance,* pp. 414-417.

131) Union Mar.Ins. Co. *v.* Borwick, 1895, 2 Q. B. 279; 이 해상보험판례는 바위(rocky ground)에 충돌하여 발생한 손해가 담보되었다. Vestey Bros. *v.* Motor Union Ins. Co. Ltd., 10 Ll. L. R. 194; 이 해상보험판례는 선박이 체인 (chain of lock gate)에 충돌하여 발생한 손해가 담보되었다.

신협회적하약관 제1조 제4항

collision or contact of vessel, craft or conveyance with any external object other than water.

5) 피난항에서의 화물의 양하

피난항(port of refuge)이란 선박이 계속적인 운항을 방해하는 사태에 직면하여 운송인이 최종 목적항 이전에 화물을 양륙하는 항구를 말한다[132]. 해상운송과정에서 최종 목적항까지 화물을 계속 운송할 수 없을 경우에는 피난항에서 화물을 일단 양하하였다가 재선적하여 목적항까지 운송한다. 화물의 손해가 피난항에서 하역하다가 발생된 것으로 증명되면 보험자가 보상한다(구종순, 2009).

구약관 제5조 및 신약관 제1조 5항에서는 피난항에서의 화물의 양하작업을 하다가 발생된 화물의 멸실 또는 손상을 보상한다. 이 약관은 예정된 항해도중에 피난항에서 화물의 하역도중 피보험화물에 발생한 파손, 바다로 추락, 바다로 휩쓸림(Sweeping Away)등 손해를 보상한다.[133]

그러나 다른 화물의 하역중에 발생한 사고로 인한 피보험화물의 손해와 피난항에서의 재선적중에 발생한 손해, 피난항이 아닌 정상적인 항구에서의 하역중 발생한 손해는 보상하지 않는다[134].

이 약관은 피난항에서의 하역 자체를 피보험위험으로 취급하여 공동해손이든 단독해손이든 불문하고 화물손해의 원인이 피난항에서의 하역으로 증명된 경우 보험자가 보상한다(이시환, 2010: 43).

6) 지진, 분화 또는 낙뢰

지진과 분화는 육상에서 발생하는 위험이지만, 해상보험의 담보범위를 확대하여 지진, 분화에 합리적으로 기인하여 발생한 손해를 보상하고 있다. 낙뢰에 의한 손해도 화재가 발생하든 안하든 간에 상관하지 않고 보상한다(구종순, 2010).

구약관에서는 지진, 화산의 분화, 낙뢰와 같은 불가항력적인 위험으

132) Brown, *op. cit.*, pp. 9-11.
133) Taisho, *op. cit.*, pp. 65-68.
134) R. H. Brown, *Marine Insurance Cargo Practice*, pp. 108-111.

로 인해 발생한 사고가 담보위험이 아닌 경우에는 담보되지 않았다. 예를 들어 낙뢰로 인해 구약관에서 담보위험인 침몰이 발생한 경우는 담보되지만, 낙뢰로 인해 비담보위험이 발생한 경우에는 담보되지 않는다.

불가항력은 구해상보험증권의 위험조항에 열거되어 있지는 않으나, WA조건에서는 Llyod's S.G. Policy의 본문약관의 열거위험조항에 있는 해상고유의 위험과 관련하여 소위 황천에 의한 손해를 담보한다.

그러나 신약관에서는 ICC(A)조건에서 불가항력에 의한 모든 손해를 담보하고 있고 ICC(B)조건에서도 지진, 화산의 분화, 낙뢰에 의한 손해를 담보하고 있지만, ICC(C)조건에서는 지진, 화산의 분화, 낙뢰에 의한 손해가 담보되지 않는다.

Check Point Act of God?

지진, 화산의 분화, 낙뢰 등은 인간이 책임질 수 없고, 완벽한 예방조치를 취할 수 없는 자연재해(Natural Event) 이다. 이러한 자연재해를 불가항력(Act of God)이라고 한다[135].

보험에세이

태풍피해도 보상받을 수 있어

여름철만 되면 되풀이 되는 태풍과 집중호우의 피해가 엄청나다. 올해는 전국 여러 지역에서 지난해 당한 수해 복구가 미처 끝나기도 전에 장마가 시작됐다.

안타까운 일이지만 이제 개인도 천재지변의 피해를 최대한 줄일 노력을 해 볼 필요가 있다. 그 한 방법으로 삼을 수 있는 것이 풍수재(風水災)로 인한 재산 피해를 보상하는 보험이다.

현재 화재보험 등 일반 손해보험은 천재지변으로 인한 재해나 전쟁・폭동

135) D. M. Day, *op. cit.,* pp. 29-37.

등 이상(異常)위험은 담보하지 않는다.

따라서 풍수재 위험에 대비하기 위해서는 화재보험에 추가 보험료를 내고 풍수재 특약(특별 약관 형태)에 가입해야 한다. 풍수재 특약에서 보상하는 손해는 태풍, 회오리 바람, 폭풍, 홍수, 해일 등으로 보험에 가입한 건물 등에 생긴 피해다. 또 이 같은 피해를 막거나 긴급 피난에 필요한 조치로 보험가입 물건에 생긴 손해도 보상한다.

그러나 풍수해로 인해 보험가입 물건에 생긴 분실 또는 도난 손해는 보상하지 않는다. 또 풍수재와 관계없이 댐 또는 제방이 터지거나 무너져 생긴 손해, 보험계약자, 피보험자 등의 고의 또는 중대한 과실로 생긴 손해 등은 보상하지 않는다. 보상한도는 보험가입 금액 범위 내에서 실제 손해액을 보상한다.

이 같은 풍수재 특약 가입 시에는 몇 가지 알아두어야 할 점이 있다. 먼저 휴대가 가능한 1백만원 이상의 귀금속 등은 보험가입 시 반드시 보험회사에 알려야 한다. 예컨대 다이아반지, 병풍, 골동품 등 알리지 않은 물품은 나 중에 풍수 피해를 보았더라도 보상받을 수 없기 때문이다.

또 집중 호우나 장마 때마다 재해가 발생하는 상습 침수 지역은 다른 지역보다 사고 발생률이 높아 보험사가 보험가입을 선별하여 받을 수 있다는 점도 알아 두어야 한다. 보험사의 입장으로는 선의의 보험계약자를 보호하기위해서는 필연적으로 일어나는 사고까지 보상할 수 없다는 설명이다.

그러나 풍수재 특약에 반드시 들게 되는 건물도 있다. 전국의 16층 이상 아파트나 11층 이상 건물 등은 의무적으로 화재보험에 가입해야 하고 화재보험 가입 시 자동으로 풍수재 특약에도 들게 된다.

(중앙일보, 2003.7.15.)

7) 투하 또는 파도에 의한 갑판상의 유실

투하(Jettision)는 비상사태시 선박을 가볍게 하거나 속도를 빨리 내기 위해서 적재된 화물을 바다에 버리는 것이다(구종순, 2009). 투하가 보험자에 의해 담보되기 위해서는 투하되는 물건과 투하 원인에 제한이 있다. 예를 들면 갑판적재 화물은 갑판에 적재한 사실을 보험자에게 고지하여야 한다(이시환, 2010: 45).

화주와 해상운송인간에 화물을 갑판에 적재하기로 합의했으면 이 사실을 선하증권에 표시하고, 보험자에게 알려야 한다. 이러한 갑판적재 화물이 폭풍우 등으로 인해 파도에 의해 휩쓸려 선박밖으로 유실되는 것을 갑판유실(Washing Overboard: WOB)이라고 한다.

구약관에서 갑판적 화물의 갑판유실은 해상고유의 위험에 속하는 것으로 담보되었으나, 신약관에서는 해상고유의 위험이 삭제됨에 따라 그 대신 신약관 2.2.에 투하 또는 파도에 의한 갑판상의 유실을 신설하여 담보하고 있다.

그런데 갑판유실에 의한 화물손해는 ICC(B)약관에서는 담보되고 있지만, ICC(C)약관에서는 담보되고 있지 않다. 또한 ICC(B)약관에서도 갑판유실에 의한 화물손해를 담보하고 있지만 악천후 때 선박의 흔들림(Rolls)에 의해 밧줄(Lashing)이 끊어지면서 바닷물에 유실된 갑판적 화물은 보험자가 보상하지 않는다[136]. ICC(B), (C)약관 모두 황천기간 중에 갑판유실에 의하지 않고, 다른 원인으로 선박밖으로 떨어진 갑판적 화물은 보상하지 않는다[137].

136) R. H. Brown, *The Cargo Insurance Contract and The Institute Cargo Clauses, Training Notes for Brokers* Witherby & Co., Ltd., 1985, Section Six-pp. 4-6.
137) R. H. Brown, *Cargo Insurance Contract,* Section Six-pp. 7-9.

Check Point 갑판적 화물

하주가 자신의 화물을 갑판에 적재하는 것을 승낙했을 때는 선하증권에 표시해야 한다[138]. 그러나 현재 대부분의 선하증권은 해상운송인이 컨테이너를 송하인에게 통보없이 갑판적 또는 선창적을 임의적으로 할 수 있는 "liberty clause"를 포함하고 있다[139]. 또한 대부분의 컨테이너 운송 및 Ro-Ro선 운송의 경우에는 선하증권에 갑판적 운송을 표시하지 않아도 문제가 되고 있지 않다[140].

Check Point On Deck Clause란

일반적으로 해상운송에서 화물은 선창(Hold) 내에 적재하는 것이 원칙이다. 그러나 화물의 특성상 위험품(폭발물, 화공품), 목재, 차량 등은 갑판에 적재되어 운송하는 것이 해상운송의 관례이다.

또한 하주가 선창내에 적재될 것을 전제로 운송계약을 체결하였으나 운송계약상 운송인에게 부여된 자유재량권을 운송인이 행사하거나 운송인이 계약을 위반하고 갑판적으로 운송하는 경우가 많다. 이러한 경우 해상보험에서는 담보가 계속되지만, 이러한 갑판적 화물은 선창내 적재화물에 비하여 파도에 의한 유실을 입기 쉬어 보험자의 책임은 증가한다(이시환, 2010: p.338).

이처럼 하주의 사전동의 없이 화물이 갑판적으로 운송되는 경우 ICC에의해 계속 담보는 되지만, 보험자로서는 그 인수조건에 어떠한 제한조치가 필요하게 된다. 이러한 필요에 의해서 작성된 것이 갑판적약관(On Deck Clause)이다[141].

갑판적약관(On Deck Clause)이란 화물이 갑판에 적재되어 운송되는 경

138) Chistof Luddeke, *op. cit.,* pp. 34-36.

139) Pty Ltd. *v.* Tasman Express Line Ltd; Christof Luddeke, *op. cit.,* pp. 34-37.

140) Chester *v.* Maritima del Litoral S. A; 586 F. Supp. 192 E. D. Wis, 1983.

141) 貿易實務講座刊行會, 「貿易と保險」, 有斐閣, 1966, pp. 129-130.

우에는 WA나 ICC(B)조건 이상의 보험계약에서는 보험증권에 정해진 조건에 관계없이 보험의 위험개시 시기부터 보험조건이 "FPA · ICC(C), including Washing Overboard"으로 바뀌는 약관이다[142].

이처럼 갑판적 약관(On-Deck Clauses)는 보험목적(물)이 갑판에 적재된 경우에는 본래의 약관상 담보범위에도 불구하고 구약관의 경우 FPA + JWOB, 신약관의 경우에는 ICC(C) + JWOB로 축소하여 부보하는 약관이다(사법연수원, 2009: 116).

8) 보관장소에 해수, 호수 또는 하천수의 유입

이 조항은 선박, 부선, 선창, 운송용구, 컨테이너, 리프트밴 또는 보관장소에 해수, 호수 또는 하천수가 유입됨으로써 생기는 손해를 의미한다. 해수, 호수 하천수의 유입에 의한 손해에 대해 구약관에서는 명확한 규정이 없었으나, 이러한 위험이 해상고유의 위험인 경우에 보험자가 담보하였다.

구약관 WA조건에서는 황천에 조우하여 발생한 해수손해를 담보한다. 그러나 FPA조건에서는 이러한 해수손해(Sea Water Damage)를 담보하지 않는다.

이점이 FPA조건과 WA조건의 유일한 차이점이다[143]. 또한 이점은 신약관에서도 ICC(B)와 (C)조건의 주요한 차이점이다. ICC(B)에서는 2.3에서 선박, 부선, 선창, 운송용구, 컨테이너, 리프트밴 또는 보관장소에 해수, 호수, 또는 하천수의 유입을 담보한다.

그런데 본 조항에서 보험자가 담보하는 위험은 해수, 호수, 강물에 국한되므로 빗물 또는 선박내의 음료수 및 선박의 "Sweat"(Condensation)으로 인해 발생된 손해는 담보하지 않는다[144].

또한 ICC(B)약관에서는 화물이 선박 또는 부선, 리프트밴, 컨테이너의

---

142) 東京海上火災保險株式會社, 「海上保險」, 1987, p. 120.

143) 錢昌源, 「貿易保險實務」, 日新社, 1991, pp. 185-189.

144) *Ibid.,* Section Six-p. 7-10; 宮武和雄, 「Lloyd's Policy との 訣別」, 東京海損精算事務所, 1981, pp. 6-10.

안에 있을 때에만 Water Damage를 담보해 준다. 따라서 화물이 컨테이너와 리프트밴에 의해 운송되는 경우가 아닌 갑판적 화물의 Water Damage는 보상되지 않는다.

그리고 선적 또는 양륙 후 부두에 대기중인 화물에 발생한 Water Damage는 화물이 보관장소의 안에 있는 경우에만 담보된다[145]. 구약관 WA와. FPA조건에서도 Freshwater의 손해를 담보하지 않고 ALL Risks조건에서만 담보한다.

이러한 Water Damage와 관련하여 2009년 ICC약관과 1982년 ICC약관의 차이점은 1982년 ICC약관에는 보관장소로서 리프트밴이 있었으나, 2009년 ICC약관에는 보관장소에서 리프트밴이 삭제되었다.

Check Point ICC(C)조건에서 모든 해수(海水) 손해는 보상되지 않는가?

ICC(C)약관은 일반적으로 해수 손해를 담보하지 않는다. 그러나 피보험 화물이 좌초, 교사, 침몰, 전복, 충돌, 공동해손희생, 투하 등의 담보위험에 근인(近因)한 해수손해가 발생한 경우 보상한다[146].

9) Sling Loss

화물을 선적할 때와 양하할 때 운송인의 Rough Handling에 의해 화물에 물적손해(Physical Damage)가 자주 발생한다[147]. 선박 또는 부선에 선적과 양하도중 바다에 낙하 또는 추락하여 발생한 포장단위당의 전손을 Sling Loss라고 한다[148].

---

145) R. H. Brown, *Marine Insurance Cargo Practice,* pp. 111-114.

146) R. H. Brown, *Cargo Insurance Contract,* Section Six-pp. 4-6.

147) Christof Luddeke, *op. cit.*, p. 53; Eisen und Metall A. G. *v.* Ceres Stevedoring Co., Ltd., and Canadian Overseas Shipping Ltd; W. E. Astle, *Hague Rules Digest*, pp. 27-29.

148) R. H. Brown, *Marine Insurance Volume 2 Cargo Practice*, London Witherby Co., Ltd., 1985, pp. 111-115.

이러한 Sling Loss는 WA 및 FPA조건 제5조 및 ICC(B)조건 1.3에서는 담보하지만, ICC(C)약관에서는 담보하지 않는다. 이러한 손해는 선적항과 최종목적항에서의 선적과 하역뿐만 아니라 환적중의 선적과 하역중에 발생된 손해로[149] 선적이나 하역작업을 하던 중 화물이 해수면이나 갑판에 떨어져 발생하는 포장단위당 전손(total loss of any package)을 말한다(구종순, 2009).

따라서 Sling Loss는 포장당 전손이 아니거나 바다와 갑판이 아닌 부두에 추락한 화물손해는 담보되지 않는다[150]. 또한 해상보험에서 담보하는 Sling Loss는 선박 또는 부선과 관련한 하역작업에만 적용된다. 따라서 Land Conveyance로부터의 선적과 양하중 발생한 화물손해는 담보하지 않는다[151].

Check Point perils of the sea?

해상고유의 위험(perils of the sea)은 감항능력을 갖춘 선박(Well-Found Ship)으로도 피할 수 없는 해상에서의 예측할 수 없는 우연한 사고와 재난을 의미한다[152]. 해상고유의 위험은 선박이 합리적이고 이성적으로 예측할 수 없는 날씨와 우연히 조우하는 것을 말한다[153].

따라서 바람, 파도 등의 통상적인 작용(ordinary action)에의한 손해[154]는 해상고유의 위험에 포함되지 않고[155]. 바람이나 파도 등에 의한 자연적

---

149) 이시환, 「전게서」, p. 46.

150) R. H. Brown, *Marine Insurance Book One*, p. 10; R. H. Brown, *Cargo Insurance Contract*, Section Six-pp. 8-10.

151) R. H. Brown, *Marine Insurance Contract*, pp. 112-114.

152) Sos & Co. v. Xantho 12 App. Cas. 503, H. L; E. R. Hardy Ivmy, Case Book, pp. 146-149.

153) W. E. Astle, *The Hamburug Rules*, pp. 54-56.

154) Sasson *v.* Western Assurance Co; *Ibid.*, pp. 127-129: 이 해상보험판례는 통상적인 풍파에 의한 마모로 선박이 침몰된 경우로 해상고유의 위험이 아닌 것으로 판결되었다.

155) MIA, RCP. 제7조.

인 마모(Wear and Tear)는 해상고유의 위험이 아니고[156] perils on the sea 라고 한다(구종순, 2009). 해상고유의 위험은 예측할 수 없고, 대비할 수 없는 비정상적인 바람과 파도에의한 손해를 말한다[157].

영국 해상보험법 제1부속서(Schedule I)에서는 통상의 풍파의 작용은 해상의 고유한 것이지만 사고 또는 재난으로 볼 수는 없기 때문에 해상고유의 위험에서 제외하고 있다[158].

해상고유의 위험은 구해상보험증권 위험조항에 담보위험으로 열거되어 있으나, 신약관에서는 해상고유의 위험이라는 용어를 삭제하고 신약관의 제1조 위험조항에 침몰, 좌초, 충돌 등으로 해상고유의 위험을 구체적으로 명시하여 담보하고 있다.

따라서 신약관에서는 열거되지 않은 해상고유의 위험이 담보되지 않을 수 있다. 예를 들어 ICC(B), ICC(C)약관에서는 SG Policy에서 담보하였던 악천후로 인해 선창내에서 다른 화물과의 접촉으로 인한 손해나 악천후동안에 갑판 밖으로 떨어진 갑판적화물의 멸실은 담보하지 않는다[159]. 이렇게 해상고유의 위험에 대한 신약관의 담보범위는 구약관의 담보범위에 다소 축소되었다.

Check Point 해상고유의 위험과 근인주의의 관계

보험목적(물)이 손상된 상태로 목적항에서 양하된 경우 그 화물손해의 원인이 해상운송인의 귀책사유인 화물의 적재과정에서의 상업과실에 의한 것인지, 좌초 등의 해상고유의 위험에 의한 것인지 정확히 판정하기가 어렵다.

따라서 선박에 해상고유의 위험인 좌초 등이 발생한 경우에는 근인주

156) R. H. Brown, *Marine Insurance Vol.(1)- Principles & Basic Practice*, London Wirtherby & Co., Ltd., 1986, pp. 110-112.

157) D. M. Day, *op. cit.*, pp. 29-31.

158) 韓東湖, "新協會積荷約款 (A)條件 第 1 條 危險條項에 관한 若干의 考察", 「保險學會誌」, 韓國保險學會, 1985. 3., pp. 33-37.

159) R. H. Brown, *Cargo Insurance Contract*, Section Six-pp. 4-7.

의를 고려하지 않고, 발생된 화물손해가 좌초 등에 합리적으로 기인하는 경우에는 그 손해를 보험자가 보상한다[160].

2. 면책위험(excepted(excluded) perils)

1) 신 · 구약관의 면책조항의 비교

신약관은 제4조에서 제7조까지 4개 조항에 명확히 면책사유를 규정하고 있으나, 구약관의 면책약관은 영국해상보험법과 관습을 참조해야 한다.

신약관에서는 제4조 일반면책위험, 제5조 선박의 불내항 및 부적합 위험, 제6조 전쟁위험, 제7조, 동맹파업위험을 면책위험으로 명시하고 있다.

보험자의 법정면책사항(statutory exclusion)[161]

- 피보험자의 고의적인 불법행위
- 항해의 지연으로 인한 손해
- 통상의 자연적인 소모
- 통상적인 누손 및 파손
- 보험목적(물) 고유의 하자 또는 성질
- 쥐 또는 벌레에 의한 손해
- 해상위험에 근인하지 않은 기관손해

ICC(A) 제4조 일반면책조항

Exclusions

4 In no case shall this insurance cover

4.1 loss damage or expense attributable to willful misconduct of the Assured

4.2 ordinary leakage, ordinary loss in weight or volume, or ordinary wear and tear of the subject-matter insured

160) Brown, *op. cit.*, pp. 8-10.

161) MIA 제55조 2항.

4.3 loss damage or expense caused by insufficiency or unsuitability of packing or preparation of the subject-matter insured(for the purpose of this Clause 4.3 'packing' shall be deemed to include stowage in a container or liftvan but only when such stowage is carried out perior to attachment of this insurance or by the Assured or their servants)

4.4 loss damage or expense caused by inherent vice or nature of the subject-matter insured

4.5 loss damage or expense proximately caused by delay, even though the delay be caused by a risk insured against(except payable under Clause 2 above)

4.6 loss damage or expense arising from insolvency or financial default of the owners, managers, chaters or operators of the vessel

4.7 loss damage or expense arising from the use of weapon of war employing automatic or nuclear fission and/or fusion or other like reaction or radioactive force or matter.

제4조(면책)

이 보험은 어떠한 경우에도 다음의 손해를 담보하지 않는다.

4.1 피보험자의 고의의 위법행위에 기인한 멸실, 손상 또는 비용

4.2 보험의 목적(물)의 통상적인 누손, 중량 또는 용적의 통상적인 감소 또는 통상의 자연적인 소모

4.3 보험의 목적(물)의 포장 또는 포장준비의 불완전 또는 부적합에 의해서 발생한 멸실, 손상 또는 비용 '포장'에는 컨테이너 또는 리프트밴 내에에 적재하는 것을 포함하는 것으로 간주한다. 다만, 이 경우의 적재가 이 위험개시 전에 실행되는 경우 또는 피보험자 또는 그 사용인에 의해 실행되는 경우에 한한다.)

4.4 보험의 목적(물)의 고유의 하자 또는 성질에 의해서 생긴 멸실, 손상 또는 비용

4.5 지연이 피보험위험으로 생긴 경우에도 지연에 근인하여 발생한 멸실, 손상 또는 비용(상기 제2조에 의해서 지불되는 비용은 제외한다.)

4.6 본선의 소유자, 관리자, 용선자 또는 운항자의 파산 또는 재정상의 채무불이행으로부터 발생한 멸실, 손상 또는 비용

4.7 원자력 또는 원자핵분열 및/또는 핵융합 또는 기타 이와 유사한 핵반응 혹은 방사능 또는 방사선물질을 응용한 일체의 무기의 사용으로 생긴 멸실, 손상 또는 비용.

2) 선장 및 선원의 악행(Barratry)

선장 및 선원의 악행은 선주나 용선자에게 손해를 줄 수 있는 선장 또는 선원의 고의에 의한 모든 부정행위를 말한다[162]. 이러한 선장 및 선원의 악행에 의해 발생된 손해는 보험자가 보상하지 않는다.

해상보험판례

선원의 악행과 화재

이 해상보험판례는 항해도중 선박내의 화재로 선박이 침몰하여 적재화물에 손해를 가져온 경우이다. 피보험자는 보험자에게 손해보상을 청구하였으나 거부당했다. 보험자의 보험금 보상거부의 이유는 화물손해가 담보되지 않은 위험에 의해 발생되었고, 피해선박이 천공(Scuttling)되었음을 제시했다[163].

해상보험에서 화재로 인한 손해는 담보된다. 그러나 면책위험에 의한 화재는 담보되지 않는다. 이 해상보험판례에서 보험자가 보상을 거부한 이유는 무엇보다도 누군가에 의해 천공(Scuttling)이 행하여 진 것으로 볼 때 화재가 면책사유인 불법행위에 의해 발생되었다고 본 것이다. 즉, 선박의 침몰의 직접원인이 화재가 아니고, 천공(Scuttling)이라고 본 것이다.

해상보험판례

선원의 고의적인 악행

이 해상보험판례는 시멘트를 적재한 선박의 열려진 해치(Hatch)를 통하여 해수가 유입되어 적재된 화물에 손해가 발생된 경우이다. 해상운송인은 강풍에 의한 항해과실로 면책을 주장하였다.

---

162) MIA. RCP. 제11조.

163) Palamisto General Enterprises S. A. v. Ocean Marine Insurance Co., Ltd: The Dias; 1972, 2 ALL E. R. 1112.

법원의 조사결과 선원중의 한사람이 비밀리에 의도적으로 해치를 열어놓은 것이 발견되었다. 법원은 선원중의 한사람이 비밀리에 의도적으로 해치를 열어놓은 행위를 항해과실로 해석할 수 없다는 판결을 내렸다[164]. 이 해상보험판례는 선원의 의도적인 행위는 면책과실로 인정할 수 없음을 보여주는 경우이다.

3) 피보험자의 고의적인 위법행위

피보험자의 고의적인 위법행위(wilful misconduct)는 피보험자가 손해를 발생시키는 행위를 고의적으로 하는 것이다. 예를 들어 보험금을 타기 위해서 보험에 부보된 화물을 비바람에 내놓아 발생된 화물손해는 보험자가 보상하지 않는다(이시환, 2010: 52).

4) 항해의 지연으로 인한 손해

보험자는 지연(delay)에 근인하여 발생하는 멸실, 손상 또는 비용에 대해서 책임을 지지 않는다. 그러나 공동해손비용과 구조비는 그것이 지연을 근인으로 지출된 경우에도 보험자가 부담한다(구종순, 2009).

지연이 담보위험으로 인하여 발생된 경우에도 그 지연으로 인하여 발생된 모든 손해에 대하여 보험자가 면책된다(이시환, 2010: 58). 즉, 지연이 부보위험에 의하여 발생한 경우라고 할지라도 손해가 지연을 근인으로 한 경우에는 보험자가 면책된다(사법연수원, 2009: 112).

5) 포장 또는 준비의 불완전 또는 부적합

국제무역에서 충분한 포장에 대한 명문화된 규정은 없다. 단지 충분한 포장이란 상거래에 있어서 통상적인 또는 상관습적으로 행하여지는 포장을 의미한다[165]. 피보험자는 화물을 포장할 때 항해도중 겪을 수 있는

---

164) The Bulknes; 1979, 2 Lloyd's Law Repors; W. E. Astle, *Hague Rules Law Digest*, pp. 15-18.

165) William Tetley, *op. cit.*, pp. 491-493.

위험과 충격을 감안하여 충분히 견딜수 있는 재료로 화물을 적절하게 포장해야 한다[166].

해상보험에서 포장의 불완전(Insufficiency of Packing)은 화물손해를 더욱 증대시키는 요인으로 작용할 수 있기 때문에 포장불완전으로 인한 화물손해에 대해 보험자는 면책된다[167].

포장・포장준비의 불완전 및 부적합에 의한 화물손해에 대해 MIA 및 구약관에서는 정확히 규정하고 있지는 않지만, 포장의 불완전 및 부적합으로 인한 손해는 보험목적의 고유한 하자 및 그 일종으로 간주하여[168] 보험자가 면책되었다.

신약관에서는 제4조 3항에 포장・포장준비의 불완전 및 부적합에 의한 화물손해를 면책위험으로 규정하고 있다. 화물의 불충분한 포장으로 인한 화물손해는 손해가 담보위험에 근인하여 발생되었다고 하더라도 손해가 불가피하여[169] 담보위험의 요건인 우연성이 없는 손해이기 때문에 ICC(A)조건에서도 보험자가 면책된다.

우리나라 법원에서는 포장불충분이 문제되는 사안의 경우에는 과실상계의 법리로서 문제를 해결한다[170]. 보험자의 손해배상책임을 인정하더라도 그 범위를 산정함에 있어서는 피해자인 보험계약자에게도 상당한 과실이 인정되면 보험자는 과실상계를 주장할 수 있다[171](사법연수원, 2009: 27).

Check Point 2009년 ICC와 1982년 ICC에서 포장 불충분의 차이점?

1982년 ICC약관에서는 포장의 범주에 컨테이너와 리프트밴에의 적재

---

166) R. H. Brown, *Cargo Insurance Contract*, Section Seven-pp. 4-6.

167) R. H. Brown, *Marine Insurance Cargo Practice*, pp. 140-143.

168) 木村榮一, 「前揭書」, pp. 125-126; Bark *v.* Style, 1955, 2 Llyod's Rep. 383; 加藤修, 「貿易保險の實務」, 同文館, 1984, pp. 157-159.

169) R. J. Lambeth, *op. cit.*, pp. 152-153.

170) 사법연수원, 「전게서」, p. 113.

171) 대법원 1994. 11.22. 선고 94다 19617 판결.

까지 포함시키고 있다. Container, Liftvan에 화물을 적재하는 경우 기간적으로는 위험이 개시되기 이전, 대상으로는 피보험자와 그 사용인에 의해 행하여진 경우에만 보험자의 면책이 인정된다.

그러나 2009년 ICC약관에서는 포장불충분의 면책조항에서 "liftvan"에의 적부가 삭제되고, 보험 개시 전 독립계약자에 의해 컨테이너에의 적부가 이루어진 경우에도 면책이 적용되지 않는다(이재복, 2009: 59).

즉, 2009년 ICC약관에서는 모든 포장 또는 준비에 대하여 피보험자 또는 사용인에 의해 행해지거나 또는 위험개시 전에 행해진 경우에 한하여 보험자가 면책되는 것으로 규정하여 면책범위를 축소하였다. 따라서 운송 개시 후에 제3자가 행한 포장이 불완전한 경우 보험자는 면책되지 않는다(이시환, 2010: 55).

해상보험판례

부적절한 포장으로 인한 화물손해

이 해상보험판례는 남아프리카의 Mostaganem에서 런던까지 적하(Kieseiguhr)를 운송한 후, 본선의 선창으로부터 부선으로 화물을 옮기던 도중 화물을 포장한 종이백이 터져 화물에 손해가 발생된 경우이다.

이 해상보험판례에서 피보험자는 항해 전에 전위험담보 조건(All Risk)으로 부보하였다. 피보험자는 사고 발생 후 보험자에게 재포장비용을 포함한 보험금을 청구했으나, 보험자로부터 거절당했다.

보험자는 결함있고, 부적절한 종이백에 포장하여 발생한 화물의 손해는 화물의 숨은 하자와 같은 것으로 보상할 책임이 없다고 주장했다. 법원도 보험자와 동일한 판결을 하였다[172]. 포장의 결함은 피보험자의 태만 및 과실이라고 볼 수 있다.

이 해상보험판례에서 피보험자는 부보조건을 전위험 담보조건으로 부보하였음에도 불구하고, 손해에 대한 보상을 받지 못하였다. 포장의 결함은 사

---

172) F. W. Berk & Co., Ltd. *v.* Style; 2 Lloyd's Rep. 382; E. R. Hardy Ivamy, *Case Book*, pp. 157-158.

고 발생을 항상 내포하고 있다고 볼 수 있다. 따라서 보험의 담보요건인 우연성을 상실하여 보험의 담보조건이 성립되지 않으므로, 피보험자는 최소한 통상적인 운송과정에서 견딜 수 있는 포장을 해야 한다.

해상보험판례

포장 불충분으로 인해 제3자 화물에 손해 발생

이 해상보험판례는 화물(紡絲)이 양륙항인 Bahia에 도착하여 부선으로 옮긴 후, 본선에 있는 다른 화물(케이스에 담겨져 있는 기계)를 하역도중 기계가 부선으로 떨어져 부선에 옮겨져 있는 화물(紡絲)에 손해가 발생된 경우이다.

법원의 조사결과 손해의 원인은 기계에 대한 포장 불충분으로 밝혀졌다. 따라서 해상운송인은 헤이그 규칙 제4조 제2항 (n)호에 의해 면책되었다[173]. 이 해상보험판례는 하주의 포장불충분으로 인한 손해에 대해 해상운송인이 면책되는 전형적인 경우이다.

이 해상보험판례에서 하주는 포장불충분으로 인해 자신의 화물(기계)에 대한 손해뿐만 아니라, 피해를 입힌 제3자의 화물(紡絲)에 발생한 손해에 대해서도 부담을 해야 됐다.

상기에서 살펴보았듯이 해상보험에서는 포장불충분으로 인한 손해에 대해 일반약관 및 특별약관 어디에서도 담보하여 주지 않는다. 따라서 이 해상보험판례에서 하주는 발생된 손해를 하주자신이 부담해야 한다(강영문, 2004).

6) 화물고유의 성질 및 숨은 하자

화물 고유의 성질 및 숨은 하자란 화물자체의 특수한 성질 및 결함으로 통상적인 항해중에 외부의 우발적인 작용없이 발생하는 화물손해를 말한다. 이러한 화물손해는 동종의 화물에 공통적으로 발생한다[174].

---

173) Goodwin Ferreira & Co., Ltd and others *v.* Lamport & Holt Ltd; W. E. Astle, *Hague Rules Law Digest*, pp. 31-34.

174) William Tetley, *op. cit.*, pp. 479-480.

화물고유의 성질 및 숨은 하자에 의한 손해는 MIA 제55조 제2항 (c)호와 신약관 제4조 제2항 4호에서 면책됨을 규정하고 있다. 화물고유의 성질에 의한 손해은 우연성과 외부의 작용없이 화물 자체적으로 발생되는 손해이므로 보험자가 기본적인 담보조건으로는 보상하지 않는다. 하주가 이러한 화물의 성질에 기인한 손해를 해상보험에 부보하려면 보험자에게 할증보험료를 납부하고 부가위험담보약관에 가입해야 한다.

(1) 통상의 누손, 중량·용적 부족손

해상운송과정 중에 기름과 같은 액체성 화물이나, 기체성 화물은 보관용기의 틈으로 유출되는 경우가 있는데 이러한 화물손해가 통상의 누손(漏損: Ordinary Leakage)이다.

이러한 누손은 외부로부터 보험목적에 우발적으로 가해지는 어떠한 작용없이 화물의 성질에 의해 발생되는 손해로 일반적인 해상운송과정에서 손해발생이 확정적으로 예견되는 손해로 보험자가 면책된다[175].

화물의 통상의 누손 및 파손은 MIA 제55조 제2항 (c)호 및 협회적하약관 제4조 2항에 면책되는 손해로 명시되어 있다. 구약관은 이러한 화물손해를 MIA의 규정에 근거를 두고 WA FPA All Risks 모두 담보하지 않는다.

신약관 제4조 2항에 명시된 피보험목적의 통상의 누손, 중량·용적 부족손해의 면책조항은 MIA 제55조 제2항 C호[176]에서 규정되었던 내용중 일부를 명시한 것으로 신약관에서는 MIA에 명시되어 있지 않던 용적과 중량의 부족에 대한 면책을 추가적으로 명시하고 파손을 삭제하였다.

---

175) J. Kennech Goodacre, *op. cit.*, pp. 171-174.

176) 보험자는 보험의 목적(물)의 통상의 자연소모, 통상의 누손 및 파손, 고유의 하자 또는 성질, 쥐나 벌레에 근인하여 발생한 손해, 해상위험을 근인으로 하여 발생하지 않는 일체의 손해에 대해 면책된다(MIA 제55조 제2항 C호).

Check Point 담보위험으로 발생한 누손은 담보가 되나?

외부의 작용없이 화물의 성질에 의해 발생한 누손은 보험자가 면책된다. 그러나 선박의 좌초와 같은 담보위험에 의해 발생된 이례적인 누손은 보험자가 통상의 누손을 제외한 손해를 보상한다[177].

그런데 담보위험으로 발생된 누손 중에서 어느 정도가 화물의 성질에 의해 통상적으로 발생되는 누손인가라는 문제가 발생한다. 이 문제는 화물의 특성 및 발생된 담보위험을 고려하여 판단해야 한다.

(2) 통상의 중량의 감소와 용량부족

해상운송에서 중량감소(Weight Shortage)의 대표적인 사례는 산적화물(Bulky Cargo)처럼 개수로 표시할 수 없는 곡물류의 자연적 감소이고, 용량부족(Loss in Quantity)의 대표적인 사례는 석유량의 자연적 감소이다.

이러한 중량의 감소(Weight Shortage)와 용량부족(Loss in Quantity)과 같은 통상의 손해를 부족손(Shortage)이라고 부른다. 누손 및 부족손은 보통 협회적하약관에서는 담보되지 않는다[178]. 용적이나 중량의 자연적인 감소가 예상되는 화물들은 WAIOP조건으로는 인수되지 않고, WA조건으로 인수된다.

7) 선주 등의 파산

보험자는 본선의 소유자, 관리자, 용선자 또는 운항자의 지불불능 또는 금전상의 채무불이행으로 생기는 멸실, 손상 또는 비용에 대해서는 책임지지 않는다(구종순, 2009). 이 면책사유는 피보험자가 재정상 곤란을 겪고 있는 운송인의 선박에 화물을 선적하지 않도록 하기 위해 신약관에 신설한 것이다[179].

---

177) J. Kenneth Goodcare,, *op. cit.*, pp. 103-105.

178) 加藤田作, 「前揭書」, pp. 660-662.

179) 피보험자가 선적한 선박의 선사가 도산하여 채권자가 선박을 중간항에서 차압한 경우 하주인 피보험자는 대체선박을 수배하여 계속 운송해야 한다, 이 때 중간항

Check Point 2009년 ICC 약관과 1982년 ICC 약관의 선주파산 면책의 차이점?

2009년 ICC 약관에서는 보험의 목적(물)의 적재시에 선주 등의 파산이 정상적인 항해수행을 중단시킬 수 있다는 사실을 피보험자가 알고 있는 경우에 한하여 면책이다.

파산면책은 부적합 면책과 함께 1983년 협회상품동업자약관(Institute Commodity Trades Clauses)의 면책을 채용하여 보험증권의 선의의 양수인에게는 적용하지 않는다(이재복, 2009: 59).

2009년 ICC 약관에서는 선사의 파산정보를 피보험자가 알고 있었거나 또는 통상의 업무상 당연히 알고 있었을 경우에만 보험자가 면책된다(이시환, 2010: 60).

8) 원자핵무기

모든 형태의 보험은 핵무기나 이와 비슷한 무기를 사용함으로써 발생하는 일체의 손해를 보험자의 면책으로 하고 있는 것이 관례이며, 협회적하약관도 예외에는 아니다[180]. 핵무기를 전쟁목적으로 사용하는 경우에는 협회전쟁약관(IWC)에서도 담보하지 않는다(이시환, 2010: 64).

원자핵무기(nuclear weapons)와 이와 유사한 무기의 사용으로 발생하는 손해에 대해 신협회적하약관에서는 보험자의 면책을 규정하고 있다. 원자력, 원자핵분열이나 융합, 기타 이와 유사한 반응 또는 방사선이나 방사선 물질을 이용한 무기의 사용으로 인하여 발생하는 멸실, 손상 또는 비용에 대해서 보험자는 책임을 지지 않는다(구종순, 2009).

핵무기로 인한 손해를 보험자의 면책으로 하고 있는 것은 위험의 예측이 불가능하고, 그 손해가 상상할 수 없을 정도로 막대할 수 있기 때문이다[181].

에서 추가로 발생되는 양륙비, 보관료, 계속운반비 등은 이 조항에 의해 보험자가 부담하지 않는다(이시환, 2010: 59).

180) Brown, *op. cit.*, pp. 13-15.

181) Dover, *op. cit.*, pp. 143-145.

Check Point 2009년 ICC 약관과 1982년 ICC 약관의 핵무기 면책의 차이점?

2009년 ICC약관에서는 1982년 ICC 약관에서의 weapon of war보다 넓은 any weapon or device로 개정하였다. 전쟁(war)이라는 용어를 삭제한 것은 테러리스트들이 사용할 수 있는 광범위한 오염을 발생시키는 오염폭탄(dirty boms)과 같은 무기와 이와 유사한 일체의 장비(device)를 포함시키기 위해서이다[182].

182) http://www.waltonsandmorse.com/Bulletin2.jsp?BulletinID=57(2009.5.29).

제13장 보험기간과 전쟁, 동맹파업 위험

1. 보험기간(Duration of Insurance)

구약관과 신약관 모두 매도인의 창고로부터 약정된 매수인의 지정장소까지 담보하고 있다[183]. 이처럼 신·구협회적하약관은 모두 창고간(Ware- house to Warehouse)위험을 담보하고 있으므로[184] 육상의 창고 또는 운송용구에서 발생한 손해도 담보한다.

신약관 제8조에서는 보험기간을 화물이 운송개시를 위하여 보험증권에 기재된 지역의 창고 또는 보관장소를 떠났을 때부터

The time the goods leave the warehouse or place of storage at the place named herein for the commencement of the transit

보험증권에 기재된 목적지의 수하인 또는 기타 최종 창고 또는 보관 장소에 인도될 때까지를 보험기간으로 하고 있다.

On delivery to the consignees' or other final waerehouse or place of storage at the destination named herein.

또한 MIA 제2조 제1항에서 해상보험계약은 특약이나 상관습에의해 내륙운송의 손해까지 보호할 수 있음을 명시하고 있다.

MIA Article 2-1.

A contract of marine insurance may, by its express terms, or by usage of trade. be extended so as to protect the assured against losses on inland waters or on any land risk which may be incidental to any sea voyage.

---

183) D. E. Day, *op. cit.*, pp. 126-128.

184) R. H. Brown., *Marine Insurance Book One*, pp. 3-4.

ICC 제8조 운송조항

8 Transit Clause

8.1 This insurance attaches from the time the goods leave the warehouse or place of storage at the place named herein for the commencement of the transit, continues during the ordinary course of transit and terminates either

8.1.1 on delivery to the Consignees' or other final warehouse or place of storage at the destination named herein,

8.1.2 on delivery to any other warehouse or place of storage, whether prior to or at the destination named herin, which the Assured elect to use either

8.1.2.1 for storage other than in the ordinary course of transit or

8.1.2.2 for allocation or distribution,

or

8.1.3 on the expiry of 60days after completion of discharge overside of the goods hereby insured from the oversea vessel at the final port of discharge, whichever shall first occur.

8.2 If, after discharge overside from the oversea vessel at the final port of discharge, but prior to termination of this insurance, the goods are to be forwarded to a destination other than that to which they are insured hereunder, this insurance, whilst remaining subject to termination as provided for above, shall not extend beyond the commencement of transit to such destination.

8.3 This insurance shall remain in force(subject to termination as provided for above and to the provisions of Clause 9 below) during delay beyond the control of the Assured, any deviation, forced discharge, reshipment or transhipment and during any variation of the adventure arising from the exercise of a liberty granted to shipowners under the contract of affreightment.

제8조(운송조항)

8.1 이 보험은 화물이 운송개시를 위하여 이 보험증권에 기재된 지역의 창고 또는 보관 장소에서 반출되는 때에 개시되고, 통상의 운송과정 중에 계속되며, 다음 사유 중 어떤 것이든 먼저 발생하는 때에 종료한다.

8.1.1 보험증권에 기재된 목적지의 수하인 창고 또는 보관장소, 또는 최종 창고 또는 보관장소에 인도될 때,

8.1.2 보험증권에 기재된 목적지에 도달하기 전이든 도달한 이후이든 불문하고 피보험자가

8.1.2.1 통상의 운송과정상의 보관 이외의 보관을 위해 또는

8.1.2.2 할당 또는 분배를 위해서 사용하는 기타의 창고 또는 보관장소에 인도된 때, 또는,

8.1.3 최종양륙항에서 외항선으로부터 피보험화물의 하역을 종료한 후 60일을 경과한 때.

8.2 최종양륙항에서 외항선으로부터 하역 후에 이 보험이 종료되기 전에, 화물이 이 보험에 의해 부보된 목적지 이외의 장소로 운송되는 경우에는, 변경된 목적지로 향해서 운송이 개시된 때에 종료한다.

8.3 이 보험은(상기의 보험종료에 관한 규정 및 하기 제9조를 따를 것을 조건으로), 피보험자가 지배할 수 없는 지연, 일체의 이로, 부득이한 양하 재선적 또는 환적의 기간중 및 해상화물운송계약에 의해 선주 또는 용선자에게 부여된 자유재량권의 행사로부터 생기는 모든 위험변경 기간 중 유효하게 계속된다.

신구약관의 담보기간은 창고간(warehouse to warehouse)담보를 원칙으로 한다. 담보기간의 종류는 다음 중 어느 것이고, 먼저 발생할 때 종료한다[185].

(1) 보험증권에 기재된 최종목적지의 수하인창고에 인도될 때.
(2) 통상의 운송과정이 아닌 보관, 할당 또는 분배를 위해 피보험자가 선택한 창고에 인도될 때.
(3) 최종양하항의 외항본선으로부터 하역완료후 60일이 경과한 때
(4) 최종양하항의 외항본선으로부터 하역후 부보된 목적지이외의 타목적지로 운송이 개시될 때.

TIP

1982년 ICC 약관에서는 보관 또는 분배를 위한 창고 선택권자를 피보험자만으로 규정하고 있으나, 2009년 ICC 약관에서는 피보험자뿐만 아니라 사용자도 포함시키고 있다.

185) ICC 8.1.1-8.2.

ICC 제9조 운송계약중단조항

Duration

9 If owing to circumstances beyond the control of the Assured either the contract of carriage is terminated at a port or place other than the destination named therein or the transit is otherwise terminated before delivery of the goods as provided for in Clause 8 above, then this insurance shall also terminate unless prompt notice is given to the Underwriters and continuation of cover is requested when the insurance shall remain in force, subject to an additional premium if required by the Underwriters, either

9.1 until the goods are sold and delivered at such port or place, or, unless otherwise specially agreed, until the expiry of 60days after arrival of the goods hereby insured at such port or place, whichever shall first occur,

or

9.2 if the goods are forwarded within the said period of 60days(or any agreed extension thereof)to the destination named herein or to any other destination, until terminated in accordance with the provisions of Clause 8 above.

제9조(보험기간)

9. 피보험자가 좌우할 수 없는 사정에 의하여 운송계약이 계약서에 기재된 목적지 이외의 항구 또는 지역에서 종료되거나 또는 기타의 사정으로 위 제8조에 규정된 화물의 인도가 이루어지기전에 운송이 종료될 경우에는 이 보험도 종료된다. 단, 보험자에게 지체없이 그 취지를 통지하고 담보의 계속을 요청할 경우에 보험자의 요구가 있으면 추가보험료를 지급하는 조건으로 이 보험은 다음의 시점까지 유효하게 계속된다.

9.1 보험의 목적(물)이 상기의 항구 또는 지역에서 매각된 후 인도될 때 또는 별도의 합의가 없는 한 그러한 항구 또는 지역에 보험의 목적(물)이 도착한 후 60일이 경과한 때 중 어느 한쪽이 먼저 생길 때까지 또는

9.2 만약 보험의 목적(물)이 상기 60일의 기간(또는 합의하에 60일의 기간을 연장한 기간)내에 이 보험증권에 기재된 목적지 또는 기타의 목적지로 계반될 경우에는 상기 제8조의 규정에 따라 보험이 종료될 때까지

2009년 ICC 약관에서 보험기간은?

2009년 ICC 약관에서는 운송조항의 개정으로 보험기간이 확장되었다. 보험자의 책임개시 시점이 화물이 창고를 떠날(leave the warehouse)때에서 창고에서 보험의 목적이 맨 처음 이동할(first moved) 때로 개정되고, 인도될 때(on delivery)가 아닌 양하 완료시(on completion of unloading) 책임이 종료한다(이재복, 2009: 59).

1982년 ICC 약관에서의 보험기간은 화물이 운송개시를 위해 보험증권에 기재된 지역의 창고 또는 장소를 떠날 때 개시된다. 즉, 보험자의 책임은 화물이 창고 또는 보관장소를 떠나야만 시작된다.

이에 비해 2009년 ICC 약관에서의 보험기간은 운송개시를 위해 운송차량 또는 기타 운송용구에 보험의 목적을 곧바로 적재할 목적으로 창고 또는 보관장소에서 보험목적이 최초로 움직인 때에 시작된다로 변경되었다. 따라서 창고안에서의 적재단계도 보험기간에 포함된다(이시환, 2010: 86).

Inland Termination Clauses(30 days)

Inland Termination Clauses(30 days)는 구약관 제1조 또는 신약관 제8.1.3조의 하역 후 60일간의 담보기간을 30일로 단축 종료시키는 책임의 조기 해제에 관한 약관이다(사법연수원, 2009: 116).

이로 및 항해변경

이로(deviate)는 선박이 발항항 및 목적항을 변경함이 없이 보험증권에 항로를 특정한 때에는 그 항로를, 보험증권에 항로가 특정되고 있지 않을 때는 관습상 정해진 항로를 이탈하거나 또는 보험증권에 정해진 순서 또는 지리적 순서에 따르지 않고 기항하는 것을 의미한다(이시환, 2010: 84).

항해의 변경(change of voyage)은 보험증권에 기재되어 있는 목적항을 위험개시 후에 선주 또는 선장이 임의로 변경하는 것이다(전창원, 1998: 287). 항해의 변경이 있거나 선박이 적법한 이유없이 항로를 이탈하는 경우에는 원칙적으로 보험자가 면책되지만 특약에의해 담보가 가능하다[186].

이로의 경우에는 피보험자가 통제할 수 있는 범위외의 사유에는 해상보험에서 담보가 되고, 항해변경의 경우는 보험자에 대한 즉시 통지 및 보험료의 조정 등이 있는 경우에는 해상보험에서 담보가 된다(사법연수원, 2009: 115).

2009년 ICC 약관에서는 항해변경조항에서 held coverd라는 말을 삭제하고, 유령선(phantom ship) 상황에 처한 즉, 다른 목적지를 향하여 출항한 사실을 알지 못한 피보험자를 보장하도록 개정하였다(이재복, 2009: 59).

유령선이란 선박이 허위서류로 화물을 다른 지역으로 가져가 매각처분해 버리는 상태를 말한다. 예정된 항해가 이미 시작되었고, 화물이 추후에 피보험자의 동의없이 피보험자가 알수 없는 상황에서 항해도중 도난에 의해 멸실되는 경우 보상받을 수 있다(이시환, 2010: 90).

ICC 제10조 항해변경조항

10. Change of Voyage Clause

Where, after attachment of this insurance, the destination is changed by the Assured, held covered at a premium and on conditions to be arranged subject to prompt notice being given to the Underwriters.

제10조 항해변경조항

이 보험의 개시 후에 목적지가 피보험자에 의하여 변경되는 경우에는 보험자에게 지체없이 그 취지를 통지하고 향후 협정되어야 할 보험요율과 보험조건을 협정해야 담보받을 수 있다.

186) MIA 제45조, 제46조.

2. 전쟁, 동맹파업과 해상보험

구약관들은 F.C&S. Clause(포획나포 부담보조항), F.S.R&C.C Clause(동맹파업 소요 폭동 부담보조항)을 포함하고 있는데 이는 신약관 제 6조 및 제 7조로 규정되고 있다(사법연수원, 2009: 115). 보험사고가 전쟁 기타 변란으로 인하여 생긴 때에는 당사자간에 다른 약정이 없으면 보험자는 보험금액을 지급할 책임이 없다[187].

2009년 ICC 약관에서는 테러리즘과 테러리스트의 정의를 규정하고 종교적 동기에서 행동하는 자를 추가하였다(이재복, 2009: 59).

1) 협회전쟁위험약관(Institute War Clause; IWC)

포획나포부담보조항(Free from capture & seizure clause)

Warranted free of capture, seizure, arrest, restraint or detainment, and the consequences thereof or any attempt thereat; also from the consequences of hostilities or warlike operations, whether there be a declaration of war or not; but this warranty shall not exclude collision, contact with any fixed or floating object(other than a mine or torpedo). standing, heavy weather of fire unless caused directly(and independently of the nature of the voyage or service which the vessel concerned or, in the case of a collision, any other vessel involved therein, is performing)by a hostile act by or against a belligerent power; and for the purpose of this warranty 'power' includes any a authority maintaining naval, military or air forces in association with a power.
Further warranted free from the consequences of civil war, revolution, rebellion, insurrection, or civil strife arising therefrom or piracy

포획, 나포, 강류, 억지 또는 억류와 그러한 행위의 결과 또는 그러한 행위를 하려고 하는 기도의 결과를 담보하지 않는다. 또한 선전포고의 유무에 관계없이 적대행위 또는 군사적 행동을 담보하지 않는다. 그러나 본 면책조항은 교전국에 의해서 또는 교전국에 대하여 행하여진 적대행위에 의해서 직접적

187) 상법 제660조.

으로(그리고 해당선박 또는 충돌의 경우에는 충돌에 관계가 있는 다른 선박의 수행도중에 있는 항해 또는 서비스의 성질과는 관계없이 생긴 경우를 제외하고, 타선과의 충돌, 고정 또는 부유물체(기뢰 또는 어뢰를 제외함)와의 접촉, 좌초, 황천 또는 화재를 면책하는 것이 아니다. 또한 이 면책조항에서 '국가'란 어느 국가와 제휴하고 해군, 육군 또는 공군을 유지하는 모든 정권을 포함한다.

또, 내란, 혁명, 모반, 반란 또는 이로 인하여 생기는 국내투쟁의 결과 또는 해적 행위를 담보하지 않는다.

항해중단부담보 조항

(b) This policy is warranted free of any claim based upon loss of, or frustration of the insured voyage or adventure caused by arrests restraints or detainments or King Princes Peoples Usurpers or persons attempting to usurp power.

(b) 국왕, 군주, 인민, 국권찬탈자 또는 국권을 찬탈하려고 기도(企圖)하는 자에 의한 강류, 억지, 또는 억류에 의해서 발생하는 피보험항해 또는 항해사업의 중지 또는 중단에 기인하는 어떠한 보험금청구도 담보하지 않는다.

ICC 제6조 전쟁위험면책조항

Exclusions

6 In no case shall this insurance cover loss, damage or expense caused by

6.1 war, civil war, revolution, rebellion, insurrection, pr civil strife arising therefrom, or any hostile act by or against a belligerent power

6.2 capture, seizure, arrest, restraint or detainment(piracy excepted), and the consequences thereof or any attempt thereat

6.3 derelict mines torpedoes bombs or other derelict weapons of war.

제6조(면책)

어떠한 경우에도 이 보험은 다음의 위험에 기인한 발생한 멸실, 손상 또는 비용을 담보하지 아니한다.

6.1 전쟁, 내란, 혁명, 모반, 반란 또는 이로 인하여 발생한 국내투쟁, 교전국에 의한 또는 교전국에 대한 적대행위

6.2 포획, 나포, 강류, 억지 또는 억류(해적행위 제외) 및 이러한 행위의 결과 또는 이러한 행위의 기도.

6.3 유기된 기뢰, 어뢰, 폭탄 또는 기타 유기된 전쟁무기

전쟁위험으로 인한 화물손해를 보상받으려면 하주는 할증보험료를 지불하고 협회 전쟁위험약관(Institute War Clause; IWC)에 특약담보해야 한다.

이 약관에서 의미하는 전쟁은 공식적인 전쟁선포가 반드시 필요한 것은 아니다. 또한 전쟁과 관계없는 평상시의 포획, 나포 등은 전쟁위험에 포함되지 않는다.

ICC 협회전쟁약관 제1조 위험조항

1 This insurance covers, except as provided in Clauses 3 and 4 below, loss of or damage to the subject-matter insured caused by

1.1 war, civil war, revolution, rebellion, insurrection, or civil strife arising therefrom, or any hostile act by or against a belligerent power

1.2 capture, seizure, arrest, restraint or detainment, arising from risks covered under 1.1 above, and the consequences thereof or any attempt thereat

1.3 derelict mines torpedoes bombs or other derelict weapons of war.

제1조(위험조항)

이 보험은 다음 위험으로 인한 보험의 목적(물)의 멸실 또는 손상을 담보한다. 다만 제3조 및 제4조에 규정된 위험은 제외한다.

1.1 전쟁, 내란, 혁명, 반역, 반란 또는 이로 인하여 발생하는 국내투쟁 또는 교전국에 의해 혹은 교전국에 대해서 행해지는 일체의 적대행위.

1.2 상기 제1조 1항의 위험으로 인한 포획, 나포, 강류, 억류 및 그러한 행위의 결과 또는 그러한 행위의 기도

1.3 유기된 기뢰, 어뢰, 폭탄 또는 유기된 그 밖의 병기.

전쟁위험약관에서 담보하는 위험은 Waterborne Agreement에의해 해상에 있을 때에만 담보된다. 따라서 선적 이전이나 하역 이후의 육지에서의 위험은 담보되지 않는다.

담보기간은 목적항에서 본선 또는 부선으로부터 화물이 하역될 때 종료된다. 모든 전쟁위험이 담보되는 것은 화물이 본선에 있는 동안뿐이며[188] 화물이 부선에 있는 동안은 기뢰 또는 유기된 어뢰의 위험에 한정

188) 화물이 본선에 있는 동안에도 본선이 목적항에 도착한 날의 오후 12시부터 기산

된다(황남일, 1997: 277).

2) 협회동맹파업약관(Institute Strikes Clauses; ISC)

동맹파업 · 소요 · 폭동부담보조항(FSR & CC clause)

Warranted free of loss or damage
(a) Caused by strikers, locked-out workmen, or persons taking part in labour disturbances, riots or civil commotions;
(b) resulting from strikers, lock-outs, labour disturbances, riots or civil commotions.

다음 사유에 의한 멸실 또는 손상을 담보하지 않는다.
(a) 동맹파업자, 직장폐쇄를 당한 노동자, 또는 노동분쟁, 소요 또는 폭동에 가담한 자에 의해서 발생한 것.
(b) 동맹파업, 직장폐쇄, 노동분쟁, 소요 또는 폭동의 결과로 발생한 것.

ICC 제7조 동맹파업면책조항

Exclusions
7 In no case shall this insurance cover loss damage of expense
7.1 caused by strikers, locked-out workmen, or persons taking part in labour disturbances, riots or civil commotions
7.2 resulting from strikes, lock-out labour disturbances, riots or civil commotions
7.3 caused by any terrorist or any person acting from a political motive

제7조(면책)
어떠한 경우에도 이 보험은 다음에 기인한 멸실, 손상 또는 비용을 담보하지 아니한다.
7.1 동맹파업자, 직장폐쇄 노동자 또는 노동쟁의, 소요 또는 폭동에 가담한 자에 의하여 발생한 것.
7.2 동맹파업, 직장폐쇄, 노동쟁의, 소요 또는 폭동의 결과로 발생한 것.
7.3 테러리스트 또는 정치적 동기를 가지고 행동하는 자에 의하여 발생한 것.

해서 담보기간이 15일로 제한된다.

하주가 동맹파업으로 인한 화물손해를 보상받으려면 보험자에게 할증 보험료를 납부하고 협회동맹파업약관(Institute Strikes Clauses; ISC)에 특약담보를 해야 한다.

협회동맹파업약관에서 담보하는 손해는 동맹파업에 가담한 자에 의해 발생한 직접적인 화물손해만 담보하며, 동맹파업으로 인한 지연손해, 시장 상실손해 등과 같은 간접적인 손해는 담보하지 않는다.

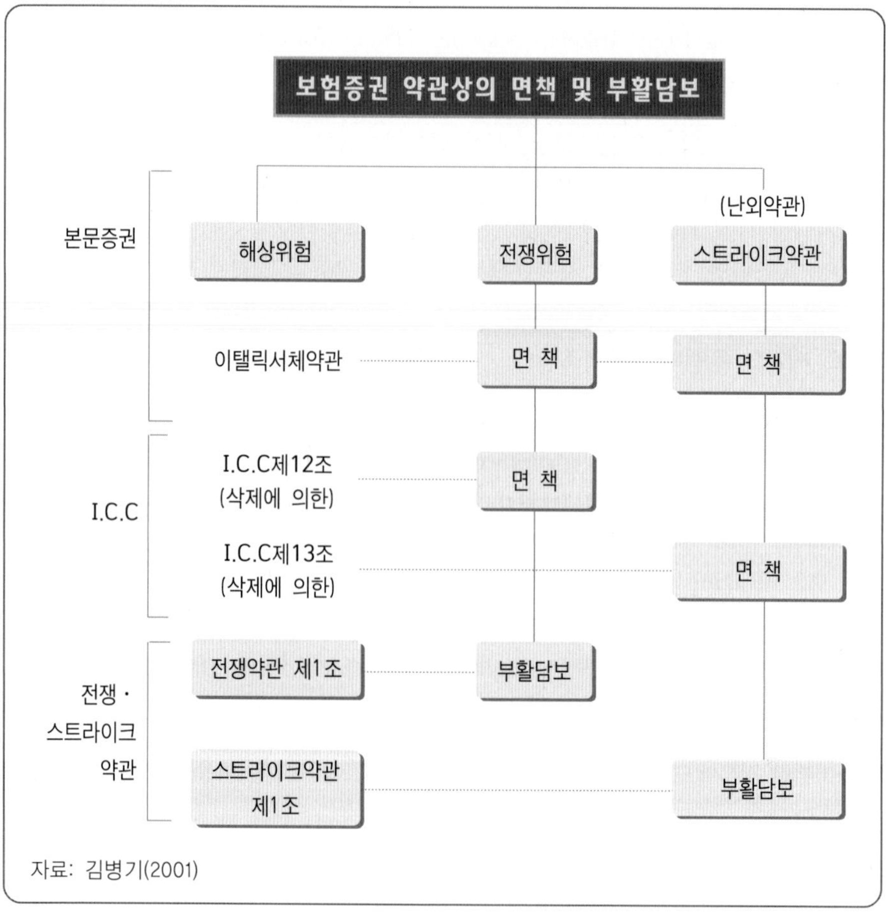

〈그림〉 S.G증권. I.C.C(1963)에 의한 전쟁. 스트라이크 위험의 담보와 면책

제14장 부가위험 담보

1. H & H

선적이나 양하의 하역중에 하역인부가 사용하는 갈고리에 의하여 마대로 포장된 직물이나 잡화 등의 화물에 발생된 손해를 갈고리 손해라고 한다[189]. 그리고 이러한 갈고리 손해는 갈고리 손해(Hook & Hole; H & H)라는 부가위험담보에 부보해야 보상된다.

2. TPND

Theft와 Pilferage는 다른 사람의 물건을 도둑질 하는 것을 의미하는데[190] Theft는 포장째 전체 물건을 도둑질 하는 것이고, Pilferage는 좀도둑이 포장이 된 내용물중에서 일부를 도둑질 하는 발하(拔荷)를 말한다[191]. 일반적으로 해상운송과정에서 Pilferage는 화물을 선적하거나 양하할 때 부두에서 하역인부에의해 발생되는 경우가 많다[192]. 또한 하역이후 화물이 수하인에게 인도되거나 세관 검사를 위해 기다리는 동안에 발생하기도 한다[193].

해상보험의 기본조건에서 담보해 주는 Thieves Peril에는 은밀한 도둑

189) R. H. Brown, *Dictionary of Marine Insurance Terms and Clauses* 5th ed., Wirtherby Co., Ltd., 1989, Hook Damage, p. H7-9.

190) 李時煥, 「貿易保險論」, 大旺社, 2010, pp. 250-252.

191) R. H. Brown, *Cargo Insurance Contract*, Section Seven-p. 9-10.

192) Leesh River Tea Co. *v.* British India Stream Navigation Co; D. E. Day, *op. cit.*, pp. 31-32.

193) Christof Luddeke, *op. cit.*, pp. 53-54.

(Clandestine Theft)은 포함되어 있지 않아[194] theft와 Pilferage에 의한 손해는 담보하지 않는다[195].

불착(Non-Delivery)은 확인할 수 없는 원인으로 포장단위의 화물이 전부 목적지에 도착하지 않는 것이다[196]. 이러한 불착(Non-Delivery)은 도난이나 해상운송인의 상업과실에 의해 자주 발생한다[197].

Theft, Pilferage and Non-delivery 손해는 ALL Risks, ICC(A)에서는 담보되지만, FPA, ICC(C)와 WA, ICC(B)에서는 도난・발하・불착(TPND)의 부가위험에 부보해야 보상받을 수 있다.

3. COOC

해상운송에서 발생되는 화물의 오염은 다른 화물과 혼합 적재되어 발생되는 경우가 많다. 오염은 얼룩뿐만 아니라 다른 화물이 담겨져 있는 포장케이스의 파열에 의해 악취가 화물에 스며드는 경우도 발생한다. 특히 Petroleum Coke는 다른 화물에 치명적인 얼룩을 남기고, 식료품의 잔유물은 다른 화물에 악취를 베이게 한다[198]. 이러한 해상운송중의 화물의 오염은 화물의 품질저하를 가져온다.

이처럼 해상운송중에 화물이 선박의 기름이나 타(他)화물과 접촉하여 발생한 오염손해는 해상보험의 기본조건으로는 담보가 되지 않고, 유류, 윤활유 및 타화물과의 접촉(Contact with Oil & or Other Cargo; COOC)의 부가위험에 부보해야 한다[199].

---

194) MIA Rcp Clause 9-10.

195) Taisho Marine & Fire Insurance Co., Ltd., *A Guide To Marine Cargo Insurance Claims*, Zao Insatsu Ltd., pp. 63-64.

196) R.J., *op. cit.*, pp. 143-144.

197) 錢昌源, 「貿易保險實務」, 日新社, 1991, pp. 186-188.

198) *Ibid.*, pp. 70-71.

199) R. H. Brown, *Dictionary of Marine Insurance*, Contamination, p. C47-48.

4. Denting & / or Bending

해상운송과정중에 화물이 우그러지는 손해를 Denting이라 하고, 구부러지는 손해를 Bending이라고 한다. 이러한 손해는 Denting & / or Bending의 부가위험 담보로 보상된다.

5. R.V

과거 선박이 목재로 건조될 때는 쥐가 나무를 갉아 먹어서 선박이 침몰하거나 화물에 손상이 발생하는 경우가 많아서 이를 보험자의 면책위험으로 규정하였다(구종순, 2009).

쥐 및 벌레에 의한 손해는 해상고유의 위험이 아니다. 이러한 손해는 해상보험의 기본조건으로는 담보되지 않고 쥐 및 벌레손 약관(Rats and/or Vermin; R.V.)에 부보해야 한다[200].

6. SH

해상운송중에 Sweat에 의해 화물에 습손(濕損)이 자주 발생하는 데 이는 선창내외의 기온차에 의해 선창의 천정 또는 내벽에 응결된 물방울이 떨어져 발생된 손해이다(이시환, 2010: 339). 또한 습손(濕損)은 선창에 화물을 지나치게 과밀하게 적재하거나, 선창내의 통풍이 잘되지 않아도 발생한다[201].

열손은 곡물이나 두류(豆類), 피혁 등이 내포하고 있는 습기가 항해도중 기온이나 통풍불량 등으로 발열하여 발생하는 손해이다[202]. 습손 또는 열손(熱損)은 All Risk 및 ICC(A)에서는 담보가 되지만, ICC(B), (C)조건에

200) R. J. Lambeth, *op. cit.*, pp. 166-167.
201) Christof Luddeke, *op. cit.*, pp. 53-47.
202) 金政秀, 「前揭書」, pp. 305-306.

서는 담보가 되지 않아 습손 또는 열손약관(Sweat & Heating; SH)의 부가위험담보약관에 추가적으로 부보해야 한다[203].

7. Rust Clause

금속화물은 해상운송중에 환기 및 통풍관리가 잘되지 않거나 습기로 인하여 녹손이 발생한다. 이러한 녹손은 Rust Clause의 부가위험 담보약관에 부보하면 담보받을 수 있다.

8. Breakage(B'kage)

통상의 누손은 장기간 항해중일 때뿐만 아니라 보관중에도 손해가 발생된다. 이에비해 판유리같이 파손되기 쉬운 화물들은 해상운송되지 않고 보관만 할 때는 파손이 잘 발생하지 않는다[204].

또한 누손이나 중량 및 용적부족손은 항해도중 동일화물에서 일정기간 비슷한 손해가 발생하는 것에 비해 파손은 항해중에 한 건도 발생하지 않을 수도 있고, 객관적인 원인없이 파손이 발생하기도 한다.[205]

이처럼 파손은 누손처럼 손해발생이 확정적이지 않다. 과거 런던보험업계에서는 통상의 파손은 통상의 누손처럼 시간이 경과하면 확정적으로 발생되는 것이 아니므로[206] 통상의 파손을 화물고유의 성질에 의한 손해로 보지 않았다.

유리제품이나 도자기 등 깨지기 쉬운 상품은 담보위험 이외의 위험으로 파손되는 손해를 보상받으려면 파손약관(Breakage; B'kage)에 부보해야 한다. 그런데 파손에는 화물의 성질 손해와 같은 필연적 손해도 포함되

---

203) R. H. Brown, *Dictionary of Marine Insurance,* Sweat Damage, pp. S57-58.
204) R. H. Brown, *Marine Insurance Book One,* pp. 11-13.
205) R. H. Brown, *Cargo Insurance Contract,* Section Seven-pp. 7-8.
206) 葛城照三, 「英文積荷保險證券論」, 早稻田大學出版部, 1981, pp. 19-21.

므로 보험자는 Excess 조항에 의해 협정된 면책비율을 초과하는 손해만을 보상한다[207].

9. Leakage/Shortage; L'kage/S'tage

하주인 피보험자가 화물에 발생된 통상적이지 않은 누손 및 부족손을 보상받기 위해서는 화물에 발생된 누손 및 부족손이 담보위험에 의해 발생된 것임을 입증해야 한다[208]. 그리고 통상적인 누손 및 부족손은 부가위험 담보약관인 Leakage/Shortage; L'kage/S'tage에 특약담보해야 보상받을 수 있다.[209] 이 약관에서 보험자는 Excess 조항에 의해 협정된 면책비율을 초과하여 발생된 누손 및 손해만을 보상한다(이시환, 2010: 339).

10. Spontaneous Combustion

석탄(Soft Coal), 화약, 어분, 양모, 대마(Wet Hemp), 성냥 등의 화물은 항해도중 외부의 어떠한 작용도 없이 화물의 고유한 성질에 의한 화물자체의 화학적 변화로 자연발화 손해가 발생할 수 있다.

이러한 자연발화 손해는 화물고유의 성질 및 하자에 의한 손해이므로 해상보험의 기본조건에서는 보상하지 않는다[210][211]. 피보험자가 자연발화 손해를 보상받으려면 부가위험 담보조건인 자연발화 약관(Spontaneous Combustion)에 추가적으로 부보해야 한다.

---

207) 이시환, 「전게서」, p. 339.
208) R. H. Brown, *Cargo Insurance Contract,* Section Seven-pp. 2-4.
209) R. H. Brown, *Dictionary of Marine Insurance,* Shortage, pp. S23-26.
210) Taisho, *op. cit.,* pp. 63-64.
211) 인도 캘커타에서 선적된 황마가 선적도중 악천후로 인해 선박의 통풍구를 닫아 두었는데 이로 인하여 선창의 온도가 상승하여 자연발화가 발생했으나, 화재로 인한 손해로 인정되지 않았다.(R. H. Brown, *Cargo Insurance Contract*, Section Seven-pp. 5-7.)

11. M.M

해상운송중 습도가 증가하면 화물의 성질상 연초, 곡물, 섬유 등은 화물의 고유한 성질로 인해 곰팡이가 발생되어 상품가치가 하락한다. 이러한 곰팡이 손해는 보통 협회적하약관에서는 담보되지 않는다. 그러나 해상운송중에 황천(Heavy Weather)으로 인해 선박에 해수가 유입되어 곰팡이 손해가 발생된 경우에는 외부의 원인에 의해 발생된 곰팡이 손해임으로 보험자가 보상한다.

이러한 외부적 작용에 의하지 않은 곰팡이 손해를 담보하기 위해서는 부가위험 담보조건인 곰팡이손 약관(Mould and Mildew; M.M)에 추가적으로 부보해야 한다[212].

12. RFWD

담수손해(淡水損害: Fresh Water Damage)는 염분이 섞여 있지 않는 물에 의한 화물손해를 의미한다. 이러한 담수손해는 All Risks조건, ICC(A), (B)조건에서는 보상되지만[213] FPA, WA조건 및 ICC(C)조건에서는 담보되지 않는다. FPA, WA조건 및 ICC(C)조건에서도 담수에 의한 화물손해를 담보하려면 우・담수손해(雨・淡水損: Rain and/or Fresh Water Damage; RFWD)에 부보해야 한다.

---

212) R. J. Lambeth, *op. cit.,* pp. 207-208.

213) Gaunt v. Britsh & Foreign Marine Insurance Co., Ltd; R. J. Lambeth, *op. cit.*, p. 168; 이 해상보험판례는 곤포(bales)에 포장된 모직물이 담수에 의해 손해가 발생된 경우로, 보험자는 이 손해는 항해개시 전에 시작된 우기로 인해 비가 올 때마다 발생된 것이므로 All Risks조건하에서 담보되지 않는다고 보험금 청구를 거부했다. 신약관에서도 수유손은 해수, 호수, 하천수에 한하여 보상하고, 빗물에 의한 손해는 보상하지 않는다. 따라서 ICC(A)조건에서도 빗물에의한 손해는 담보되지 않고, 빗물에 의한 손해를 담보하기 위해서는 雨・淡水損約款(Rain and/or Fresh Water Damage)을 특약 담보해야 한다.

부가위험담보조건	특성	주품목
Theft, Pilferage & Non-Delivery (TPND: 도난불착손)	· ICC(A),A/R 이외의 조건에서는 TPND를 추가해야 보상 가능 · Theft: 일반적 도난을 의미 - Pilferage: 좀도둑에 의해 화물의 일부가 분실되는 것 - Non-Delivery: 포장단위의 화물이 전부 목적지에 도착하지 않는 것	모든 화물
Rain and/or Fresh Water Damage (RFWD: 우담수손)	· 담수(淡水), 빗물에 의한 손해 · 단, IC(B)조건에서는 "본선, 강물의 침입으로 인한 손해" 담보가 가능하므로 추가할 필요 없음	모든 화물
Breakage (파손)	· 깨지는 화물의 경우 반드시 담보 여부를 밝혀야 함	유리, 이사화물
Sweating & Heating Damage (습손, 열손)	· 선창 내 습기의 응축(sweating), 곡물류가 내포하고 있는 습기가 통풍 불량으로 자체적인 발열(heating) 등으로 발생하는 손해	곡물류
Leakage Shortage (누손 및 부족손)	· 누손: 액체, 또는 기체화물이 용기에서 새어나간 손해 · 부족손: 중량 감소나 수량 부족의 개념 · 곡물 및 액체화물의 경우 통상적 감량이 많으므로 실무적으로는 excess 적용	유류, 곡물류
Jettison and Washing Over Board (JWOB: 투하 및 갑판유실)	· 투하 및 갑판 유실 담보 · 해상운송화물은 선창내 운송이 원칙이나 일부 품목에 대해 갑판적 화물을 허용, 이러한 경우 ICC(C), FPA+JWOB로 인수	갑판적재 화물
Denting/Bending (곡손)	· 운송중 충격으로 패이거나 구겨지는 손해	기계류, 금속류
Spontaneous combustion (자연발화)	· MIA상의 법정면책위험 · 우연성이 있을 경우 부가위험으로 담보	곡물류
Mould & Mildew (곰팡이 손해)	· 습도가 올라감에 따라 곰팡이로 인한 손해를 입을 경우를 대비하여 담보되는 부가위험	곡물류
Rust (녹에의한 손해)	· 해수, 담수에 의해 녹이 발생하는 손해	금속류
Hook and Hole (갈고리에 의한 손해)	· 하역작업중 갈고리를 사용함으로써 발생되는 손해	직물류

제15장 수출보험

1. 수출보험의 개념

수출보험은 수출을 확대하기 위하여 민영보험회사에서는 위험발생이 광범위하여 담보할 수 없는 위험을 무역정책적 차원에서 담보한다. 수출보험은 정부 출연금으로 조성된 수출보험기금으로 운영하는 국가보상제도이다.

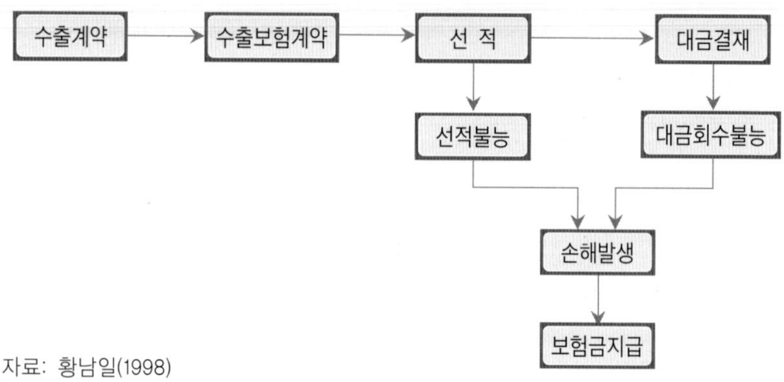

자료: 황남일(1998)

〈그림〉 수출보험계약의 흐름

2. 수출보험제도의 의의

수출보험제도는 수출진흥을 위한 비영리정책보험으로 수출보험의 수요자는 수출업자, 제조업자, 금융기관 등이다. 수출보험에서 담보하는 위험은 수출과 관련된 비상위험, 신용위험, 기업위험 등이다.

3. 수출보험의 담보위험

1) 비상위험

비상위험(Political Risk)은 무역계약의 당사자인 수출업자와 수입업자의 고의나 과실이 아닌 전쟁이나 수입국의 수입금지 등의 비상사태로 발생한 위험이다.

2) 신용위험

신용위험(Credit Risk)은 수입업자가 파산하거나 대금지급을 거부함으로 인하여 발생하는 위험이다. 신용위험은 수입업자가 부도나 파산 등으로 대금지급 불능상태가 되거나 정당한 사유없이 대금지급을 지연시키는 등의 수입업자의 신용불량으로 인해 발생된 위험이다.

3) 기업위험

기업위험(Business Risk)은 국내 기업이 수출을 촉진하기 위한 비즈니스 과정에서 판매나 광고의 예측이 틀려서 발생된 위험이다.

〈표〉 무역신용에 관한 위험의 분류

종 류	내 용
신용 위험	구입자 파산 지불지체 무역계약이행 불능
비상 위험	수입국정부에의한 대외부채의 지불연기 수입대금의 지출을 곤란하게 하는 국외의 정치적 사건 외환규제 전쟁이나 기타사건 수출국의 수출입허가의 규제 기타 정부의 조치

자료: 황남일(1998)

4. 수출보험의 특징

1) 동시다발적인 위험 발생

수출보험의 담보대상인 전쟁 등의 비상위험은 특정 수출업자의 수출에만 위험이 발생되는 것이 아니고, 전쟁이 발생한 해외지역에 수출하는 국내의 수 많은 수출업자에게 동시다발적으로 위험이 발생한다.

2) 대규모 위험 발생

전쟁위험과 같은 비상위험으로 인한 손해는 수 많은 수출업자에게 손해를 끼치고, 이로인해 수출보험을 통한 보험금 청구가 일시에 집중되어 대규모 보험금 지급 사태가 발생할 수 있다.

3) 국가에서 운영

수출보험은 이윤추구가 목적인 민영보험과 달리 수출진흥이라는 국가정책적인 목적이 있다. 따라서 담보위험의 개발이 이윤추구의 관점이 아닌 수출진흥의 관점에서 추진된다.

이러한 수출보험은 수출업자의 불안을 제거해주고, 수출진흥을 위한 신용수단을 공여하고, 해외시장과 수입업자에 대한 신용조사의 기능까지 해준다.

〈표〉 수출보험의 담보위험

담보위험	위험의 종류	
	비상위험	수출불능 대금회수불능
	신용위험	파산
	예측위험	가격변동
		판매부진

5. 수출보험의 종류

수출단계별 수출보험 서비스

수출단계	수출자 위험	수출보험 서비스
수출계약 상담단계	불안한 수입국 사정 및 수입자의 신용도 문제	국가별 정보제공 및 수입자 신용조사
	생산제품(부품・소재)에 대한 신뢰성 문제	신뢰성 보험
	국제입찰 참가시 입찰시점과 낙찰시점까지 또는 낙찰후의 대금회수 시점 환율변동으로 인한 환손실 위험	환변동보험(입찰방식)
	비상위험, 수입자 파산, 계약파기등으로 인한 수출불능 위험	중장기수출보험(선적전). 농수산물 수출보험(가격상승, 수출불능)
원자재조달 및 물품제조단계	수출계약 체결 후 수출물품 생산을 위한 원자재 조달자금 문제(국내 구매자금, 원자재수입을 위한 신용장 개설 등)	수출신용보증(선적전)
수출금융 이용단계	수출이행 및 수출경쟁력 강화를 위한 수출금융 이용문제	중장기수출보험(구매자신용). 해외사업금융보험, 수출보증보험, 외투자보험(자원개발). 이자율 변동보험
선적단계	수출 후 수입자로부터의 대금 미회수 위험	단기수출보험, 중장기수출보험(공급자신용). 농수산물수출보험(대금회수불능). 해외 투자보험(대금회수불능), 해외투자보험(주식, 사채, 보증채무, 부동산), 해외공사보험, 해외자원개발펀드보험, 지식서비스수출보험
	외상거래의 경우 수출 후 대금 회수기간 동안의 자금회전 문제	수출신용보증(선적후)
	대금 회수시까지 환율변동으로 인한 환손실 위험	환변동 보험(선물환방식)
채권추심	해외 미회수채권의 회수	채권추심대행 서비스

자료: keic(2009)

보험에세이

수출보험금 눈먼돈?

중소기업의 수출촉진을 위해 국민혈세로 운영되는 수출보험금이 '눈먼 돈'으로 전락하고 있다. 갖가지 사기수법을 동원한 일부 악덕기업들의 '공돈 빼먹기'의 문제점이 지적된 지가 어제 오늘이 아닌데도 올해에만 유사사건이 벌써 17건이나 발생하는 등 수출보험사기 사건이 급증하고 있는 것이다.

서울지검 외사부는 3일 외국 수출입업체와 짜고 불량 수출품을 선적한 뒤 공적자금인 수출보험금 5천만달러(약 6백억원)를 빼먹은 무역업자 등 22명을 적발했다고 밝혔다. 검찰은 이 중 전 수출보험공사 직원 김모씨(42) 등 10명을 사기 및 배임 혐의로 구속기소하고 5명을 불구속기소했다. 또 달아 난 이모씨(42) 형제 등 7명을 지명수배했다.

검찰에 따르면 이씨 형제는 2001년 5월 실제로 존재하지도 않는 필리핀 소재 회사와 허위 수출계약을 체결한 뒤 수출보험공사 부산지사로부터 수출신용보증 한도 50만달러 상당의 수출신용보증서를 발급받고 환어음 매각을 통해 50만달러를 가로챈 혐의다. 이들은 같은 수법으로 모두 47차례에 걸쳐 2천91만달러(약 2백48억원)를 받아 챙긴 것으로 드러났다.

수출보험공사 부산지사장 정모씨(51)와 과장 전모씨(35)는 이과정에서 수출계약이 제대로 성사됐는지도 확인하지 않은 채 신용보증서를 발급해준 혐의(배임)로 함께 기소됐다. 이들은 3개 업체에 33장의 수출신용보증서를 발급해 수출보험공사에 1백88억원의 손실을 끼친 것으로 드러났다.

특히 이번 단속에서는 또 수입업체와 짜고 허위 수출계약을 맺은 뒤 실제로는 상품가치가 전혀 없는 불량품이나 쓰레기를 잔뜩 선적한 뒤 보험금을 가로챈 섬유업체 ㄱ사 등 3개 수출사기단도 적발됐다.

이들 사기단은 국내 부실기업을 헐값에 인수한 뒤 속칭 '바지사장'을 내세워 보험금을 가로채는 수법을 사용한 것으로 파악됐다.

(동아일보, 2003.11.4.)

1) 단기수출보험(short term export insurance)

단기수출보험은 수출대금의 결제기간이 2년이내인 선적 전 수출거래의 수출불능 및 선적 후 대금회수 불능위험을 담보한다. 단기수출보험은 수출업자가 단기수출계약을 체결한 후 선적도 하기 전에 수출이 불가능하게 되거나, 상품을 수출한 후 수입업자로부터 수출대금을 받을 수 없게 되어 발생하는 손실을 보상하는 보험이다.

〈표〉 단기수출보험 선적후 수출신용보증 포페이트 보험

구 분	단기수출보험	선적후 수출신용보증	포페이팅 보험
보험계약자	수출자	은행	은행
부보대상 거래	L/C 및 Non-L/C	L/C 및 Non-L/C	Usance L/C
Usance L/C 담보위험	인수거절 위험 포함	인수거절 위험 포함	인수거절 위험 없음

자료: keic(2009)

〈표〉 단기수출보험 보험가액 · 보험금액

구 분	내 용
보 험 가 액	수출대금
부 보 율	■ 일반수출, 위탁가공무역 : 중소기업 100% / 대기업 95% ■ 중계무역 : 95% 이내 ■ 국별인수방침에 따라 달라질 수 있음.
보 험 금 액	보험가액 × 부보율
지급보험금	손실액 × 부보율

자료: keic(2009)

단기수출보험의 주요 담보위험

비 상 위 험	신 용 위 험
- 외국 또는 수입국에서 실시되는 환거래의 제한 또는 금지 - 외국 또는 수입국에서의 전쟁, 혁명, 내란 또는 천재지변으로 인한 수출불능 대한민국 밖에서 발생한 사유로 인한 수입국으로의 수출불능 - 정부간 합의에 따른 채무상한 연기협정 - 공공수입자의 계약파기 또는 다음 사유로 수출자가 수출계약을 해제한 경우 등 • 수출계약상대방의 터무니없는 수출계약 조건변경이나 1년 이상의 선적기일, 결재기일 지연 등	- 수출계약상대방의 파산 또는 이에 준하는 사유 - 수출계약상대방에 의한 수출물품의 인수거절 또는 인수 불능 - 수출계약상대방의 채무불이행 등

자료: 전창원(1996)

단기수출보험

구 분	내 용
일 반 수 출	국내에서 생산 · 가공 · 집하된 물품을 수출하는 거래
위탁가공무역	수출상이 국내에서 조달한 원부자재를 외국에 위탁 · 가공하여 물품을 수출하거나, 수출상의 현지법인이 생산 · 가공한 물품을 수출하는 거래
중 계 무 역	수출상이 수출 목적으로 물품을 수입한 후 이를 제3국에 수출하는 거래
재 판 매 거 래	수출상의 해외지사(현지법인 포함)에 물품을 수출하고 동해외지사가 현지 또는 제3국에 재판매하는 거래

자료: 전무부(1998)

2) 농수산물 수출보험(agro-fishery export insurance)

농수산물수출보험은 농수산물 수출계약을 체결한 후 선적도 하기 전에 수출이 불가능하게 되거나, 수출 후 수출대금을 받지 못하는 경우 또는 수출할 농수산물의 국내가격이 변동하여 농수산물 수출로 인해 발생할 손실을 보상해주는 수출보험이다.

이러한 농수산물수출보험은 많은 어려움을 겪고 있는 농촌에 수출농가를 육성하고, 농수산물의 수출 확대를 위해 운영하고 있다. 농수산물 수출보험은 농수산물의 선적 전(수출불능), 농수산물의 선적 후(대금회수불능), 농수산물 수출물품의 수출계약 이행시점에서 국내가격 인상으로 인한 손실을 보상해주는 보험이다.

(1) 선적 전 수출불능 위험

선적 전 수출불능위험은 수출업자가 수출계약을 체결한 후에 수입국의 수입금지 등[214]이 발생하거나, 수입업자의 파산 등이 발생하여 선적 준비가 이미 완료된 농수산물의 수출이 수입국으로 수출이 불가능하게 되어 농수산물 수출업자가 입는 손실을 보상하는 수출보험이다.

---

214) 수입국 정부에 의한 선적 전 수출불능위험은 수입국 정부가 국내 농수산물을 보호하기 위하여 수입검역기준을 강화하거나 통관을 거절하여 수출이 불능하게된 경우도 포함된다.

(2) 수출대금 회수 불능위험

수출대금 회수불능위험은 농수산물 수출업자가 수출을 한 후에 수입국의 환거래 제한이 발생하거나, 수입업자의 지급거절, 인수거절 등이 발생하여 수출대금을 회수할 수 없어 발생되는 손실을 보상해주는 수출보험이다.

(3) 가격상승 위험

가격상승 위험은 수출할 농수산물의 국내가격의 변동으로 인하여 농수산물 수출업자가 입게되는 손실을 보상해 주는 수출보험이다. 농수산물 수출은 대부분 농수산물 생산자와 수출자가 다른 경우가 많고 생산자와 수출자간의 농수산물 국내 공급계약이 수출계약보다 먼저 체결되는 것이 대부분이다.

그런데 만약 수출할 국내 농수산물의 국내가격이 상승하여 농수산물 생산 농어가가 공급가격의 인상을 요구하는 경우 농수산물 수출자는 수출계약을 포기하거나 당초 공급계약금을 초과하는 가격으로 농수산물을 공급받아 수출해야 한다.

농수산물 수출보험은 농수산물 가격상승의 위험을 담보하여 국내 농수산물 공급가격이 상승하더라도 농수산물 공급계약시 가격과 실제구입가격의 차액을 보전해주는 수출보험이다.

Check Point 농수산물 패키지 보험이란?

농수산물 패키지보험은 농수산물의 수출과 관련된 모든 위험을 담보해주는 수출보험이다. 즉, 농수산물 수출대금 미회수위험이나 농수산물의 국내가격의 상승에 따른 위험뿐만 아니라 농수산물 해외마케팅 비용과 클레임 비용까지도 담보해주는 수출보험이다.

Check Point 농수산물 수출보험과 단기수출보험의 차이점은?

농수산물 수출보험의 담보대상은 농산물, 수산물뿐만 아니라 축산물, 임산물 등의 식용이나 관상용 상품이다. 그런데 이러한 식용이나 관상용 상품은 일반적으로 격지간의 상품 이동중에 변하기 쉬운 특성을 갖고 있다.

이에 비해 단기수출보험의 주요 담보대상인 공산품은 무역운송도중 가변성이 거의 없다. 따라서 상품의 특성이 다른 농수산품과 공산품을 따로 분류하여 수출보험에서는 담보하고 있다.

3) 지식서비스 수출보험

지식서비스 수출보험(intellectual property service insurance)은 국내 수출업체가 문화컨텐츠, 정보통신, 엔지니어링, 기술 등의 지식서비스를 해외시장에 수출하였으나 지출비용과 확인대가(running royalty)를 받지 못함으로써 발생되는 손실을 보상해주는 수출보험이다.

4) 문화수출보험

문화수출보험(culture export insurance)은 금융기관 등의 투자자가 개별 영화제작과 관련하여 대출해 주거나 투자를 하였으나 대출금과 투자금을 받지 못하게 되어 발생하는 손실을 보상해주는 수출보험이다.

문화수출보험의 대상이 되는 영화는 극장 상영용 애니메이션 등을 포함한 극장 상영용 장편영화이다. 영화의 제작 예상기간은 3년 이내이고, 문화수출보험의 청약일 현재 영화수출계약이 체결되었거나, 수출이 기획된 드라마도 포함된다(권오, 2009: 419).

문화수출보험은 투자형, 대출형, 펀드형으로 분류된다. 투자형 문화수출보험은 수익분배권 취득을 조건으로 한 총제작비 투자자의 투자금 회수불능과 관련된 모든 위험을 담보한다.

대출형 문화수출보험은 영화제작사에 총제작비 자금을 대출한 금융기관이 차주(영화제작사)에게 신용위험(파산, 상환채무 불이행 등)이 발생하여 만기대출금을 받지 못했을 때 보상해 준다.

펀드형 문화수출보험은 수익분배권 취득을 조건으로 한 펀드출자자(조합원)의 영화펀드가 투자대상 영화로부터 투자원금을 회수하지 못해 발생한 손실을 보상하는 보험이다[215](박재순, 2009: 138).

5) 탄소종합보험

탄소종합보험(carbon insurance)은 교토의정서에서 정하고 있는 탄소배출권 획득을 위한 사업과 관련된 금융, 보증, 투자과정에서 발생된 손실을 보상해주는 수출보험이다.

탄소배출권 사업[216]은 국내기업이 친환경기술 등을 활용하여 감축한 온실가스 배출량만큼 탄소배출권을 확보하여 해외 탄소배출권 거래시장에서 매매할 수 있는 사업이다[217].

6) 원자재가격 변동보험

원자재가격 변동보험(raw material price floating insurance)은 수출기업이 수출용 원자재 구매에 따른 가격변동 위험을 최소화하여 구매가격을 안정화할 수 있도록 지원하는 수출보험이다. 원자재가격 변동보험에서 담보해주는 위험은 비상위험으로 인해 발생한 원자재가격의 변동이다. 원

215) 투자형 문화수출보험의 자기책임부담금은 개봉 전이면 50% 이내, 개봉 후면 30%이내이다. 펀드형 문화수출보험의 자기책임부담금은 30% 이내이고, 대출보증형 문화수출보험의 자기책임부담금은 대출원리금의 100%내에서 보상한다(권오, 2009: 419).

216) 탄소배출권사업은 UN 기후변화협약으로부터 탄소배출권 사업등록(registration)과 탄소배출권 발행(issuance)이 되어야 탄소배출권 획득과 매매가 가능하다(권오, 2009: 419).

217) 탄소종합보험에서 담보하는 위험은 자기자본 투입 또는 사업지분 투자 등을 하였으나 비상위험 등의 발생으로 투자금 미회수시 발생된 손실(투자원금, 배당금)위험, 금융기관이 사업 소요자금을 융자하였으나 비상위험, 신용위험 등의 발생으로 투자금 미회수시 발생된 손실(상환원리금)위험 등이 있다(박재순, 2009: 139).

자재가격 변동보험의 표시통화는 미화(USD)이다(권오, 2009: 420).

원자재가격 변동보험의 보험대상 품목은 국내 수입규모 및 유동성, 수출 관련산업 수요가 풍성한 비철금속(구리, 알루미늄, 니켈)에 대해 우선적으로 실시하고 있다(박재순, 2009: 131).

7) 수출보증보험(export bond insurance)

수출보증보험은 금융기관이 해외공사계약 또는 수출계약 등과 관련하여 수출보증서(bond)[218]를 발급하여 수출보증을 해주고 보증수익자(수입자 또는 발주자)로부터 보증채무 이행청구(Bond-Calling)를 받아 발생되는 손실을 보상해주는 보험이다. 이처럼 수출보증보험은 해외공사계약이나, 수출계약 등의 보증채무에 따른 금융기관의 위험부담을 경감한다.

이러한 수출보증보험은 금융기관의 수출보증서(bond) 발급에 따른 위험부담을 덜어주어 수출업자와 해외건설업자가 금융기관으로부터 보증서를 발급받는데 도움을 준다. 수출업자용 수출보증보험에서 보험계약자는 수출업자이고 피보험자는 보증서를 발급하는 국내외 금융기관이다.

Check Point 수출보험에서 취급하는 bond는?

수출보증보험에서 취급하는 수출보증서는 입찰보증, 계약이행보증, 선수금환급보증, 유급환급보증, 하자보수보증 등 5종류이다(권오, 2009: 405).

(1) 입찰보증(bid bond)

입찰보증은 입찰자가 낙찰된 후 실제 계약체결에 응하지 않거나 계약체결 후 일정기간 내에 계약이행보증서를 제출하지 않은 경우 발주자가

---

218) 수출보증서란 수출 또는 해외공사계약과 관련하여 수출자가 수입자에게 제출하도록 계약서에 명시된 보증서로서 일반적으로 수입자가 지정한(또는 인정할 수 있는) 금융기관으로부터 발급 받도록 되어있다(한국무역보험공사, 2010).

지급청구를 할 수 있는 보증서이다.

(2) 계약이행보증(performance bond)

계약이행보증은 산업설비수출계약이나 해외건설공사계약을 체결한 수출업자가 계약이행을 하지 않음으로써 발주자가 입게 되는 손해를 보상해 주는 보증서이다.

(3) 선수금환급보증(advance payment bond)

선수금환급보증은 수출업자가 선수금을 수령한 후 수출이행을 하지 않은 경우에 선수금에 대한 반환청구를 할 수 있는 보증서이다.

(4) 유보금환급보증(retention payment bond)

기성고방식[219]의 수출거래에 있어서 수입업자는 각 기성단계별 기성대금중 일부를 수출업자의 완공불능위험에 대비하기 위하여 유보하게 되는데 수출업자가 동 유보금에 해당하는 금액을 결제받기 위해서 제출하는 보증서이다.

(5) 하자보수보증(maintenance bond)

하자보수보증은 산업설비의 설치 또는 해외건설공사를 완료한 후 일정기간 완공설비나 건물 등에서 발생하는 하자발생에 따른 손실을 담보해주는 보증서이다.

8) 수출신용보증(export credit bank guarantee)

(1) 선적 전 수출신용보증

선적 전 수출신용보증은 수출자가 수출계약 체결 후 원자재 조달과

---

219) 기성고방식이란 계약상의 의무이행 기간 중에 공사의 진척도를 확인하고 공사가 이행된 정도에 따라 그 대가를 지급하는 방식이다.(권오, 2009: 405).

물품 생산에 소요되는 자금을 무역금융을 통해 외국환은행으로부터 조달하고자 할 때 무역보험공사가 수출신용보증서를 수출자에게 발급하여 수출신용보증서로 담보를 대신하여 대출을 받을 수 있게 하고, 수출자가 외국환은행에 대출금을 상환하지 않은 경우 무역보험공사가 외국환은행에 보상해주는 제도이다.

(2) 선적 후 수출신용보증

선적 후 수출신용보증은 수출자가 상품선적 후 외국환은행에 어음할인을 받으려고 할 때 무역보험공사가 수출보증서로 연대보증해주는 제도이다. 수출업자가 수출계약에 따라 상품을 선적한 후 선적서류와 화환어음을 외국환은행에 네고할 때 무역보험공사에서 발급한 수출보증서를 함께 제출하면, 어음만기일에 수입업자로부터 수출대금이 결제되지 않아도 외국환은행은 무역보험공사로부터 보상받을 수 있다.

Check Point 보증제도와 수출신용보증제도의 차이점

일반적인 보증제도는 담보의 구상권을 행사한다. 수출신용보증제도는 무역보험공사에 보증료를 내고 수출신용보증서를 발급받아 은행에 제출하면되고, 수출자의 귀책사유가 없는 한 무역보험공사가 수출자에게 수출대금 미수금에 대한 구상권을 행사하지 않는다.

9) 중장기수출보험

중장기수출보험(medium/long term export credit insurance)은 수출대금의 결제기간이 2년 이상인 자본재상품(선박, 플랜트 등)의 중장기 수출계약을 체결한 후 수출이 불가능하게 되거나, 수출대금을 받을 수 없게 되어 발생한 손실을 담보해 주는 수출보험이다.

10) 해외마케팅보험(foreign marketing insurance)

해외마케팅보험은 해외마케팅보험의 보험계약자인 수출자가 수출증진이나 해외시장개척을 위하여 해외광고, 해외전시회에 참가 등의 해외마케팅 비용을 지출하고 상품을 수출하였으나, 그 수출성과가 당초 예상에 미치지 못해 해외마케팅에 지출한 비용을 회수할 수 없는 손해를 보상하는 수출보험이다.

해외마케팅보험의 특징은 다른 수출보험이 상품의 수출거래를 담보대상으로 하는 것과 달리 시장개척활동을 담보대상으로 한다는 점이다.

해외마케팅보험의 담보대상은 해외광고 비용, 해외전시회 참가비용, 고유브랜드 또는 디자인의 개발비용 등의 해외마케팅 기획 및 실행비용이다(권오, 2009: 396).

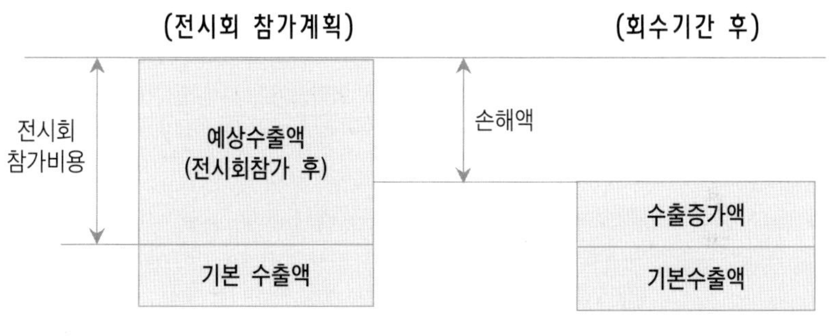

자료: 황남일(1998)

〈그림〉 시장개척보험의 담보위험

11) 해외사업금융보험

해외사업금융보험(foreign business financial insurance)은 국내외 금융기관이 수출 증가와 외화획득에 효과가 예견되는 해외사업에 소요되는 자금을 외국인에게 상환기관 2년 초과조건으로 공여한 후에 대출금을 상환받지못하여 발생되는 손실을 보상하는 수출보험이다.

〈표〉 중장기수출보험과 해외사업금융보험

구 분	중장기수출보험 (구매자신용)	해외사업금융보험
지원대상 금융계약	Tied Loan(특정 수출계약에 기초한 수출대금 금융계약)	Untied Loan(특정 수출계약과 관련되지 않은 금융계약)
지원가능 대출원금	수출금액에서 선수금을 뺀 잔액	해외사업에 소요되는 전체 차입금 중 공사가 정한 금액
부보율	100% 이내	100% 이내
OECD 협약 적용여부	적용	미적용

자료: keic(2009)

〈표〉 해외투자보험의 종류

세부종목	부보대상 해외투자
주식 등에 대한 투자	■ 대한민국 국민(법인포함)이 외국법인(외국에 본점을 또는 주사무소를 둔 법인)의 주식 또는 지분을 취득하는 것으로 현지법인의 설립, 기설립법인의 인수, 증자(일부지분참여 포함)에 의한 주식 또는 지분의 취득 등
대출금 등에 대한 투자	■ 대한민국 국민이 주식 또는 지분(주식 등)의 소유나 기타의 방법으로 그 경영을 실질적으로 지배하고 있는 외국법인의 사채 및 기타 이에 준하는 채권 또는 당해 외국법인에 대한 장기 대출금에 관한 채권(사채 등)을 취득하는 투자 ■ 대한민국 국민이 그 주식 등을 취득하려 하거나 소유하고 있는 외국법인의 주식 등을 취득하려는 외국인에게, 당해 주식 등의 취득에 필요한 자금을 장기 대출함으로써 그 대출금에 관한 채권을 취득하는 투자
보증채무에 대한 투자	■ 다음의 장기차입금에 대한 보증채무를 부담하는 것 - 대한민국 국민이 주식 또는 지분의 소유나 기타 방법으로 그 경영을 실질적으로 지배하고 있는 외국법인이 사업에 필요한 자금을 장기 차입하는 경우 - 대한민국 국민이 그 주식 등을 취득하려 하거나 소유하고 있는 외국법인의 주식 등을 취득하려는 외국인이 당해 주식 등의 취득에 필요한 자금을 장기 차입하는 경우
부동산에 대한 권리등에 대한 투자	■ 대한민국 국민이 국외에서 영위하는 사업에 사용되는 부동산 또는 설비에 관한 권리, 광업권, 공업소유권, 기타의 권리 또는 이들과 유사한 이익을 취득하는 것

자료: keic(2009)

12) 해외자원개발펀드보험

해외자원개발펀드보험(overseas exploitation of resources fund insurance)은 해외자원개발펀드[220]를 해외자원개발사업에 투자하였으나, 투자한 국가에 전쟁, 수용, 송금제한 등과 같은 비상위험이 발생하거나, 투자상대방이 파산하거나, 해당자원의 가격이 변동하는 사업위험을 포함한 신용위험으로 손실이 발생하는 경우 손실액의 일부를 보상하는 수출보험상품이다

우리나라처럼 에너지원을 대부분 해외에 의존하고 있는 경우에 에너지 및 자원의 안정적인 공급원의 확보가 절실하다. 이를 위해 해외자원개발의 펀드조성이 필요하다. 그러나 해외자원개발 사업은 미래의 수익이 불확실한 장기적이고 대규모 사업으로 펀드조성이 쉽지 않다.

해외자원개발펀드보험은 이처럼 불안정한 해외자원개발에 안정성을 부여하여 해외자원개발 펀드에 민간자금의 유입을 촉진하고 이를 통해 투자자들이 자원보유국에서 해외자원개발을 적극적으로 수행할 수 있도록 지원하는 수출보험상품이다.

13) 해외공사보험

해외공사보험(overseas constructional works insurance)은 해외건설공사 또는 해외건설용역의 계약을 맺은 후 발주국 또는 지급국에서 전쟁 등의 비상위험이 발생하거나 해외공사 발주자의 파산 등의 신용위험으로 인하여 해외공사 대금을 받을 수 없게 되거나 해외건설공사 자체를 할 수 없게 되어 발생하는 손실을 담보해주는 수출보험이다. 담보대상은 건설 및 기술용역 회수불능, 공사대가의 회수불능 건설장비에 대한 권리손해 등이다(권오, 2009: 409).

---

220) 해외자원개발펀드는 다수의 투자자로부터 자금을 모아 해외자원개발 사업에 투자하여 그 수익을 펀드 투자자에게 배분하는 것을 목적으로 하는 펀드이다(한국무역보험공사, 2010).

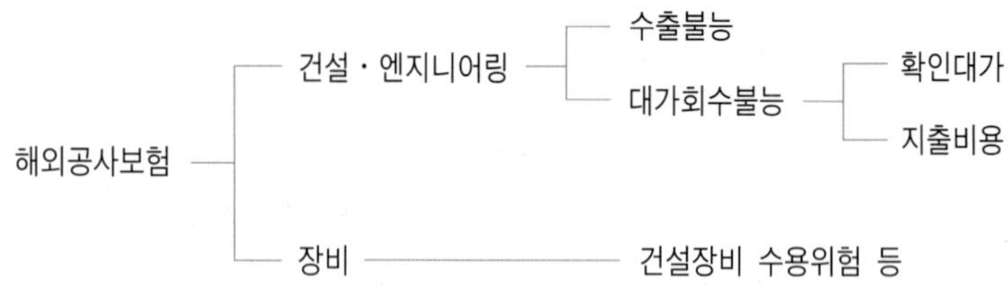

자료: 황남일(1998)

〈그림〉 해외공사보험의 담보

해외공사의 비상위험

해외공사보험(건설 · 엔지니어링)	해외공사보험(장비)
1. 외국에서 실시되는 환거래의 제한 또는 금지	1. 외국의 정부, 지방정부 또는 이에 준하는 공공단체가 장비에 관한 권리 등을 박탈한 경우
2. 발주국에서의 전쟁, 혁명, 내란으로 인한 환거래의 불능 및 공사계약의 이행불능	2. 전쟁, 혁명, 내란, 폭동 또는 소요로 인하여 장비에 관한 권리 등에 손해를 입어 당해 장비에 관한 권리 등을 사업용으로 사용할 수 없게 된 경우
3. 발주국에서 실시되는 수입의 제한 · 금지 및 국내 법령에 의한 공사계약의 제한 · 금지	3. 장비에 관한 권리 등의 상실로 취득한 금액을 아래 각 항목의 1에 해당하는 사유의 발생으로 2개월 이상 국내로 송금할 수 없게 된 경우 가. 외국에서 실시되는 환거래의 제한 또는 금지 나. 외국에서의 전쟁, 혁명, 내란 기타 이에 준하는 사유로 인한 환거래의 불능 다. 외국정부 등에 의한 당해 권리 등 상실 취득금의 원리 라. 당해 권리 등 상실 취득금의 송금허가의 취소 또는 외국정부 등이 허가할 것을 미리 약정하고 있었던 경우에 그 허가의 거부 마. "가" 내지 "라"의 1에 해당하는 사유의 발생 후에 외국정부 등에 의한 당해권리 등 상실 취득금의 몰수
4. 정부간 합의에 따른 채무상환 연기협정 또는 지급국으로부터의 외화송금지연	
5. 해외공사계약상대방이 외국의 정부, 지방정부, 공공단체인 경우, 공사계약의 일방적 파기	
6. 기타 국외에서 발생한 사유로 해외공사계약 당사자에 책임이 없는 경우	

자료: 전창원(1996)

14) 환변동보험

환변동보험(exchange floating insurance)은 수출거래를 할 때 환율변동으로 수출업자가 입게 되는 손실을 보상하고, 환율변동으로 이익이 발생한 경우에는 그 금액을 환수하는 제도로서 입찰방식 상품과 비입찰방식 상품으로 구분된다(박재순, 2009: 131).

입찰방식 환변동보험은 선박, 차량, 플랜트 등 자본재를 수출할 때 입찰시점과 실제 대금결제 시점 사이의 환율변동에 따른 손실을 보전하여 주는 수출보험이다. 환병동보험에서 부보대상 통화는 미화(USD), 일화(JPY), 유로화(EUR)이다(권오, 2009: 396).

〈표〉 선물환방식 보험상품 내용

<table>
<tr><th colspan="2">구 분</th><th>내 용</th><th>특 징</th></tr>
<tr><td colspan="2">일반선물환
(Forward)</td><td>■ 환율하락시 보험금 지급
■ 환율상승시 환수금 납부</td><td>■ 환율하락시 보장탁월 하나, 환율상승시 부담이 큼</td></tr>
<tr><td rowspan="5">옵션방식</td><td>범위선물환
(Range Forward)</td><td>■ 일반선물환과 동일하나 일정구간 보험/환수금 면제</td><td>■ 보장이 일부 제한된 만큼 환율상승시 환수부담 감소</td></tr>
<tr><td>광범위선물환
(Seagull)</td><td>■ 범위선물에 비해 환수 기준환율이 높은 반면, 보험금 지급한도(달러당 20원) 있음</td><td>■ 보장제한이 큰 반면, 환수금 부담 역시 대폭 감소</td></tr>
<tr><td>참여선물환
(Participation Forward)</td><td>■ 보장은 그대로, 환수금 납부 부담은 1/2로 축소</td><td>■ 보장 탁월하고 환수부담 적으나 추가 보험료 있음</td></tr>
<tr><td>완전보장형
(Put Option)</td><td>■ 환율하락시 보험금지급 하나, 환율상승시 환수금 납부 없음</td><td>■ 보장 탁월하고, 환수부담도 없으나, 추가보험료 있음</td></tr>
<tr><td>부분보장형
(Spread Option)</td><td>■ 환율하락시 보험금 지급하나, 보험금 지급한도(달러당 20~30원) 있음</td><td>■ 환수부담 없으나, 보장이 제한되는 만큼 완전보장형에 비해 보험료 저렴</td></tr>
</table>

자료: keic(2009)

15) 이자율변동보험

이자율변동보험(interest rate floating insurance)은 외국환은행이 상환기간 2년 이상의 수출금융을 고정금리로 대출하고, 외국환은행이 대출에 필요한 자금은 금융시장에서 변동금리로 차입하는 경우 외국환은행의 고정금리인 대출금리와 변동금리인 차입금리 사이의 격차를 무역보험공사가 보전해줌으로서 외국환은행의 이자율 변동위험을 담보하여 주는 수출보험이다.

이러한 이자율변동보험을 통해 외국환은행은 수출기업에게 중장기 수출금융을 안정적으로 대출해줄 수 있다(권오, 2009: 396).

이자율변동보험은 중장기 수출금융을 고정금리로 제공한 금융기관이 이자율변동에 따른 위험을 무역보험공사에 헤지(hedge)하는 것으로서 고정금리와 변동금리를 교환하는 일종의 스왑(swap)거래이다(박재순, 2009: 131).

16) 부품 · 소재신뢰성보험

부품 · 소재신뢰성[221)]보험(confidence insurance)은 국내전문 부품소재 기업이 생산한 부품, 소재와 같은 제조물의 결함으로 인한 인적, 물적 피해를 담보하여 중소기업 제조물의 신뢰성을 보장해주는 제도이다.

부품 · 소재신뢰성보험은 해외의존도가 높은 국내 부품소재산업의 경쟁력을 높이기 위해 도입된 수출보험으로 부품소재 전문기업이 생산한 제조물이 제3자에게 양도된 이후에 그 부품, 소재의 제조물에 결함이 발생하여 해당 부품소재기업이 법률상 배상책임이 발생하는 경우 담보해주는 수출보험이다.

Check Point 제조물책임보험과 부품 · 소재신뢰성보험의 차이점?

우리나라 손해보험회사에서 운영하고 있는 제조물 책임보험은 배상책

221) 신뢰성은 부품소재의 품질, 성능 등이 일정한 조건하에서 일정한 기간에 요구되는 수준을 갖추고 있는 것을 말한다(한국무역보험공사, 2010).

임만 담보하여 주는데 부품·소재신뢰성보험은 제조물의 결함으로 인해 법률상 배상해야 할 손해중 수리비용 또는 대체가격을 보상해주는 제조물 보증책임(product guarantee)이 있고, 제조물의 회수비용을 보상하는 제조물 회수비용(poduct recall) 책임이 있다. 또한 선택담보로서 제조물로 인해 제3자의 신체상해 또는 재물손해가 발생한 경우 법률상 손해배상금액을 담보하는 제조물 배상책임(product liability)과 제조물의 결함으로 인해 제3자에게 기업휴지손해가 발생한 경우 그 상실이익을 보상해주는 기업휴지위험(Business Interruption) 배상책임이 있다(박재순, 2009: 131).

〈표〉 우리나라 수출보험

구 분		내 용
단기성보험	단기수출보험	수출대금의 결제기간이 2년 이내인 수출계약을 체결한 후 수출이 불가능하게 되거나 수출대금을 받을 수 없는 경우의 손실을 보상
	농수산물수출보험	농수산물수출계약 후 수출이 불가능하게 되거나, 수출대금을 받지 못할 경우 또는 국내 가격 변동으로 수출이행시 입게 되는 손실을 보상
	문화수출보험	수출이 계획된 문화상품(영화, 드라마, 게임, 공연 등)의 제작과 관련한 투자 또는 융자에 대한 손실이나 수출(또는 매출)실적 부진에 따른 손실 보상
	해외마케팅보험	기업이 해외시장 개척 활동을 위하여 필요한 비용을 지출하였으나 이에 상응하는 수출 증가 등의 효과를 얻지 못함으로써 입게 되는 손실을 보상
	부품·소재 신뢰성보험	국산 부품·소재를 사용하는 기업에게 제품의 신뢰성과 관련된 재산적 피해를 담보
중장기성보험	중장기수출보험	결제기간이 2년을 초과하는 수출계약을 체결한 후 수출이 불가능하게 되거나 수출대금을 받을 수 없는 경우에 입게 되는 손실을 보상
	수출보증보험	금융기관이 해외공사계약 또는 수출계약과 관련하여 수입자에게 보증서(Bond)를 발급한 후, 보증채무 이행시에 발생하는 손실을 보상
	해외공사보험	해외건설공사 등의 기성고방식 또는 연불수출방식 수출에서 수출대금의 미회수 또는 투입장비의 권리상실 등으로 입게되는 손실을 보상
	해외투자보험	주식취득 등 해외투자 후 원리금, 배당금 등을 회수할 수 없게 될 경우 이를 보상

구 분		내 용
중장기성보험	해외사업금융보험	국내외 금융기관이 수출증진, 외화획득 효과가 있을 것으로 예상되는 해외사업에 자금을 대출하고, 회수하지 못하는 경우의 손실을 보상
	서비스 종합보험	국내 서비스사업자가 서비스를 의뢰한 해외수입자에게 서비스를 제공하고 수입국 또는 수입자 책임으로 서비스대금을 받기 못하는 경우의 손실을 보상
	이자율변동보험	금융기관의 조달금리(변동금리)와 수출자금 제공금리(고정금리)간 차이로 인해 발생하는 손실을 보상 (이익은 환수)
	수출기반보험	금융기관이 국적외항선사 또는 국적외항선사의 해외현지법인(SPC포함) 에게 상환기간 2년 초과의 선박 구매자금을 대출하고 대출원리금을 회수할 수 없게 된 경우에 발생하는 손실을 보상
환변동보험등	환변동보험	수출업체에 일정환율을 보장해 준 후 수출대금 입금 또는 결제시점 환율과 비교하여 환차손 발생시 보상하고 환차익 발생시 환수
	원자재가격 변동보험	수출기업이 원자재가격변동위험으로 입게 되는 손실을 보상하고 이익을 환수
기타보험	탄소종합보험	교토의정서에서 정하고 있는 탄소배출권 획득사업을 위한 투자, 금융, 보증 과정에서 발생할 수 있는 손실을 종합적으로 담보하는 보험
	녹색산업종합보험	지원가능한 특약항목을「녹색산업종합보험」형태로 제정하고, 녹색산업에 해당되는 경우 기존이용 보험약관에 수출기업이 선택한 특약을 추가하여 우대하는 제도
	해외자원개발 펀드보험	해외자원개발사업에 투자하여 발생할수 있는 손실을 보상하는 보험(수출보험기금과 별도로 투자위험보증계정 운영)
수출신용보증	선적전보증 선적후보증	수출입자가 수출입계약과 관련하여 금융기관 등으로부터 대출을 받거나 환어음 매각에 따른 금융기관앞 수출금융채무를 공사가 연대보증

자료: keic(2009)

참고문헌

강영문, 「무역과 매너의 만남」, 우용출판사, 2010.

강남호, 「해상법의 법률지식」, 청림출판사, 1996.

구종순, 「해상보험」, 박영사 2010.

권　오, 「국제무역보험」, 두남, 2009.

김병기, "함부르크 규칙과 국제화물복합운송조약이 해상보험에 미치는 영향", 「보험학회지」, 한국보험학회, 1989. 10.

김성욱, 「해상보험」, 박영사, 1992.

김정수, 「해상보험론」, 박영사, 2004.

김주동, 「신해상보험론」, 법문사, 1987.

박명섭, 「해상보험」, 우용출판사, 2008.

박용섭, 「해상법」, 명신문화사, 1991.

심재두, 「영국해상보험법」, 길안사, 1995.

사법연수원, 「보험법연구」, 2009.

삼성화재해상보험, 「해상보험약관집」, 2010.

오원석, 「해상보험론」, 삼영사, 1992.

이시환, "적하보험자의 면책위험", 「보험학회지」, 한국보험학회, 1988. 3.

______, 「무역보험론」, 대왕사, 2010.

이시환, 「2009년 해상적하보험약관론」, 두남, 2010.

이균성, 「국제해상운송법연구」, 삼영사, 1984.

오시학, 「해상보험론」, 두남, 2008.

이재복, "2009년 협회적하약관의 도입과 ICC 1982와의 비교분석, 「보험학회지」, 한국보험학회, 2009.

전창원, 「무역보험실무」, 일신사, 1991
______, 「무역실무」, 무역연구원, 2008.
정영석, 「해상운송인 면책론」, 명신문화사, 1995.
정재환, 「무역실무와 리스크관리」, 두남, 2006.
조동오 · 곽봉환, "화물유통의 위험과 보험관리에 관한 연구", 해운산업연구원, 1991.
최기원, 「상법학신론(하)」, 박영사, 2008.
한낙현, "2009 협회적하약관 주요 개정내용 및 영향고찰", 「손해보험」, 한국손해보험협회, 2009.
한동호, "신협회적하약관(A)조건 제1조 위험조항에 관한 약간의 연구", 「보험학회지」, 한국보험학회, 1985. 3.
한동호, "신협회적하약관에 있어서의 부담위험과 면책위험", 대한상사중재원, 1984.

藤代和雄, 「貿易運送の實務」〈船荷證券の說明〉, 同文舘, 1985.
龜井利明, 「海上保險證券免責條件論」, 成山堂, 1961.
______, 「英國海上保險約款論」, 關西大學出版部, 1968.
______, 「海上保險概論」, 成山堂書店, 1992.
______, 「海上保險論」, 法律文化社, 1971.
______, 「海上保險總論」, 成山堂, 1977.
加藤 修, 「最新國際貨物海上保險實務」, 成山堂書店, 1984.
______, 「貿易保險の實務」, 同文舘, 1984.
______, 「貿易貨物海上保險」, 成山堂書店, 1995.
加藤由作, 「海上保險新講」, 春秋社, 1965.
加藤正治, 「海法研究」 第二卷, 有斐閣書房, 1916.
岡庭 博, 「海運の經營」, 海文堂, 1963.
今村有, 「海上保險約款法論」 上卷, 1978.
______, 「海上保險約款法論」 中卷, 1979.

新堀 聰,「貿易賣買」, 同文舘, 1988.

葛城照三,「イギリス 船舶保險契約論」, 海文堂, 1962.

葛城照三,「英文積荷保險證券論」, 早稻田大學出版部, 1981.

________,「海上保險講義要綱」, 早稻田大學出版部, 1978.

松島 惠,「貨物海上保險概說」, 成文堂, 1991.

________, "新協會貨物約款みにをける擔保危險と免責危險", 損害保險研究, 46卷, 1號, 1984.

木村榮一,「海上保險」, 千倉書房, 1984.

三輪清一郎,「運送及 運送契約論」, 有斐閣書房, 1921.

山戸嘉一,「國際海上物品運送法」, 海文堂, 1958.

横尾登米雄, 松田和也,「貨物海上保險」, 損害保險事業總合研究所, 1994.

宮本三夫・郷原資亮,「國際運送と 新しい 企業責任」, 成山堂書店, 1994.

西島彌太郎,「船荷證券論」, 嚴松堂書店, 1954.

石井照久,「運送人の責任」- 國際海上物品運送法を中心として 東京, 勁草書房, 1960.

林 忠昭,「貨物海上保險」, 有斐閣, 1993.

小町谷條三,「統一船荷證券法論」, 勁草書房, 1958.

大岐正瑠,「船荷證券の研究」 白桃書房, 1989.

田中誠二,「船荷證券免責條款論」, 有斐閣, 1939.

________,「海上法詳論」, 東京, 勁草書房, 1970.

林田 桂,「海上保險の研究」- 海運關係者のための保險, 海文堂, 1974.

安田火災海上保險株式會社,「やさしい 貨物保險」, 1994.

コンテナ保險,「最近コンテナチリゼシヨソ總覽」, 成山堂, 1978.

宮武和雄,「Lloyd's S.G. Policy との 快別」, 東京海損精算事務所, 1981.

龜井利明,「危險管理とりスクマネジメソト」, 同文館, 2001.

木村瑩一,「海上保險」, 千倉書房, 1978.

貿易實務講座刊行會,「貿易と保險」, 有斐閣, 1966.

武井勳稿,「リスク・マネジメントの諸定義とその問題點」,『リスクと管理』, 第8號, 日本リスク・マネジメント學會, 1982.

Alexander, Eric V. C., The Principles of Marine insurance, 7th ed., Stone & Cox Limited, 1986.

Buglass, Lesle J., Marine Insurance and General Average in the United states, Cornell Maritime Press, Inc, 1973.

Brodie Peter, Dictionary of Shipping Terms, 2th ed., Lloyd's of London Press Ltd., 1987.

Brodie Peter, Illustrated Dictionary of Cargo Handling, Lloyd's of London Press Ltd., 1986.

Brown, R. H., Analysis of Marine Insurance Clauses - Book One the Institute Cargo Clauses, Witherby & Co., Ltd., 1982.

____________, Analysis of Marine Insurance Clauses- Book Two the Institute Time clauses-Hulls, Witherby & Co., Ltd., 1983.

____________, Analysis of Marine Insurance Volume 2 Cargo Practice, 4th ed., Witherby & Co., Ltd., 1985.

____________, The Cargo Insurance Contract and the institute cargo Clauses, Training Notes for Brokers, Witherby & Co., Ltd., 1985.

____________, Dictionary of Marine Insurance Terms and Clauses, Witherby & Co., Ltd., 1989.

Colinvaux, Raoul, Carver's Carriage by Sea, 13th ed., Steven & Stons, 1982.

Dover, Victer, A Handbook To Marine Insurance, Witherby & Co., Ltd., 1982.

Crane, Frederick G., Insurance Principle and Practice, John Wiley and Sons, 1984.

Dorfman. M.S., Introduction to Riskmanagement and Insurance, Prentice Hall, 1998.

Day, D. M., The Law of International Trade, Butterworths, 1981.

D.O' May and J. Hill, Marine Insurance : Law and Policy, Sweet & Maxwell Ltd: London, 1993.

Goodacre, J. Kenneth., Marine Insurance Claims, Witherby & Co. Ltd., 1981.

Hudson, N. G. Allen, J. C., Marine Claims Handbook, Lloyd's of London Press Ltd., 1984.

Ivamy, E. R., Case Book on Shipping Law, Lloyd's of London Press Ltd., 1987.

Head, G. L.,The Risk Management Process, N.Y, 1978.

Hodges, S., Law of Marine Insurance, Cavendish Publishing Ltd., 1996.

Lambeth, R. J., Templeman on Marine Insurance, 6th ed., Pitman, 1986.

Lloyd's of London Press, Lloyd's Survey Hand Book, 1961, 1985, 1977.

Lloyd's A Sketch History, London, 1982.

Mankabady, S., Interpretation of The Hague Rules, Lloyd's Maritime and Commercial Law, Quarterly, 1974. August.

Mocatta, A. A., Mustill, M. J., & Boyd, S. C., Scrutton on Charterparties and Bills of Lading, 8th ed., Sweet & Maxwell Ltd., 1974.

Mphil, Michael Ford, Marine Insurance Fraud in international Trade, Witherby & Co., Ltd., 1993.

Marshall L.C., Business Admistration, Chicago, 1921.

Naidu, M. V. A., The Hamburug Convention on the Carriage of Goods by Sea: its impact on international Maritime Trade, Workpaper presented for Berlin Conference of the World Peace through Law Center, July, 1985.

N.G. Hudson, The Institute Clauses 2nd ed., Lloyd's of London Press Ltd, 1995.

Rodda, William H., Marine Insurance: Ocean and Inland, 3th ed., Prentice Hall, 1970.

Richardson, J., A Guide to The Hague and Hague Visy Rules, 3th ed., Lloyd's of London Press Ltd., 1984.

Spruyt John, Ship Management, Lloyd's of London Press Ltd., 1987.

Taisho Marine Insurance and Fire Insurance Co., Ltd., A Guide to the Marine Insurance Claims, 1981.

Sharpe, W., "The Institute Cargo Clauses 1982 and 2009-A Comparison", CBMU Annual General Meeting 2008.

Tetley, William, Maritime Lines and Claims, Business Law Communications Ltd., 1985.

______________, Marine Cargo Claims, International Shipping Publications, 1988.

Taylor Charles, institute cargo 2009-A comparison of the 1982 and 2009 clauses with additional commentary (http://www.rhlg.com/pdfs/cargoclauses09.pdf).

http://www.waltonsandmorse.com/Bulletin2.jsp?BulletinID=57(2009.5.29)

http://www.vmt.comau/dirn/nationalmarine/NewsJune2009NewcargoClause2009.pdf).

부 록

상 법
보험편

제4편 보험

제1장 통칙

제638조(의의) 보험계약은 당사자 일방이 약정한 보험료를 지급하고 상대방이 재산 또는 생명이나 신체에 관하여 불확정한 사고가 생길 경우에 일정한 보험금액 기타의 급여를 지급할 것을 약정함으로써 효력이 생긴다.

제638조의2(보험계약의 성립) ① 보험자가 보험계약자로부터 보험계약의 청약과 함께 보험료 상당액의 전부 또는 일부의 지급을 받은 때에는 다른 약정이 없으면 30일내에 그 상대방에 대하여 낙부의 통지를 발송하여야 한다. 그러나 인보험계약의 피보험자가 신체검사를 받아야 하는 경우에는 그 기간은 신체검사를 받은 날부터 기산한다.

② 보험자가 제1항의 규정에 의한 기간내에 낙부의 통지를 해태한 때에는 승낙한 것으로 본다.

③ 보험자가 보험계약자로부터 보험계약의 청약과 함께 보험료 상당액의 전부 또는 일부를 받은 경우에 그 청약을 승낙하기 전에 보험계약에서 정한 보험사고가 생긴 때에는 그 청약을 거절할 사유가 없는 한 보험자는 보험계약상의 책임을 진다. 그러나 인보험계약의 피보험자가 신체검사를 받아야 하는 경우에 그 검사를 받지 아니한 때에는 그러하지 아니하다.

[본조신설 1991.12.31.]

제638조의3(보험약관의 교부·명시의무) ① 보험자는 보험계약을 체결할 때에 보험계약자에게 보험약관을 교부하고 그 약관의 중요한 내용을 알려주어야 한다.

② 보험자가 제1항의 규정에 위반한 때에는 보험계약자는 보험계약이 성립한 날부터 1월내에 그 계약을 취소할 수 있다.

[본조신설 1991.12.31.]

제639조(타인을 위한 보험) ① 보험계약자는 위임을 받거나 위임을 받지 아니하고 특정 또는 불특정의 타인을 위하여 보험계약을 체결할 수 있다. 그러나 손해

보험계약의 경우에 그 타인의 위임이 없는 때에는 보험계약자는 이를 보험자에게 고지하여야 하고, 그 고지가 없는 때에는 타인이 그 보험계약이 체결된 사실을 알지 못하였다는 사유로 보험자에게 대항하지 못한다. 〈개정 1991.12.31.〉

② 제1항의 경우에는 그 타인은 당연히 그 계약의 이익을 받는다. 그러나, 손해보험계약의 경우에 보험계약자가 그 타인에게 보험사고의 발생으로 생긴 손해의 배상을 한 때에는 보험계약자는 그 타인의 권리를 해하지 아니하는 범위안에서 보험자에게 보험금액의 지급을 청구할 수 있다. 〈신설 1991.12.31.〉

③ 제1항의 경우에는 보험계약자는 보험자에 대하여 보험료를 지급할 의무가 있다. 그러나 보험계약자가 파산선고를 받거나 보험료의 지급을 지체한 때에는 그 타인이 그 권리를 포기하지 아니하는 한 그 타인도 보험료를 지급할 의무가 있다. 〈개정 1991.12.31.〉

제640조(보험증권의 교부) ① 보험자는 보험계약이 성립한 때에는 지체없이 보험증권을 작성하여 보험계약자에게 교부하여야 한다. 그러나 보험계약자가 보험료의 전부 또는 최초의 보험료를 지급하지 아니한 때에는 그러하지 아니하다. 〈개정 1991.12.31.〉

② 기존의 보험계약을 연장하거나 변경한 경우에는 보험자는 그 보험증권에 그 사실을 기재함으로써 보험증권의 교부에 갈음할 수 있다. 〈신설 1991.12.31.〉

제641조(증권에 관한 이의약관의 효력) 보험계약의 당사자는 보험증권의 교부가 있은 날로부터 일정한 기간내에 한하여 그 증권내용의 정부에 관한 이의를 할 수 있음을 약정할 수 있다. 이 기간은 1월을 내리지 못한다.

제642조(증권의 재교부청구) 보험증권을 멸실 또는 현저하게 훼손한 때에는 보험계약자는 보험자에 대하여 증권의 재교부를 청구할 수 있다. 그 증권작성의 비용은 보험계약자의 부담으로 한다.

제643조(소급보험) 보험계약은 그 계약전의 어느 시기를 보험기간의 시기로 할 수 있다.

제644조(보험사고의 객관적 확정의 효과) 보험계약당시에 보험사고가 이미 발생하였거나 또는 발생할 수 없는 것 인때에는 그 계약은 무효로 한다. 그러나 당사자 쌍방과 피보험자가 이를 알지 못한 때에는 그러하지 아니하다.

제645조 삭제 〈1991.12.31.〉

제646조(대리인이 안것의 효과) 대리인에 의하여 보험계약을 체결한 경우에 대리인이 안 사유는 그 본인이 안 것과 동일한 것으로 한다.

제647조(특별위험의 소멸로 인한 보험료의 감액청구) 보험계약의 당사자가 특별한 위험을 예기하여 보험료의 액을 정한 경우에 보험기간중 그 예기한 위험이 소멸한 때에는 보험계약자는 그 후의 보험료의 감액을 청구할 수 있다.

제648조(보험계약의 무효로 인한 보험료반환청구) 보험계약의 전부 또는 일부가 무효인 경우에 보험계약자와 피보험자가 선의이며 중대한 과실이 없는 때에는 보험자에 대하여 보험료의 전부 또는 일부의 반환을 청구할 수 있다. 보험계약자와 보험수익자가 선의이며 중대한 과실이 없는 때에도 같다.

제649조(사고발생전의 임의해지) ① 보험사고가 발생하기 전에는 보험계약자는 언제든지 계약의 전부 또는 일부를 해지할 수 있다. 그러나 제639조의 보험계약의 경우에는 보험계약자는 그 타인의 동의를 얻지 아니하거나 보험증권을 소지하지 아니하면 그 계약을 해지하지 못한다. 〈개정 1991. 12.31.〉

② 보험사고의 발생으로 보험자가 보험금액을 지급한 때에도 보험금액이 감액되지 아니하는 보험의 경우에는 보험계약자는 그 사고발생후에도 보험계약을 해지할 수 있다. 〈신설 1991.12.31.〉

③ 제1항의 경우에는 보험계약자는 당사자간에 다른 약정이 없으면 미경과보험료의 반환을 청구할 수 있다. 〈개정 1991.12.31.〉

제650조(보험료의 지급과 지체의 효과) ① 보험계약자는 계약체결후 지체없이 보험료의 전부 또는 제1회 보험료를 지급하여야 하며, 보험계약자가 이를 지급하지 아니하는 경우에는 다른 약정이 없는 한 계약성립후 2월이 경과하면 그 계약은 해제된 것으로 본다.

② 계속보험료가 약정한 시기에 지급되지 아니한 때에는 보험자는 상당한 기간을 정하여 보험계약자에게 최고하고 그 기간내에 지급되지 아니한 때에는 그 계약을 해지할 수 있다.

③ 특정한 타인을 위한 보험의 경우에 보험계약자가 보험료의 지급을 지체한 때에는 보험자는 그 타인에게도 상당한 기간을 정하여 보험료의 지급을 최고한 후가 아니면 그 계약을 해제 또는 해지하지 못한다.

[전문개정 1991.12.31.]

제650조의2(보험계약의 부활) 제650조제2항에 따라 보험계약이 해지되고 해지환급금이 지급되지 아니한 경우에 보험계약자는 일정한 기간내에 연체보험료에

약정이자를 붙여 보험자에게 지급하고 그 계약의 부활을 청구할 수 있다. 제638조의2의 규정은 이 경우에 준용한다.
[본조신설 1991.12.31.]

제651조(고지의무위반으로 인한 계약해지) 보험계약당시에 보험계약자 또는 피보험자가 고의 또는 중대한 과실로 인하여 중요한 사항을 고지하지 아니하거나 부실의 고지를 한 때에는 보험자는 그 사실을 안 날로부터 1월내에, 계약을 체결한 날로부터 3년내에 한하여 계약을 해지할 수 있다. 그러나 보험자가 계약당시에 그 사실을 알았거나 중대한 과실로 인하여 알지 못한 때에는 그러하지 아니하다. 〈개정 1991.12.31.〉

제651조의2(서면에 의한 질문의 효력) 보험자가 서면으로 질문한 사항은 중요한 사항으로 추정한다.
[본조신설 1991.12.31.]

제652조(위험변경증가의 통지와 계약해지) ① 보험기간중에 보험계약자 또는 피보험자가 사고발생의 위험이 현저하게 변경 또는 증가된 사실을 안 때에는 지체없이 보험자에게 통지하여야 한다. 이를 해태한 때에는 보험자는 그 사실을 안 날로부터 1월내에 한하여 계약을 해지할 수 있다.
② 보험자가 제1항의 위험변경증가의 통지를 받은 때에는 1월내에 보험료의 증액을 청구하거나 계약을 해지할 수 있다. 〈신설 1991.12.31.〉

제653조(보험계약자등의 고의나 중과실로 인한 위험증가와 계약해지) 보험기간중에 보험계약자, 피보험자 또는 보험수익자의 고의 또는 중대한 과실로 인하여 사고발생의 위험이 현저하게 변경 또는 증가된 때에는 보험자는 그 사실을 안 날부터 1월내에 보험료의 증액을 청구하거나 계약을 해지할 수 있다. 〈개정 1991.12.31.〉

제654조(보험자의 파산선고와 계약해지) ① 보험자가 파산의 선고를 받은 때에는 보험계약자는 계약을 해지할 수 있다.
② 제1항의 규정에 의하여 해지하지 아니한 보험계약은 파산선고 후 3월을 경과한 때에는 그 효력을 잃는다. 〈개정 1991.12.31.〉

제655조(계약해지와 보험금액청구권) 보험사고가 발생한 후에도 보험자가 제650조, 제651조, 제652조와 제653조의 규정에 의하여 계약을 해지한 때에는 보험금액을 지급할 책임이 없고 이미 지급한 보험금액의 반환을 청구할 수 있다. 그러나 고지의무에 위반한 사실 또는 위험의 현저한 변경이나 증가된 사실

이 보험사고의 발생에 영향을 미치지 아니하였음이 증명된 때에는 그러하지 아니하다. 〈개정 1962.12.12, 1991.12.31.〉

제656조(보험료의 지급과 보험자의 책임개시) 보험자의 책임은 당사자간에 다른 약정이 없으면 최초의 보험료의 지급을 받은 때로부터 개시한다.

제657조(보험사고발생의 통지의무) ① 보험계약자 또는 피보험자나 보험수익자는 보험사고의 발생을 안 때에는 지체없이 보험자에게 그 통지를 발송하여야 한다.

② 보험계약자 또는 피보험자나 보험수익자가 제1항의 통지의무를 해태함으로 인하여 손해가 증가된 때에는 보험자는 그 증가된 손해를 보상할 책임이 없다. 〈신설 1991.12.31.〉

제658조(보험금액의 지급) 보험자는 보험금액의 지급에 관하여 약정기간이 있는 경우에는 그 기간내에 약정기간이 없는 경우에는 제657조제1항의 통지를 받은 후 지체없이 지급할 보험금액을 정하고 그 정하여진 날부터 10일내에 피보험자 또는 보험수익자에게 보험금액을 지급하여야 한다.

[전문개정 1991.12.31.]

제659조(보험자의 면책사유) ① 보험사고가 보험계약자 또는 피보험자나 보험수익자의 고의 또는 중대한 과실로 인하여 생긴 때에는 보험자는 보험금액을 지급할 책임이 없다.

② 삭제 〈1991.12.31.〉

제660조(전쟁위험등으로 인한 면책) 보험사고가 전쟁 기타의 변란으로 인하여 생긴 때에는 당사자간에 다른 약정이 없으면 보험자는 보험금액을 지급할 책임이 없다.

제661조(재보험) 보험자는 보험사고로 인하여 부담할 책임에 대하여 다른 보험자와 재보험계약을 체결할 수 있다. 이 재보험계약은 원보험계약의 효력에 영향을 미치지 아니한다.

제662조(소멸시효) 보험금액의 청구권과 보험료 또는 적입금의 반환청구권은 2년간, 보험료의 청구권은 1년간 행사하지 아니하면 소멸시효가 완성한다.

제663조(보험계약자등의 불이익변경금지) 이 편의 규정은 당사자간의 특약으로 보험계약자 또는 피보험자나 보험수익자의 불이익으로 변경하지 못한다. 그러나 재보험 및 해상보험 기타 이와 유사한 보험의 경우에는 그러하지 아니하다.

〈개정 1991.12.31.〉

제664조(상호보험에의 준용) 이 편의 규정은 그 성질이 상반되지 아니하는 한도에서 상호보험에 준용한다. 〈개정 1991.12.31.〉

제2장 손해보험

제1절 통칙

제665조(손해보험자의 책임) 손해보험계약의 보험자는 보험사고로 인하여 생길 피보험자의 재산상의 손해를 보상할 책임이 있다.

제666조(손해보험증권) 손해보험증권에는 다음의 사항을 기재하고 보험자가 기명날인 또는 서명하여야 한다. 〈개정 1991.12.31.〉

1. 보험의 목적
2. 보험사고의 성질
3. 보험금액
4. 보험료와 그 지급방법
5. 보험기간을 정한 때에는 그 시기와 종기
6. 무효와 실권의 사유
7. 보험계약자의 주소와 성명 또는 상호
8. 보험계약의 연월일
9. 보험증권의 작성지와 그 작성년월일

제667조(상실이익등의 불산입) 보험사고로 인하여 상실된 피보험자가 얻을 이익이나 보수는 당사자간에 다른 약정이 없으면 보험자가 보상할 손해액에 산입하지 아니한다.

제668조(보험계약의 목적) 보험계약은 금전으로 산정할 수 있는 이익에 한하여 보험계약의 목적으로 할 수 있다.

제669조(초과보험) ① 보험금액이 보험계약의 목적의 가액을 현저하게 초과한 때에는 보험자 또는 보험계약자는 보험료와 보험금액의 감액을 청구할 수 있다. 그러나 보험료의 감액은 장래에 대하여서만 그 효력이 있다.

② 제1항의 가액은 계약당시의 가액에 의하여 정한다. 〈개정 1991.12.31.〉

③ 보험가액이 보험기간중에 현저하게 감소된 때에도 제1항과 같다.

④ 제1항의 경우에 계약이 보험계약자의 사기로 인하여 체결된 때에는 그

계약은 무효로 한다. 그러나 보험자는 그 사실을 안 때까지의 보험료를 청구할 수 있다.

제670조(기평가보험) 당사자간에 보험가액을 정한 때에는 그 가액은 사고발생시의 가액으로 정한 것으로 추정한다. 그러나 그 가액이 사고발생시의 가액을 현저하게 초과할 때에는 사고발생시의 가액을 보험가액으로 한다.

제671조(미평가보험) 당사자간에 보험가액을 정하지 아니한 때에는 사고발생시의 가액을 보험가액으로 한다.

제672조(중복보험) ① 동일한 보험계약의 목적과 동일한 사고에 관하여 수개의 보험계약이 동시에 또는 순차로 체결된 경우에 그 보험금액의 총액이 보험가액을 초과한 때에는 보험자는 각자의 보험금액의 한도에서 연대책임을 진다. 이 경우에는 각 보험자의 보상책임은 각자의 보험금액의 비율에 따른다. 〈개정 1991.12.31.〉

② 동일한 보험계약의 목적과 동일한 사고에 관하여 수개의 보험계약을 체결하는 경우에는 보험계약자는 각 보험자에 대하여 각 보험계약의 내용을 통지하여야 한다. 〈개정 1991.12.31.〉

③ 제669조제4항의 규정은 제1항의 보험계약에 준용한다.

제673조(중복보험과 보험자 1인에 대한 권리포기) 제672조의 규정에 의한 수개의 보험계약을 체결한 경우에 보험자 1인에 대한 권리의 포기는 다른 보험자의 권리의무에 영향을 미치지 아니한다. 〈개정 1991.12.31.〉

제674조(일부보험) 보험가액의 일부를 보험에 붙인 경우에는 보험자는 보험금액의 보험가액에 대한 비율에 따라 보상할 책임을 진다. 그러나, 당사자간에 다른 약정이 있는 때에는 보험자는 보험금액의 한도내에서 그 손해를 보상할 책임을 진다. 〈개정 1991.12.31.〉

제675조(사고발생 후의 목적멸실과 보상책임) 보험의 목적에 관하여 보험자가 부담할 손해가 생긴 경우에는 그 후 그 목적이 보험자가 부담하지 아니하는 보험사고의 발생으로 인하여 멸실된 때에도 보험자는 이미 생긴 손해를 보상할 책임을 면하지 못한다. 〈개정 1962.12.12.〉

제676조(손해액의 산정기준) ① 보험자가 보상할 손해액은 그 손해가 발생한 때와 곳의 가액에 의하여 산정한다. 그러나 당사자간에 다른 약정이 있는 때에는 그 신품가액에 의하여 손해액을 산정할 수 있다. 〈개정 1991. 2.31.〉

② 제1항의 손해액의 산정에 관한 비용은 보험자의 부담으로 한다. 〈개정

1991.12.31.〉

제677조(보험료체납과 보상액의 공제) 보험자가 손해를 보상할 경우에 보험료의 지급을 받지 아니한 잔액이 있으면 그 지급기일이 도래하지 아니한 때라도 보상할 금액에서 이를 공제할 수 있다.

제678조(보험자의 면책사유) 보험의 목적의 성질, 하자 또는 자연소모로 인한 손해는 보험자가 이를 보상할 책임이 없다.

제679조(보험목적의 양도) ① 피보험자가 보험의 목적을 양도한 때에는 양수인은 보험계약상의 권리와 의무를 승계한 것으로 추정한다. 〈개정 1991.12.31.〉
② 제1항의 경우에 보험의 목적의 양도인 또는 양수인은 보험자에 대하여 지체없이 그 사실을 통지하여야 한다. 〈신설 1991.12.31.〉

제680조(손해방지의무) ① 보험계약자와 피보험자는 손해의 방지와 경감을 위하여 노력하여야 한다. 그러나 이를 위하여 필요 또는 유익하였던 비용과 보상액이 보험금액을 초과한 경우라도 보험자가 이를 부담한다. 〈개정 1991.12.31.〉
② 삭제 〈1991.12.31.〉

제681조(보험목적에 관한 보험대위) 보험의 목적의 전부가 멸실한 경우에 보험금액의 전부를 지급한 보험자는 그 목적에 대한 피보험자의 권리를 취득한다. 그러나 보험가액의 일부를 보험에 붙인 경우에는 보험자가 취득할 권리는 보험금액의 보험가액에 대한 비율에 따라 이를 정한다.

제682조(제삼자에 대한 보험대위) 손해가 제삼자의 행위로 인하여 생긴 경우에 보험금액을 지급한 보험자는 그 지급한 금액의 한도에서 그 제삼자에 대한 보험계약자 또는 피보험자의 권리를 취득한다. 그러나 보험자가 보상할 보험금액의 일부를 지급한 때에는 피보험자의 권리를 해하지 아니하는 범위내에서 그 권리를 행사할 수 있다.

제2절 화재보험

제683조(화재보험자의 책임) 화재보험계약의 보험자는 화재로 인하여 생길 손해를 보상할 책임이 있다.

제684조(소방등의 조치로 인한 손해의 보상) 보험자는 화재의 소방 또는 손해의 감소에 필요한 조치로 인하여 생긴 손해를 보상할 책임이 있다.

第685條(화재보험증권) 화재보험증권에는 第666條에 게기한 사항외에 다음의 사항을 기재하여야 한다.

1. 건물을 보험의 목적으로 한 때에는 그 소재지, 구조와 용도
2. 동산을 보험의 목적으로 한 때에는 그 존치한 장소의 상태와 용도
3. 보험가액을 정한 때에는 그 가액

第686條(집합보험의 목적) 집합된 물건을 일괄하여 보험의 목적으로 한 때에는 피보험자의 가족과 사용인의 물건도 보험의 목적에 포함된 것으로 한다. 이 경우에는 그 보험은 그 가족 또는 사용인을 위하여서도 체결한 것으로 본다.

第687條(동전) 집합된 물건을 일괄하여 보험의 목적으로 한 때에는 그 목적에 속한 물건이 보험기간중에 수시로 교체된 경우에도 보험사고의 발생시에 현존한 물건은 보험의 목적에 포함된 것으로 한다.

제3절 운송보험

第688條(운송보험자의 책임) 운송보험계약의 보험자는 다른 약정이 없으면 운송인이 운송물을 수령한 때로부터 수하인에게 인도할 때까지 생길 손해를 보상할 책임이 있다.

第689條(운송보험의 보험가액) ① 운송물의 보험에 있어서는 발송한 때와 곳의 가액과 도착지까지의 운임 기타의 비용을 보험가액으로 한다.

② 운송물의 도착으로 인하여 얻을 이익은 약정이 있는 때에 한하여 보험가액중에 산입한다.

第690條(운송보험증권) 운송보험증권에는 第666條에 게기한 사항외에 다음의 사항을 기재하여야 한다.

1. 운송의 노순과 방법
2. 운송인의 주소와 성명 또는 상호
3. 운송물의 수령과 인도의 장소
4. 운송기간을 정한 때에는 그 기간
5. 보험가액을 정한 때에는 그 가액

第691條(운송의 중지나 변경과 계약효력) 보험계약은 다른 약정이 없으면 운송의 필요에 의하여 일시운송을 중지하거나 운송의 노순 또는 방법을 변경한 경우에도 그 효력을 잃지 아니한다.

第692조(운송보조자의 고의, 중과실과 보험자의 면책) 보험사고가 송하인 또는 수하인의 고의 또는 중대한 과실로 인하여 발생한 때에는 보험자는 이로 인하여 생긴 손해를 보상할 책임이 없다.

第4절 해상보험

第693조(해상보험자의 책임) 해상보험계약의 보험자는 해상사업에 관한 사고로 인하여 생길 손해를 보상할 책임이 있다. 〈개정 1991.12.31.〉

第694조(공동해손분담액의 보상) 보험자는 피보험자가 지급할 공동해손의 분담액을 보상할 책임이 있다. 그러나 보험의 목적의 공동해손분담가액이 보험가액을 초과할 때에는 그 초과액에 대한 분담액은 보상하지 아니한다. 〈개정 1991.12.31.〉

第694조의2(구조료의 보상) 보험자는 피보험자가 보험사고로 인하여 발생하는 손해를 방지하기 위하여 지급할 구조료를 보상할 책임이 있다. 그러나 보험의 목적물의 구조료분담가액이 보험가액을 초과할 때에는 그 초과액에 대한 분담액은 보상하지 아니한다.
[본조신설 1991.12.31.]

第694조의3(특별비용의 보상) 보험자는 보험의 목적의 안전이나 보존을 위하여 지급할 특별비용을 보험금액의 한도내에서 보상할 책임이 있다.
[본조신설 1991.12.31.]

第695조(해상보험증권) 해상보험증권에는 第666조에 게기한 사항외에 다음의 사항을 기재하여야 한다. 〈개정 1991.12.31.〉
1. 선박을 보험에 붙인 경우에는 그 선박의 명칭, 국적과 종류 및 항해의 범위
2. 적하를 보험에 붙인 경우에는 선박의 명칭, 국적과 종류, 선적항, 양륙항 및 출하지와 도착지를 정한 때에는 그 지명
3. 보험가액을 정한 때에는 그 가액

第696조(선박보험의 보험가액과 보험목적) ① 선박의 보험에 있어서는 보험자의 책임이 개시될 때의 선박가액을 보험가액으로 한다.
② 제1항의 경우에는 선박의 속구, 연료, 양식 기타 항해에 필요한 모든 물건은 보험의 목적에 포함된 것으로 한다. 〈개정 1991.12.31.〉

第697조(적하보험의 보험가액) 적하의 보험에 있어서는 선적한 때와 곳의 적하의

가액과 선적 및 보험에 관한 비용을 보험가액으로 한다. 〈개정 1962.12. 12.〉

제698조(희망이익보험의 보험가액) 적하의 도착으로 인하여 얻을 이익 또는 보수의 보험에 있어서는 계약으로 보험가액을 정하지 아니한 때에는 보험금액을 보험가액으로 한 것으로 추정한다.

제699조(해상보험의 보험기간의 개시) ① 항해단위로 선박을 보험에 붙인 경우에는 보험기간은 하물 또는 저하의 선적에 착수한 때에 개시한다.

② 적하를 보험에 붙인 경우에는 보험기간은 하물의 선적에 착수한 때에 개시한다. 그러나 출하지를 정한 경우에는 그 곳에서 운송에 착수한 때에 개시한다.

③ 하물 또는 저하의 선적에 착수한 후에 제1항 또는 제2항의 규정에 의한 보험계약이 체결된 경우에는 보험기간은 계약이 성립한 때에 개시한다.

[전문개정 1991.12.31.]

제700조(해상보험의 보험기간의 종료) 보험기간은 제699조제1항의 경우에는 도착항에서 하물 또는 저하를 양륙한 때에, 동조제2항의 경우에는 양륙항 또는 도착지에서 하물을 인도한 때에 종료한다. 그러나 불가항력으로 인하지 아니하고 양륙이 지연된 때에는 그 양륙이 보통종료될 때에 종료된 것으로 한다. 〈개정 1991.12.31.〉

제701조(항해변경의 효과) ① 선박이 보험계약에서 정하여진 발항항이 아닌 다른 항에서 출항한 때에는 보험자는 책임을 지지 아니한다.

② 선박이 보험계약에서 정하여진 도착항이 아닌 다른 항을 향하여 출항한 때에도 제1항의 경우와 같다.

③ 보험자의 책임이 개시된 후에 보험계약에서 정하여진 도착항이 변경된 경우에는 보험자는 그 항해의 변경이 결정된 때부터 책임을 지지 아니한다.

[전문개정 1991.12.31.]

제701조의2(이로) 선박이 정당한 사유없이 보험계약에서 정하여진 선로를 이탈한 경우에는 보험자는 그때부터 책임을 지지 아니한다. 선박이 손해발생전에 원항로로 돌아온 경우에도 같다.

[본조신설 1991.12.31.]

제702조(발항 또는 항해의 지연의 효과) 피보험자가 정당한 사유없이 발항 또는 항해를 지연한 때에는 보험자는 발항 또는 항해를 지체한 이후의 사고에 대하여 책임을 지지 아니한다.

[전문개정 1991.12.31.]

제703조(선박변경의 효과) 적하를 보험에 붙인 경우에 보험계약자 또는 피보험자의 책임있는 사유로 인하여 선박을 변경한 때에는 그 변경후의 사고에 대하여 책임을 지지 아니한다. 〈개정 1991.12.31.〉

제703조의2(선박의 양도등의 효과) 선박을 보험에 붙인 경우에 다음의 사유가 있을 때에는 보험계약은 종료한다. 그러나 보험자의 동의가 있는 때에는 그러하지 아니하다.

1. 선박을 양도할 때
2. 선박의 선급을 변경한 때
3. 선박을 새로운 관리로 옮긴 때

[본조신설 1991.12.31.]

제704조(선박미확정의 적하예정보험) ① 보험계약의 체결당시에 하물을 적재할 선박을 지정하지 아니한 경우에 보험계약자 또는 피보험자가 그 하물이 선적되었음을 안 때에는 지체없이 보험자에 대하여 그 선박의 명칭, 국적과 하물의 종류, 수량과 가액의 통지를 발송하여야 한다. 〈개정 1991.12.31.〉

②제1항의 통지를 해태한 때에는 보험자는 그 사실을 안 날부터 1월내에 계약을 해지할 수 있다. 〈개정 1991.12.31.〉

제705조 삭제 〈1991.12.31.〉

제706조(해상보험자의 면책사유) 보험자는 다음의 손해와 비용을 보상할 책임이 없다. 〈개정 1991.12.31.〉

1. 선박 또는 운임을 보험에 붙인 경우에는 발항당시 안전하게 항해를 하기에 필요한 준비를 하지 아니하거나 필요한 서류를 비치하지 아니함으로 인하여 생긴 손해
2. 적하를 보험에 붙인 경우에는 용선자, 송하인 또는 수하인의 고의 또는 중대한 과실로 인하여 생긴 손해
3. 도선료, 입항료, 등대료, 검역료, 기타 선박 또는 적하에 관한 항해중의 통상비용

제707조 삭제 〈1991.12.31.〉

제707조의2(선박의 일부손해의 보상) ① 선박의 일부가 훼손되어 그 훼손된 부분의 전부를 수선한 경우에는 보험자는 수선에 따른 비용을 1회의 사고에 대하여 보험금액을 한도로 보상할 책임이 있다.

② 선박의 일부가 훼손되어 그 훼손된 부분의 일부를 수선한 경우에는 보험자는 수선에 따른 비용과 수선을 하지 아니함으로써 생긴 감가액을 보상할 책임이 있다.

③ 선박의 일부가 훼손되었으나 이를 수선하지 아니한 경우에는 보험자는 그로 인한 감가액을 보상할 책임이 있다.

[본조신설 1991.12.31.]

제708조(적하의 일부손해의 보상) 보험의 목적인 적하가 훼손되어 양륙항에 도착한 때에는 보험자는 그 훼손된 상태의 가액과 훼손되지 아니한 상태의 가액과의 비율에 따라 보험가액의 일부에 대한 손해를 보상할 책임이 있다.

제709조(적하매각으로 인한 손해의 보상) ① 항해도중에 불가항력으로 보험의 목적인 적하를 매각한 때에는 보험자는 그 대금에서 운임 기타 필요한 비용을 공제한 금액과 보험가액과의 차액을 보상하여야 한다.

② 제1항의 경우에 매수인이 대금을 지급하지 아니한 때에는 보험자는 그 금액을 지급하여야 한다. 보험자가 그 금액을 지급한 때에는 피보험자의 매수인에 대한 권리를 취득한다. 〈개정 1991.12.31.〉

제710조(보험위부의 원인) 다음의 경우에는 피보험자는 보험의 목적을 보험자에게 위부하고 보험금액의 전부를 청구할 수 있다. 〈개정 1991.12.31.〉

1. 피보험자가 보험사고로 인하여 자기의 선박 또는 적하의 점유를 상실하여 이를 회복할 가능성이 없거나 회복하기 위한 비용이 회복하였을 때의 가액을 초과하리라고 예상될 경우

2. 선박이 보험사고로 인하여 심하게 훼손되어 이를 수선하기 위한 비용이 수선하였을 때의 가액을 초과하리라고 예상될 경우

3. 적하가 보험사고로 인하여 심하게 훼손되어서 이를 수선하기 위한 비용과 그 적하를 목적지까지 운송하기 위한 비용과의 합계액이 도착하는 때의 적하의 가액을 초과하리라고 예상될 경우

제711조(선박의 행방불명) ① 선박의 존부가 2월간 분명하지 아니한 때에는 그 선박의 행방이 불명한 것으로 한다. 〈개정 1991.12.31.〉

② 제1항의 경우에는 전손으로 추정한다. 〈개정 1991.12.31.〉

제712조(대선에 의한 운송의 계속과 위부권의 소멸) 제710조제2호의 경우에 선장이 지체없이 다른 선박으로 적하의 운송을 계속한 때에는 피보험자는 그 적하를 위부할 수 없다. 〈개정 1991.12.31.〉

第713条(위부의 통지) ① 피보험자가 위부를 하고자 할 때에는 상당한 기간내에 보험자에 대하여 그 통지를 발송하여야 한다. 〈개정 1991.12.31.〉

② 삭제 〈1991.12.31.〉

第714条(위부권행사의 요건) ① 위부는 무조건이어야 한다.

② 위부는 보험의 목적의 전부에 대하여 이를 하여야 한다. 그러나 위부의 원인이 그 일부에 대하여 생긴 때에는 그 부분에 대하여서만 이를 할 수 있다.

③ 보험가액의 일부를 보험에 붙인 경우에는 위부는 보험금액의 보험가액에 대한 비율에 따라서만 이를 할 수 있다.

第715条(다른 보험계약등에 관한 통지) ① 피보험자가 위부를 함에 있어서는 보험자에 대하여 보험의 목적에 관한 다른 보험계약과 그 부담에 속한 채무의 유무와 그 종류 및 내용을 통지하여야 한다.

② 보험자는 제1항의 통지를 받을 때까지 보험금액의 지급을 거부할 수 있다. 〈개정 1991.12.31.〉

③ 보험금액의 지급에 관한 기간의 약정이 있는 때에는 그 기간은 제1항의 통지를 받은 날로부터 기산한다.

第716条(위부의 승인) 보험자가 위부를 승인한 후에는 그 위부에 대하여 이의를 하지 못한다.

第717条(위부의 불승인) 보험자가 위부를 승인하지 아니한 때에는 피보험자는 위부의 원인을 증명하지 아니하면 보험금액의 지급을 청구하지 못한다.

第718条(위부의 효과) ① 보험자는 위부로 인하여 그 보험의 목적에 관한 피보험자의 모든 권리를 취득한다.

② 피보험자가 위부를 한 때에는 보험의 목적에 관한 모든 서류를 보험자에게 교부하여야 한다.

제5절 책임보험

第719条(책임보험자의 책임) 책임보험계약의 보험자는 피보험자가 보험기간중의 사고로 인하여 제3자에게 배상할 책임을 진 경우에 이를 보상할 책임이 있다.

第720条(피보험자가 지출한 방어비용의 부담) ① 피보험자가 제3자의 청구를 방어하기 위하여 지출한 재판상 또는 재판외의 필요비용은 보험의 목적에 포함된

것으로 한다. 피보험자는 보험자에 대하여 그 비용의 선급을 청구할 수 있다.
② 피보험자가 담보의 제공 또는 공탁으로써 재판의 집행을 면할 수 있는 경우에는 보험자에 대하여 보험금액의 한도내에서 그 담보의 제공 또는 공탁을 청구할 수 있다.
③ 제1항 또는 제2항의 행위가 보험자의 지시에 의한 것인 경우에는 그 금액에 손해액을 가산한 금액이 보험금액을 초과하는 때에도 보험자가 이를 부담하여야 한다. 〈개정 1991.12.31.〉

제721조(영업책임보험의 목적) 피보험자가 경영하는 사업에 관한 책임을 보험의 목적으로 한 때에는 피보험자의 대리인 또는 그 사업감독자의 제3자에 대한 책임도 보험의 목적에 포함된 것으로 한다.

제722조(피보험자의 사고통지의무) 피보험자가 제3자로부터 배상의 청구를 받은 때에는 지체없이 보험자에게 그 통지를 발송하여야 한다.

제723조(피보험자의 변제등의 통지와 보험금액의 지급) ① 피보험자가 제3자에 대하여 변제, 승인, 화해 또는 재판으로 인하여 채무가 확정된 때에는 지체없이 보험자에게 그 통지를 발송하여야 한다.
② 보험자는 특별한 기간의 약정이 없으면 전항의 통지를 받은 날로부터 10일내에 보험금액을 지급하여야 한다.
③ 피보험자가 보험자의 동의없이 제3자에 대하여 변제, 승인 또는 화해를 한 경우에는 보험자가 그 책임을 면하게 되는 합의가 있는 때에도 그 행위가 현저하게 부당한 것이 아니면 보험자는 보상할 책임을 면하지 못한다.

제724조(보험자와 제3자와의 관계) ① 보험자는 피보험자가 책임을 질 사고로 인하여 생긴 손해에 대하여 제3자가 그 배상을 받기 전에는 보험금액의 전부 또는 일부를 피보험자에게 지급하지 못한다.
② 제3자는 피보험자가 책임을 질 사고로 입은 손해에 대하여 보험금액의 한도내에서 보험자에게 직접 보상을 청구할 수 있다. 그러나 보험자는 피보험자가 그 사고에 관하여 가지는 항변으로써 제3자에게 대항할 수 있다. 〈개정 1991.12.31.〉
③ 보험자가 제2항의 규정에 의한 청구를 받은 때에는 지체없이 피보험자에게 이를 통지하여야 한다. 〈신설 1991.12.31.〉
④ 제2항의 경우에 피보험자는 보험자의 요구가 있을 때에는 필요한 서류·증거의 제출, 증언 또는 증인의 출석에 협조하여야 한다. 〈신설 1991.12.31.〉

제725조(보관자의 책임보험) 임차인 기타 타인의 물건을 보관하는 자가 그 지급할 손해배상을 위하여 그 물건을 보험에 붙인 경우에는 그 물건의 소유자는 보험자에 대하여 직접 그 손해의 보상을 청구할 수 있다.

제725조의2(수개의 책임보험) 피보험자가 동일한 사고로 제3자에게 배상책임을 짐으로써 입은 손해를 보상하는 수개의 책임보험계약이 동시 또는 순차로 체결된 경우에 그 보험금액의 총액이 피보험자의 제3자에 대한 손해배상액을 초과하는 때에는 제672조와 제673조의 규정을 준용한다.
[본조신설 1991.12.31.]

제726조(재보험에의 적용) 이 절의 규정은 재보험계약에 준용한다. 〈개정 1991.12.31.〉

제6절 자동차보험

제726조의2(자동차보험자의 책임) 자동차보험계약의 보험자는 피보험자가 자동차를 소유, 사용 또는 관리하는 동안에 발생한 사고로 인하여 생긴 손해를 보상할 책임이 있다.
[본조신설 1991.12.31.]

제726조의3(자동차 보험증권) 자동차 보험증권에는 제666조에 게기한 사항외에 다음의 사항을 기재하여야 한다.
1. 자동차소유자와 그 밖의 보유자의 성명과 생년월일 또는 상호
2. 피보험자동차의 등록번호, 차대번호, 차형년식과 기계장치
3. 차량가액을 정한 때에는 그 가액
[본조신설 1991.12.31.]

제726조의4(자동차의 양도) ① 피보험자가 보험기간중에 자동차를 양도한 때에는 양수인은 보험자의 승낙을 얻은 경우에 한하여 보험계약으로 인하여 생긴 권리와 의무를 승계한다.
② 보험자가 양수인으로부터 양수사실을 통지받은 때에는 지체없이 낙부를 통지하여야 하고 통지 받은 날부터 10일내에 낙부의 통지가 없을 때에는 승낙한 것으로 본다.
[본조신설 1991.12.31.]

제3장 인보험

제1절 통칙

제727조(인보험자의 책임) 인보험계약의 보험자는 생명 또는 신체에 관하여 보험사고가 생길 경우에 보험계약의 정하는 바에 따라 보험금액 기타의 급여를 할 책임이 있다.

제728조(인보험증권) 인보험증권에는 제666조에 게기한 사항외에 다음의 사항을 기재하여야 한다. 〈개정 1991.12.31.〉

1. 보험계약의 종류
2. 피보험자의 주소·성명 및 생년월일
3. 보험수익자를 정한 때에는 그 주소·성명 및 생년월일

제729조(제3자에 대한 보험대위의 금지) 보험자는 보험사고로 인하여 생긴 보험계약자 또는 보험수익자의 제3자에 대한 권리를 대위하여 행사하지 못한다. 그러나 상해보험계약의 경우에 당사자간에 다른 약정이 있는 때에는 보험자는 피보험자의 권리를 해하지 아니하는 범위안에서 그 권리를 대위하여 행사할 수 있다. 〈개정 1991.12.31.〉

제2절 생명보험

제730조(생명보험자의 책임) 생명보험계약의 보험자는 피보험자의 생명에 관한 보험사고가 생길 경우에 약정한 보험금액을 지급할 책임이 있다.

제731조(타인의 생명의 보험) ① 타인의 사망을 보험사고로 하는 보험계약에는 보험계약 체결시에 그 타인의 서면에 의한 동의를 얻어야 한다. 〈개정 1991.12.31.〉

② 보험계약으로 인하여 생긴 권리를 피보험자가 아닌 자에게 양도하는 경우에도 제1항과 같다. 〈개정 1991.12.31.〉

제732조(15세미만자등에 대한 계약의 금지) 15세미만자, 심신상실자 또는 심신박약자의 사망을 보험사고로 한 보험계약은 무효로 한다. 〈개정 1991.12. 31.〉

제732조의2(중과실로 인한 보험사고) 사망을 보험사고로 한 보험계약에는 사고가 보험계약자 또는 피보험자나 보험수익자의 중대한 과실로 인하여 생긴 경우에도 보험자는 보험금액을 지급할 책임을 면하지 못한다.

[본조신설 1991.12.31.]

第733조(보험수익자의 지정 또는 변경의 권리) ① 보험계약자는 보험수익자를 지정 또는 변경할 권리가 있다.

② 보험계약자가 제1항의 지정권을 행사하지 아니하고 사망한 때에는 피보험자를 보험수익자로 하고 보험계약자가 제1항의 변경권을 행사하지 아니하고 사망한 때에는 보험수익자의 권리가 확정된다. 그러나 보험계약자가 사망한 경우에는 그 승계인이 제1항의 권리를 행사할 수 있다는 약정이 있는 때에는 그러하지 아니하다. 〈개정 1991.12.31.〉

③ 보험수익자가 보험존속중에 사망한 때에는 보험계약자는 다시 보험수익자를 지정할 수 있다. 이 경우에 보험계약자가 지정권을 행사하지 아니하고 사망한 때에는 보험수익자의 상속인을 보험수익자로 한다.

④ 보험계약자가 제2항과 제3항의 지정권을 행사하기 전에 보험사고가 생긴 경우에는 피보험자 또는 보험수익자의 상속인을 보험수익자로 한다. 〈신설 1991.12.31.〉

第734조(보험수익자지정권등의 통지) ① 보험계약자가 계약체결후에 보험수익자를 지정 또는 변경할 때에는 보험자에 대하여 그 통지를 하지 아니하면 이로써 보험자에게 대항하지 못한다.

② 제731조제1항의 규정은 제1항의 지정 또는 변경에 준용한다. 〈개정 1962.12.12, 1991.12.31.〉

第735조(양로보험) 피보험자의 사망을 보험사고로 한 보험계약에는 사고의 발생없이 보험기간이 종료한 때에도 보험금액을 지급할 것을 약정할 수 있다.

第735조의2(연금보험) 생명보험계약의 보험자는 피보험자의 생명에 관한 보험사고가 생긴 때에 약정에 따라 보험금액을 연금으로 분할하여 지급할 수 있다.

[본조신설 1991.12.31.]

第735조의3(단체보험) ① 단체가 규약에 따라 구성원의 전부 또는 일부를 피보험자로 하는 생명보험계약을 체결하는 경우에는 제731조를 적용하지 아니한다.

②제1항의 보험계약이 체결된 때에는 보험자는 보험계약자에 대하여서만 보험증권을 교부한다.

[본조신설 1991.12.31.]

第736조(보험적립금반환의무등) ① 제649조, 제650조, 제651조 및 제652조 내지 제655조의 규정에 의하여 보험계약이 해지된 때, 제659조와 제660조의 규정에 의하여 보험금액의 지급책임이 면제된 때에는 보험자는 보험수익자를 위하여 적립한 금액을 보험계약자에게 지급하여야 한다. 그러나 다른 약정이 없으면 제659조제1항의 보험사고가 보험계약자에 의하여 생긴 경우에는 그러하지 아니하다. 〈개정 1991.12.31.〉

② 삭제 〈1991.12.31.〉

제3절 상해보험

제737조(상해보험자의 책임) 상해보험계약의 보험자는 신체의 상해에 관한 보험사고가 생길 경우에 보험금액 기타의 급여를 할 책임이 있다.

제738조(상해보험증권) 상해보험의 경우에 피보험자와 보험계약자가 동일인이 아닐 때에는 그 보험증권기재사항중 제728조제2호에 게기한 사항에 갈음하여 피보험자의 직무 또는 직위만을 기재할 수 있다.

제739조(준용규정) 상해보험에 관하여는 제732조를 제외하고 생명보험에 관한 규정을 준용한다.

MARINE INSURANCE ACT 1906

[6 Edw 7 Ch 41]

ARRANGEMENT OF SECTIONS

MARINE INSURANCE

INSURABLE INTEREST

INSURANCE VALUE

DISCLOSURE AND REPRESENTATIONS

ASSIGNMENT OF POLICY

50 When and policy is assignable

51 Assured who has no interest cannot assign

THE PREMIUM

52 When premium payable

53 Policy effected through broker

54 Effect of receipt on policy

LOSS AND ABANDONMENT

55 Included and excluded losses

56 Partial and total loss

57 Actual total loss

58 Missing ship

59 Effect of transhipment,etc

60 Constructive total loss defined

61 Effect of constructive total loss

62 Notice of abandonment

63 Effect of abandonment

PARTIAL LOSSES

(INCLUDING SALVAGE AND GENERAL AVERAGE AND PARTICULAR CHARGES)

64 Particular average loss

65 Salvage charges

66 General average loss

MEASURE OF INDEMNITY

67 Extent of liability of insurer for loss

68 Total loss

69 Partial loss of ship

70 Partial loss of freight

71 Partial loss of goods,merchandise, etc

72 Apportionment of valuation

73 General average contribution and salvage charges

74 Liabilities to third parties

75 General provisions as to measure of indemnity

76 Particular average warranties

77 Successive losses

RIGHT OF INSURER ON PAYMENT

RETURN OF PREMIUM

MUTUAL INSURANCE

SUPPLEMENTAL

SCHEDULES

CHAPTER 41

An Act to codify the Law relating to Marine Insurance

[21 December 1906]

BE it enacted by the King's most Excellent Majesty, by and with the advice and consent of the Lords Spiritual and Temporal, and Commons, in this present Parliament assembled, and by the authority of the same, as follows :

MARINE INSURANCE

1. Marine Insurance defined

A contract of marine insurance is a contract whereby the insurer undertakes to indemnify the assured, in manner and to the extent thereby agreed, against marine losses, that is to say, the losses incident to marine adventure.

2. Mixed sea and land risks

(1) A contract of marine insurance may, by its express terms, or by usage of trade, be extended so as to protect the assured against losses on inland waters or on any land risk which may be incidental to any sea voyage.

(2) Where a ship in course of building, or the launch of a ship, or any adventure analogous to a marine adventure, is covered by a policy in the form of a marine policy, the provisions of this Act, in so far as applicable, shall apply thereto ; but, except as by this section provided, nothing in This Act shall alter or affect any rule of law applicable to any contract of insurance other than a contract of marine insurance as by this Act defined.

3. Marine adventure and maritime perils defined

(1) Subject to the provisions of this Act, every lawful marine adventure may be the subject of a contract of marine insurance.

(2) In particular there is a marine adventure where-

(a) Any ship goods or other moveables are exposed to maritime perils. Such property is in this Act referred to as'insurable property'

(b) The earning or acquisition of any freight, passage money, commission, profit, or other pecuniary benefit, or the security for any advances, loan, or disbursements, is endangered by the exposure of insurable property to maritime perils ;

(c) Any liability to a third party may be incurred by the owner of, or other person interested in or responsible for, insurable property, by reason of maritime perils.

'Maritime perils'means the perils consequent on, or incidental to, the navigation of the sea,that is to say, perils of the seas, fire, war perils, pirates, rovers, thieves, captures, seizures, restraints, and detainments of prices and peoples, jettisons, barratry, and other perils, either of the like kind or which may be designated by the policy.

INSURABLE INTEREST

4. Avoidance of wagering or gaming contracts

(1) Every contract of marine insurance by way of gaming or waging is void.

(2) A contract of marine insurance is deemed to be a gaming or wagering contract-

(a) Where the assured has not an insurable interest as defined by this Act and the contract is entered into with no expectation of acquiring such an interest ; or

(b) Where the policy is made'interest or not interest', or'without further proof of interest than the policy itself', or'without benefit of salvage to the insurer', or subject to any other like term:

Provided that, where there is no possibility of salvage, a policy may be effected without benefit of salvage to the insurer.

5. Insurable interest defined

(1) Subject to the provisions of this Act, every person has an insurable interest who is interested in a marine adventure.

(2) In particular a person is interested in a marine adventure where he stands in any legal or equitable relation to the adventure or to any insurable property at risk therein, in consequence of which he may benefit by the safety or due arrival of insurable property, or may be prejudiced by its loss, or damage thereto, or by the detention thereof, or may incur liability in respect thereof.

6. When interest must attach

(1) The assured must be interested in the subject-matter insured at the time of the loss though he need not be interested when the insurance is effected: Provided that where the subject-matter is insured'lost or not lost'the assured may recover although he amy not have acquired his interest until after the loss, unless at the time of effecting the contract of insurance theassured was aware of the loss, and the insurer was not.

(2) Where the assured has no interest at the time of the loss, he cannot acquire interest by any act or election after he is aware of the loss.

7. Defeasible or contingent interest

(1) A defeasible interest is insurable, as also is a contingent interest.

(2) In particular, where the buyer of goods has insured them, he has an insurable interest, notwithstanding that he might, at his election, have rejected the goods, or have treated them as at the seller's risk, by reason of the latter's delay in making delivery or otherwise.

8. Partial interest

A partial interest of any nature is insurable.

9. Re-insurance

(1) The insurer under a contract of marine insurance has an insurable interest in his risk, and may re-insure in respect of it.

(2) Unless the policy otherwise provides, the original assured has no right pr interest in respect of such re-insurance.

10. Bottomry

The lender of money on bottomry or respondentia has an insurable interest in respect of the loan.

11. Master's and seaman's wages

The master or any member of the crew of a ship has an insurable interest in respect of his wages.

12. Advance freight

In the case of advance freight, the person advancing the freight has an insurable interest, in so far as such freight is not repayable in case of loss.

13. Charges of insurance

The assured has an insurable interest in the charges of any insurance which he may effect.

14. Quantum of interest

(1) Where the subject-matter insured is mortgaged, the mortgagor has an insurable interest in the full value thereof, and the mortgagee has an insurable interest in respect of any sum due or to become due under the mortgage.

(2) A mortgagee, consignee, or other person having an interest in the subject=matter insured may insure on behalf and for the benefit of

other persons interested as well as for his own benefit.

(3) The owner of insurable property has an insurable interest in respect of the full value thereof, notwithstanding that some third person may have agreed, or be liable, to indemnify him in case of loss.

15. Assignment of interest

Where the assured assigns or otherwise parts with his interest in the subject-matter insured, he dose not thereby transfer to the assignee his rights under the contract of insurance, unless there be an express or implied agreement with the assignee to that effect.

But the provisions of this section do not affect a transmission of interest by operation of law.

INSURANCE VALUE

16. Measure of insurable value

Subject to any express provisions or valuation in the policy, the insurable value of the subject-matter insured must be ascertained as follows : -

(1) In insurance on ship, the insurable value is the value, at the commencement of the risk, of the ship, including her outfit, provisions and stores for the officers and crew, money advanced for seamen's wages, and other disbursements(if any) incurred to make the ship fit for the voyage or adventure contemplated by the policy, plus the charges of insurance uponthe whole: The insurable value, in the case of a steamship, includes also the machinery, boilers, and coals and engine stores if ownedby the assured, and, in the case of a ship engaged in a special trade, the ordinary fittings requisite for that trade :

(2) In insurance on freight, whether paid in advance or otherwise, the insurable value is the gross amount of the freight at the risk of the assured, plus the charges of insurance :

(3) In insurance on goods or merchandise, the insurable value is the prime cost of the property insured, plus the expenses of and incidental to shipping and the charges of insurance upon the whole :

(4) In insurance on any other subject-matter, the insurable value is the amount at the risk of the assured when the policy attaches, plus the charges of insurance.

DISCLOSURE AND REPRESENTATIONS

17. Insurance is uberrimae fidei

A contract of marine insurance is a contract based upon the utmost good faith and, if the utmost good faith be not observed by either party, the contract may be avoided by the other party.

18. Disclosure by assured

(1) Subject to the provisions of the section, the assured must disclose to the insurer, before the contract is concluded, every material circumstances which is known to the assured, and the assured is deemed to know every circumstance which, in the ordinary course of business, ought to be known by him. If the assured fails to make such disclosure, the insurer may avoidthe contract.

(2) Every circumstance is material which would influence the judgement of a prudent insurer in fixing the premium, or determining whether he will take the risk.

(3) In the absence of inquiry the following circumstances need not be disclosed, namely:-

(a) Any circumstances which diminishes the risk;

(b) Any circumstances which is known or presumed to be known to the insurer. The insurer is presumed to know matters of common notoriety or knowledge, and matters which an insurer in the ordinary course of his business, as such, ought to know;

(c) Any circumstances as to which information is waived by the insurer,

(d) Any circumstances which it is superfluous to disclose by reason of any express or implied warranty.

(4) Whether any particular circumstances, which is not disclosed, be material or not is, in each case, a question of fact.

(5) The term'circumstances'includes any communication made to, or information received by, the assured.

19. Disclosure by agent effecting insurance

Subject to the provisions of the preceding section as to circumstances which need not be disclosed, where an insurance is effected for the assured by an agent, the agent must disclose to the insurer-

(a) Every material circumstances which is known to himself, and an agent to insure is deemed to know every circumstances which in the ordinary course of business ought to be known, or to have been communicated to, him ; and

(b) Every material circumstances which the assured is bound to disclose, unless it come to his knowledge too late to communicate it to the agent.

20. Representations pending negotiation of contract

(1) Every material representation made by the assured or his agent to the insurer during the negotiations for the contract, and before the contract is concluded, must be true. If it be untrue the insurer may avoid the contract.

(2) A representation is material which would influence the judgement of a prudent insurer in fixing the premium, or determining whether he will take the risk.

(3) A representation may be either a representation as to a matter of fact, or as to a matter of expectation or belief.

(4) A representation as to matter of fact is true, if it be substantially correct, that is to say, if the difference between what is represented and what is actually correct would not be considered material by a prudent insurer.

(5) A representation as to a matter of expectation or belief is true if it be made in good faith.

(6) A representation may be withdrawn or corrected before the contract is concluded.

(7) Whether a particular representation be material or not is, in each case, a question of fact.

21. When contract is deemed to be concluded

A contract of marine insurance is deemed to be concluded when the proposal of the assured is accepted by the insurer, whether the policy be then issued or not; and, for the purpose of showing when the proposal was accepted, reference may be made to the slip or covering note or other customary memorandum of the contract, although it be unstamped.

THE POLICY

22. Contract must be embodied in policy

Subject to the provisions of any statute, a contract of marine insurance is in admissible in evidence unless it is embodied in a marine policy in accordance with this Act. The policy may be executed and issued either at the time when the contract is concluded, or afterwards.

23. What policy must specify

A marine policy must specify-

(1) The name of the assured, or of some person who effects the insurance on his behalf;

(2) The subject-matter insured and the risk insured again;

(3) The voyage, or period of time, or both, as the case may be, covered by the insurance;

(4) The sum or sums insured;

(5) The name or names of the insurers.

24. Signature of insurer

(1) A marine policy must be signed by or on behalf of the insurer, provided that in the case of a corporation the corporate seal may be sufficient, but nothing in this section shall be construed as requiring the subscription of a corporation to be under seal.

(2) Where a policy is subscribed by or on behalf of two or more insurers, each subscription, unless the contrary be expressed, constitutes a distinct contract with the assured.

25. Voyage and time policies

(1) Where the contract is to insure the subject-matter'at and from', or from one place to another or others, the policy is called a'voyage policy', and where the contract is to insurethe subject-matter for a definite period of time the policy is called a'time policy'. A contract for both voyage and time may be included in the same policy.

(2) Subject to the provisions of section eleven of the Finance Act, 1901, a time policy which is made for any time exceeding twelve months is invalid.

26. Designation of subject-matter

(1) The subject-matter insured must be designated in a marine policy with reasonable certainty.

(2) The nature and extent of the interest of the assured in the subject-matter insured need not be specified in the policy.

(3) Where the policy designate the subject-matter insured in general terms, it shall be construed to apply to the interest intended by the assured to be covered.

(4) In the application of this section regard shall be had to any usage regulating the designation of the subject-matter insured.

27. Valued policy

(1) A policy may be either valued or unvalued.

(2) A valued policy is a policy which specifies the agreed value of the subject-matter insured.

(3) Subject to the provisions of this Act, and in the absence of fraud, the value fixed by the policy is, as between the insurer and assured, conclusive of the insurable value of the insurable value of the subject intended to be insured, whether the loss be total or partial.

(4) Unless the policy otherwise provides, the value fixed by the policy is not conclusive for the purpose of determining whether there has been a constructive total loss.

28. Unvalued policy

An unvalued policy is a policy which does not specify the value of the subject-matter insured, but, subject to the limit of the sum insured, leaves the insurable value to be subsequently ascertained, in the manner herein-before specified.

29. Floating policy by ship or ships

(1) A floating policy is a policy which describes the insurance in general terms, and the names of the ship or ships and other particulars to be defined by subsequent declaration.

(2) The subsequent declaration or declarations may be made by indorsement on the policy, or in other customary manner.

(3) Unless the policy otherwise provides, the declaration must be made in the order of dispatch or shipment. They must, in the case of goods,

comprise all consignments within the terms of the policy, and the value of the goods or other property must be honestly stated, but an ommission or erroneous declaration may be rectified even after loss or arrival, provided the ommissionor declaration was made in good faith.

(4) Unless the policy otherwise provides, where a declaration of value is not made until after notice of loss or arrival, the policy must be treated as an unvalued policy as regards the subject-matter of that declaration.

30. Construction of terms in policy

(1) A policy may be in the form in the First Schedule to this Act.

(2) Subject to the provisions of this Act, and unless the context of the policy otherwise requires, the terms and expressions mentioned in the First Schedule to this Act shall be construed as having the scope and meaning in that schedule assigned to them.

31. Premium to be arranged

(1) Where an insurance is effected at a premium to be arranged, and no arrangement is made, a reasonable premium ispayable.

(2) Where an insurance is effected on the terms that an additional premium is to be arranged in a given event, and that event happens but no arrangement is made, then a reasonable additional premium is payable.

DOUBLE INSURANCE

32. Double insurance

(1) Where two or more policies are effected by or on behalf of the assured on the same adventure and interest or any part thereof, and the sums insured exceed the indemnity allowed by this Act, the assured is said to be over-insured by double insurance.

(2) Where the assured is over-insured by double insurance-

(a) The assured, unless the policy otherwise provides, may claim payment from the insurers in such order as he may think fit, provided that he is not entitled to receive any sum in excess of the indemnity allowed by this Act;

(b) Where the policy under which the assured claims is a valued policy, the assured must give credit as against the valuation for any sum received by him under any other policy without regard to the actual value of the subject-matter insured;

(c) Where the policy under which the assured claims is an unvalued policy he must give credit, as against the full insurable value, for any sum received by him under any policy;

(d) Where the assured receives any sum in excess of the indemnity allowed by this Act, he is deemed to hold such sum in trust for the insurers, according to their right of contribution among themselves.

WARRANTIES, &c

33. Nature of warranty

(1) A warranty, in the following sections relating to warranties, means a promissory warranty, that is to say, a warranty by which the assured undertakes that some particular thing shall or shall not be done, or that some conditionshall be fulfilled, or whereby he affirms or negatives the existence of a particular state of facts.

(2) A warranty may be express or implied.

(3) A warranty, as above defined, is a condition which must be exactly complied with, whether it be material to the risk or not. If it be not so complied with, then, subject to any express provision in the policy, the insurer is discharged from liability as from the date of the breach of warranty, but without prejudice to any liability incurred by him before that date.

34. When breach of warranty excluded

(1) Non-compliance with a warranty is excused when, by reason of a change of circumstances, the warranty ceases to be applicable to the circumstances of the contract, or when compliance with the warranty is rendered unlawful by any subsequent law.

(2) Where a warranty is broken, the assured cannot avail himself of the defence that the breach has been remedied, and the warranty complied with, before loss.

(3) A breach of warranty may be waived by the insurer.

35. Express warranty

(1) An express warranty may be in any form of words from which the intention to warrant is to be inferred.

(2) An express warranty must be included in, or written upon, the policy, or must be contained in some document incorporated by reference into the policy.

(3) An express warranty does not exclude an implied warranty, unless it be inconsistent therewith.

36. Warranty of neutrality

(1) Where insurable property, whether ship or goods, is expressly warranted neutral, there is an implied condition that the property shall have a neutral character at the commencement of the risk, and that, so far as the assured can control the matter, its neutral character shall be preserved during the risk.

(2) Where a ship is expressly warranted'neutral'there is also an implied condition that, sofar as the assured can control the matter, she shall be properly documented, that is to say, that she shall carry the necessary papers to establish her neutrality, and that she shall not falsify or suppress her papers, or use simulated papers. If any lossoccurs through breach of this condition, the insurer may avoid the contract.

37. No implied warranty of nationality

There is no implied warranty as to the nationality of a ship, or that her nationality shall not be changed during the risk.

38. Warranty of good safety

Where the subject-matter insured is warranted'well'or'in good safety'on a particular day, it is sufficient if it be safe at any time during that day.

39. Warranty of seaworthiness of ship

(1) In a voyage policy there is an implied warranty that at the commencement of the voyage the ship shall be seaworthy for the purpose of the particular adventure insured.

(2) Where the policy attaches while the ship is in port, there is also an implied warranty that she shall, at the commencement of the risk, be reasonably fit to encounter the ordinary perils of the port.

(3) Where the policy relates to a voyage which is performed in different stages, during which the ship requires different kinds of or further preparation or equipment, there is an implied warranty that at the commencement of each stage the ship is seaworthy in respect of such preparation or equipment for the purposes of that stage.

(4) A ship is deemed to be seaworthy when she is reasonably fit in all respects to encounter the ordinary perils of the seas of the adventure insured.

(5) In a time policy there is no implied warranty that the ship shall be seaworthy at any stage of the adventure, but where, with the privity of the assured, the ship is sent to sea in an unseaworthy state, the insurer is not liable for any loss attributable to unseaworthiness.

40. No implied warranty that goods are seaworthy

(1) In a policy on goods or other moveables there is no implied warranty that the goods or moveables are seaworthy.

(2) In a voyage policy on goods or other moveables there is an implied warranty that at the commencement of the voyage the ship is not only seaworthy as a ship, but also that she is reasonably fit to carry the goods or other moveables to the destination contemplated by the policy.

41. Warranty of legality

There is an implied warranty that the adventure insured is a lawful one, and that, so far as the assured can control the matter, the adventure shall be carried out in a lawful manner.

THE VOYAGE

42. Implied condition as to commencement of risk

(1) Where the subject-matter is insured by a voyage policy'at and from' or'from' a particular place, it is not necessary that the ship should be at that place when the contract is concluded, but there is an implied condition that the adventure shall be commenced within a reasonable time, and that ifthe adventure be not so commenced the insurer may avoid the contract.

(2) The implied condition may be negatived by showing that the delay was

caused by circumstances known to the insurer before the contract was concluded or by showing that he waived the condition.

43. Alteration of port of departure

Where the place of departure is specified by the policy, and the ship instead of sailing from that place sails fromany other place, the risk does not attach.

44. Sailing for different destination

Where the destination is specified by the policy, and the ship, instead of sailing for that destination, sails for any other destination, the risk does not attach.

45. Change of voyage

(1) Where, after the commencement of the risk, the destination of the ship is voluntarily changed from the destination contemplated by the policy, there is said to be a change of voyage.

(2) Unless the policy otherwise provides, where there is a change of voyage, the insurer is discharged from liability as from the time of change, that is to say, as from the time when the determination to change it is manifested; and it is immaterial that the ship may not in fact have left the course of voyage contemplated by the policy when the loss occurs.

46. Deviation

(1) Where a ship, without lawful excuse, deviates from the voyage contemplated by the policy, the insurer is discharged from liability as from the time of deviation, and it is immaterial that the ship may have regained her route before any loss occurs.

(2) There is a deviation from the voyage contemplated by the policy-

  (a) Where the course of the voyage is specifically designated by the policy, and that course is departed from; or

  (b) Where the course of the voyage is not specifically designated by the policy, but the usual and customary course is departed from.

(3) The intention to deviate is immaterial; there must be a deviation in fact to discharge the insurer from his liability under the contract.

47. Several ports of discharge

(1) Where several ports of discharge are specified by the policy, the ship may proceed to all or any of them, but, in the absence of any usage or sufficient cause to the contrary, she must proceed to them, or such of them as she goes to, in the order designated by the policy. If she does not there is a deviation.

(2) Where the policy is to'ports of discharge,' within a given area, which are not named, the ship must, in the absence of any usage or sufficient cause to the contrary, proceed to them, or such of them as she goes to, in their geographical order. If she does not there is a deviation.

48. Delay in voyage

In the case of a voyage policy, the adventure insured must be prosecuted throughout its course with reasonable dispatch, and, if without lawful excuse it is not so prosecuted, the insurer is dispatched from liability as from the time when the delay became unreasonable.

49. Excuses for deviation or delay

(1) Deviation or delay in prosecuting the voyage contemplated by the policy is excused-

(a) Where authorised by any special term in the policy; or

(b) Where caused by circumstances beyond the control of the master and his employer; or

(c) Where reasonably necessary in order to comply with an express or implied warranty; or

(d) Where reasonably necessary for the safety of the ship or subject-matter insured; or

(e) For the purpose of saving human life, or aiding a ship in distress where human life may be in danger; or

(f) Where reasonably necessary for the purpose of obtaining medical or surgical aid for any person on board the ship; or

(g) Where caused by the barratrous conduct of the master or crew, if barratry be one of the perils insured against.

(2) When the cause excusing the deviation or delay ceases to operate, the ship must resume her course, and prosecute her voyage, with reaso-

nable dispatch.

ASSIGNMENT OF POLICY

50. When and policy is assignable

(1) A marine policy is assignable unless it contains terms expressly prohibiting assignment. It may be assigned either before or after loss.

(2) Where a marine policy has been assigned so as to pass the beneficial interest in such policy, the assignee of the policy is entitled to sue thereon in his own name; and the defendant is entitled to make any defence arising out of the contract which he would have been entitled to make if the action had been brought in the name of the person by or on behalf of whom the policy was effected.

(3) A marine policy may be assigned by indorsement thereon or in other customary manner.

51. Assured who has no interest cannot assign

Where the assured has parted with or lost his interest in the subject-matter insured, and has not, before or at thetime of so doing, expressly or impliedly agreed to assign the policy, any subsequent assignment of the policy is inoperative :

Provided that nothing in this section affects the assignment of a policy after loss.

THE PREMIUM

52. When premium payable

Unless otherwise agreed, the duty of the assured or his agent to pay the premium, and the duty of the insurer to issue the policy to the assured or his agent, are concurrent conditions, and the insurer is not bound to issue the policy until payment or tender of the premium.

53. Policy effected through broker

(1) Unless otherwise agreed, where a marine policy is effected on behalf of the assured by a broker, the broker is directly responsible to the insurer for the premium, and the insurer is directly responsible to the assured for the amount which may be payable in respect of losses, or in respect of returnable premium.

(2) Unless otherwise agreed, the broker has, as against the assured, a lien upon the policy for the amount of the premium and his charges in respect of effecting the policy, and, where he has dealt with the person who employs him as a principal, he has also a lien on the policy in respect of any balance on any insurance account which may be due to him from such person, unless when the debt was incurred he had reason to believe that such person was only an agent.

54. Effect of receipt on policy

Where a marine policy effected on behalf of the assured by a broker acknowledges the receipt of the premium, such acknowledgement is, in the absence of fraud, conclusive as between the insurer and the assured, but not as between the insurer and broker.

LOSS AND ABANDONMENT

55. Included and excluded losses

(1) Subject to the provisions of this Act, and unless the policy otherwise provides, the insurer is liable for any loss proximately caused by a peril insured against, but, subject as aforesaid, he is not liable for any loss which is not proximately caused by a peril insured against.

(2) In particular,-

(a) The insurer is not liable for any loss attributable to the wilful misconduct of the assured, but, unless the policy otherwise provides, he is liable for any loss proximately caused by a peril insured against, even though the loss would not have happened but for the misconduct or negligence of the master or crew;

(b) Unless the policy otherwise provides, the insurer on ship or goods is not liable for any loss proximately caused by delay, although the delay be caused by a peril insured against;

(c) Unless the policy otherwise provides, the insurer is not liable for ordinary wear and tear, ordinary leakage and breakage, inherent vice or nature of the subject-matter insured, or for any loss proximately caused by rats or vermin, or for any injury to machinery not proximately caused by maritime perils.

56. Partial and total loss

(1) A loss may be either total or partial. Any loss other than a total loss,

as hereinafter defined, is a partial loss.

(2) A total loss may be either an actual total loss, or a constructive total loss.

(3) Unless a different intention appears from the terms of the policy, an insurance against total loss includes a constructive, as well as an actual, total loss.

(4) Where the assured brings an action for a total loss and the evidence proves only a partial loss, he may, unless the policy otherwise provides, recover for a partial loss.

(5) Where goods reach their destination in specie, but by reason of obliteration of marks, or otherwise, they are incapable of identification, the loss, if any, is partial, and not total.

57. Actual total loss

(1) Where the subject-matter insured is destroyed, or so damaged as to cease to be a thing of the kind insured, or where the assured is irretrievably deprived thereof, there is an actual total loss.

(2) In the case of an actual total loss no notice of abandonment need be given.

58. Missing ship

Where the ship concerned in the adventure is missing, and after the lapse of a reasonable time on news of her has been received, an actual total loss may be presumed.

59. Effect of transhipment, etc

Where, by a peril insured against, the voyage is interrupted at an intermediate port or place, under such circumstancesas, apart from any special stipulation in the contract of affreightment, to justify the master in landing and re-shipping the goods or other moveables, or in transhipping them, and sending them on to their destination, the liability of the insurer continues, notwithstanding the landing or transhipment.

60. Constructive total loss defined

(1) Subject to any express provision in the policy, there is a constructive total loss where the subject-matter insured is reasonably abandoned on account of its actual total loss appearing to be unavoidable, or because

it could not be preserved from actual total loss without an expenditure which would exceed its value when the expenditure had been incurred.

(2) In particular, there is a constructive total loss-

(i) Where the assured is deprived of the possession of his ship or goods by a peril insured against, and (a) it is unlikely that he can recover the ship or goods, as the case may be, or (b) the cost of recovering the ship or goods, as the case may be, would exceed their value when recovered; or

(ii) In the case of damage to a ship, where she is so damaged by a peril insured against that the cost of repairing the damage would exceed the value of the ship when repaired.

In estimating the cost of repairs, no deduction is to be made in respect of general average contributions to those repairs payable by other interests, but account is to be taken of the expense of future salvage operations and of any future general average contributions to which the ship would be liable if repaired; or

(iii) In the case of damage to goods, where the cost of repairing the damage and forwarding the goods to their destination would exceed their value on arrival.

61. Effect of constructive total loss

Where there is a constructive total loss the assured may either treat the loss as a partial loss, or abandon the subject-matter insured to the insurer and treat the loss as if it were an actual total loss.

62. Notice of abandonment

(1) Subject to the provisions of this section, where the assured elects to abandon the subject-matter insured to the insurer, he must give notice of abandonment. If he fails to do so the loss can only be treated as a partial loss.

(2) Notice of abandonment may be given in writing, or by word of mouth, or partly in writing and partly by word of mouth, and may be given in any terms which indicate the intention of the assured to abandon his insured interest in the subject-matter insured unconditionally to the insurer.

(3) Notice of abandonment must be given with reasonable diligence after the receipt of reliable information of the loss, but where the information is of a doubtful character the assured is entitled to a reasonable time to make inquiry.

(4) Where notice of abandonment is properly given, the rights of the assured are not prejudiced by the fact that the insurer refuses to accept the abandonment.

(5) The acceptance of an abandonment may be either express or implied from the conduct of the insurer. The mere silence of the insurer after notice is not acceptance.

(6) Where a notice of abandonment is accepted the abandonment is irrevocable. The acceptance of the notice conclusively admits liability for the loss and the sufficiency of the notice.

(7) Notice of abandonment is unnecessary where, at the time when the assured receives information of the loss, there would be no possibility of benefit to the insurer if notice were given to him.

(8) Notice of abandonment may be waived by the insurer.

(9) Where an insurer has re-insured his risk, no notice of abandonment need by given by him.

63. Effect of abandonment

(1) Where there is a valid abandonment the insurer is entitled to take over the interest of the assured in whatever may remain of the subject-matter insured, and all proprietary rights incidental thereto.

(2) Upon the abandonment of a ship, the insurer thereof is entitled to any freight in course of being earned, and which is earned by her subsequent to the casualty causing the loss, less the expenses of earning it incurred after the casualty, and, where the ship is carrying the owner's goods, the insurer is entitled to a reasonable remuneration for the carriage of them subsequent to the casualty causing the loss.

PARTIAL LOSSES

(INCLUDING SALVAGE AND GENERAL AVERAGE AND PARTICULAR CHARGES)

64. Particular average loss

(1) A particular average loss is a partial loss of the subject-matter insured, caused by a peril insured against, and which is not a general average

loss.

(2) Expenses incurred by or on behalf of the assured for the safety or preservation of the subject-matter insured, other than general average and salvage charges, are called particular charges. Particular charges are not included in particular average.

65. Salvage charges

(1) Subject to any express provision in the policy, salvage charges incurred in preventing a loss by perils insured against may be recovered as a loss by those perils.

(2) 'Salvage charges'means the charges recoverable under maritime law by a salvor independently of contract. They do not include the expenses of services in the nature of salvage rendered by the assured or his agents, or any person employed for hire by them, for the purpose of averting a perilinsured against. Such expenses, where properly incurred, may be recovered as particular charges or as a general average loss, according to the circumstances under which they were incurred.

66. General average loss

(1) A general average loss is a loss caused by or directly consequential on a general average act. It includes a general average expenditure as well as a general average sacrifice.

(2) There is a general average act where any extraordinary sacrifice or expenditure is voluntarily and reasonably made orincurred in time of peril for the purpose of preserving the property imperilled in the common adventure.

(3) Where there is a general average loss, the party on whom it falls is entitled, subject to the conditions imposed by maritime law, to a rateable contribution from the other parties interested, and such contribution is called a general average contribution.

(4) Subject to any express provision in the policy, where the assured has incurred a general average expenditure, he may recover from the insurer in respect of the proportion of the loss which falls upon him; and, in the case of a general average sacrifice, he may recover from the insurer in respect of the whole loss without having enforced his right of contribution from the other parties liable to contribute.

(5) Subject to any express provision in the policy, where the assured has paid, or is liable to pay, a general average contribution in respect of the subject insured, he may recover therefor from the insurer.

(6) In the absence of express stipulation, the insurer is not liable for any general average loss or contribution where the loss was not incurred for the purpose of avoiding, or in connection with the avoidance of, a peril insured against.

(7) Where ship, freight, and cargo, or any two of those interests, are owned by the same assured, the liability of the insurer in respect of general average losses or contributions is to be determined as if those subjects were owned by different persons.

MEASURE OF INDEMNITY

67. Extent of liability of insurer for loss

(1) The sum which the assured can recover in respect of a loss on a policy by which he is insured, in the case of an unvalued policy to the full extent of the insurable value, or, in the case of a valued policy to the full extent of the value fixed by the policy, is called the measure of indemnity.

(2) Where there is a loss recoverable under the policy, the insurer, or each insurer if there be more than one, is liable for such proportion of the measure of indemnity as the amount of his subscription bears to the value fixed by the policy in thecase of a valued policy, or to the insurable value in the case of an unvalued policy.

68. Total loss

Subject to the provisions of this Act and to any express provision in the policy, where there is a total loss of the subject-matter insured,-

(1) If the policy be a valued policy, the measure of indemnity is the sum fixed by the policy:

(2) If the policy be an unvalued policy, the measure of indemnity is the insurable value of the subject-matter insured.

69. Partial loss of ship

Where a ship is damaged, but is not totally lost, the measure of indemnity, subject to any express provision in the policy, is as follows:

(1) Where the ship has been repaired, the assured is entitled to the reasonable cost of the repairs, less the customary deductions, but not exceeding the sum insured in respect of any one casualty;

(2) Where the ship has been only partially repaired, the assured is entitled to the reasonable cost of such repairs, computed as above, and also to be indemnified for the reasonable depreciation, if any, arising from the unrepaired damage, provided that the aggregate amount shall not exceed the cost of repairing the whole damage, computed as above;

(3) Where the ship has not been repaired, and has not been sold in her damaged state during the risk, the assured is entitled to be indemnified for the reasonable depreciation arising from the unrepaired damage, but not exceeding the reasonable costof repairing such damage, computed as above.

70. Partial loss of freight

Subject to any express provision in the policy, where there is a partial loss of freight, the measure of indemnity is such proportion of the sum fixed by the policy in the case of a valued policy, or of the insurable value in the case of an unvalued policy, as the proportion of freight lost by the assured bears to the whole freight at the risk of the assured under the policy.

71. Partial loss of goods, merchandise, etc

Where there is a partial loss of goods, merchandise, or other moveables, the measure of indemnity, subject to any express provision in the policy, is as follows-

(1) Where part of the goods, merchandise or other moveables insured by a valued policy is totally lost, the measure of indemnity is such proportion of the sum fixed by the policy as the insurable value of the part lost bears to the insurable value of the whole, ascertained as in the case of an unvalued policy;

(2) Where part of the goods, merchandise, or other moveables insured by an unvalued policy is totally lost, the measure of indemnity is the insurable value of the part lost, ascertained as in case of total loss;

(3) Where the whole or any part of the goods or merchandise insured has been delivered damaged at its destination, the measure of indemnity is

such proportion of the sum fixed by the policy in the case of a valued policy, or of the insurable value in the case of an unvalued policy, as the difference between the gross sound and damaged values at the place of arrival bears to the gross sound value;

(4) 'Gross value'means the wholesale price or, if there be no such price the estimated value, with, in either case, freight, landing charges, and duty paid beforehand; provided that, in the case of goods or merchandise customarily sold in bond, the bonded price is deemed to be the gross value.'Gross proceeds' means the actual price obtained at a sale where all charges on sale are paid by the sellers.

72. Apportionment of valuation

(1) Where different species of property are insured under a single valuation, the valuation must be apportioned over the different species in proportion to their respective insurable values, as in the case of an unvalued policy. The insured value of any part of a species is such proportion of the total insured value of the same as the insurable value of the part bears to the insurable value of the whole ascertained in both cases as provided by this Act.

(2) Where a valuation has to be apportioned, and particulars of the prime cost of each separate species, quality, or description of goods cannot be ascertained, the division of the valuation may be made over the net arrived sound values of the different species, qualities, or descriptions of goods.

73. General average contribution and salvage charges

(1) Subject to any express provision in the policy, where the assured has paid, or is liable for, any general average contribution, the measure of indemnity is the full amount of such contribution, if the subject-matter liable to contribution is insured for its full contributory value; but, if such subject-matter be not insured for its full contributory value, or if only part of it be insured, the indemnity payable by the insurer must be reduced in proportion to the under insurance,and where there has been a particular average loss which constitutes a deduction from the contributory value, and for which theinsurer is liable, that amount must be deducted from the insured value in order to ascertain what the

insurer is liable to contribute.

(2) Where the insurer is liable for salvage charges the extent of his liability must be determined on the like principle.

74. Liabilities to third parties

Where the assured has effected an insurance in express terms against any liability to a third party, the measure of indemnity, subject to any express provision in the policy, is the amount paid or payable by him to such third party in respect of such liability.

75. General provisions as to measure of indemnity

(1) Where there has been a loss in respect of any subject-matter not expressly provided for in the foregoing provisions of this Act, the measure of indemnity shall be ascertained, as nearly as may be, in accordance with those provisions, in so far as applicable to the particular case.

(2) Nothing in the provisions of this Act relating to the measure of indemnity shall affect the rules relating to double insurance, or prohibit the insurer from disproving interest wholly or in part, or from showing that at the time of the loss the whole or any part of the subject-matter insured was not at risk under the policy.

76. Particular average warranties

(1) Where the subject-matter insured is warranted free from particular average, the assured cannot recover for a loss of part, other than a loss incurred by a general average sacrifice unless the contract contained in the policy be apportionable; but, if the contract be apportionable, the assured may recover for a total loss of any apportionable part.

(2) Where the subject-matter insured is warranted free from particular average, either wholly or under a certain percentage, the insurer is nevertheless liable for salvage charges, and for particular charges and other expenses properly incurred pursuant to the provisions of the suing and labouring clause in order to avert a loss insured against.

(3) Unless the policy otherwise provides, where the subject-matter insured is warranted free from particular average under a specified percentage, a general average loss cannot be added to a particular average loss to

make up the specified percentage.

(4) For the purpose of ascertaining whether the specified percentage has been reached, regard shall be had only to the actual loss suffered by the subject-matter insured. Particular charges and the expenses of and incidental to ascertaining and proving the loss must be excluded.

77. Successive losses

(1) Unless the policy otherwise provides, and subject to the provisions of this Act, the insurer is liable for successive losses, even though the total amount of such losses may exceed the sum insured.

(2) Where, under the same policy, a partial loss, which has not been repaired or otherwise made good, is followed by a total loss, the assured can only recover in respect of the total loss: Provided that nothing in this section shall affect the liability of the insurer under the suing and labouring clause.

78. Suing and labouring clause

(1) Where the policy contains a suing and labouring clause, the engagement thereby entered into is deemed to be supplementary to the contract of insurance, and the assured may recover from the insurer any expenses properly incurred pursuant to the clause, notwithstanding that the insurer may have paid for a total loss, or that the subject-matter may have been warranted free from particular average, either wholly or under a certain percentage.

(2) General average losses and contributions and salvage charges, as defined by this Act, are not recoverable under the suing and labouring clause.

(3) Expenses incurred for the purpose of averting or diminishing any loss not covered by the policy are not recoverable under the suing and labouring clause.

(4) It is the duty of the assured and his agents, in all cases, to take such measures as may be reasonable for the purpose of averting or minimising a loss.

RIGHT OF INSURER ON PAYMENT

79. Right of subrogation

(1) Where the insurer pays for a total loss, either of the whole, or in the case of goods of any apportionable part, of the subject-matter insured, he thereupon becomes entitled to take over the interest of the assured in whatever may remain of the subject-matter so paid for, and he is thereby subrogated to all the rights and remedies of the assured in and in respect of that subject-matter as from the time of the casualty causing the loss.

(2) Subject to the foregoing provisions, where the insurer pays for a partial loss, he acquires no title to the subject-matter insured, or such part of it as may remain, but he is thereupon subrogated to all rights and remedies of the assured in andin respect of the subject-matter insured as from the time of the casualty causing the loss, in so far as the assured has been indemnified, according to this Act, by such payment for the loss.

80. Right of contribution

(1) Where the assured is over-insured by double insurance, each insurer is bound, as between himself and the other insurers, to contribute rateably to the loss in proportion to the amount for which he is liable under his contract.

(2) If any insurer pays more than his proportion of the loss, he is entitled to maintain an action for contribution against the other insurers, and is entitled to the like remedies as a surety who has paid more than his proportion of the debt.

81. Effect of under insurance

Where the assured is insured for an amount less than the insurable value or, in the case of a valued policy, for an amount less than the policy valuation, he is deemed to be his own insurer in respect of the uninsured balance.

RETURN OF PREMIUM

82. Enforcement of return

Where the premium or a proportionate part thereof is, by this Act, declared to be returnable,-

(a) If already paid, it may be recovered by the assured from the insurer; and

(b) If unpaid, it may be retained by the assured or his agent.

83. Return by agreement

Where the policy contains a stipulation for the return of the premium, or a proportionate part thereof, on the happening of a certain event, and that event happens, the premium, or, as the case may be, the proportionate part thereof, is thereupon returnable to the assured.

84. Return for failure of consideration

(1) Where the consideration for the payment of the premium totally fails, and there has been no fraud or illegality on the part of the assured or his agents, the premium is thereupon returnable to the assured.

(2) Where the consideration for the payment of the premium is apportionable and there is a total failure of any apportionable part of the consideration, a proportionate part of the premium is, under the like conditions, thereupon returnable to the assured.

(3) In particular-

(a) Where the policy is void, or is avoided by the insurer as from the commencement of the risk, the premium is returnable, provided that there has been no fraud or illegality on the part of the assured; but if the risk is not apportionable, and hasonce attached, the premium is not returnable;

(b) Where the subject-matter insured, or part thereof, has never been imperilled, the premium, or, as the case may be, a proportionate part thereof, is returnable; Provided that where the subject-matter has been insured'lost or not lost'and has arrived in safety at the time when the contract is concluded, the premium is returnable unless, at such time, the insurer knew of the safe arrival.

(c) Where the assured has no insurable interest throughout the currency of the risk, the premium is returnable, provided that this rule does not apply to a policy effected by way of gaming or wagering;

(d) Where the assured has a defeasible interest which is terminated during the currency of the risk, the premium is not returnable;

(e) Where the assured has over-insured under an unvalued policy, a proportionate part of the premium is returnable;

(f) Subject to the foregoing provisions, where the assured has over-insured by double insurance, a proportionate part of the several premiums is returnable; Provided that, if the policies are effected at different times, and any earlier policy has at any time borne the entire risk, or if a claim has been paid on the policy in respect of the full sum insured thereby, no premium is returnable in respect of that policy, and when the double insurance is effected knowingly by the assured no premium is returnable.

MUTUAL INSURANCE

85. Modification of Act in case of mutual insurance

(1) Where two or more persons mutually agree to insure each other against marine losses there is said to be a mutual insurance.

(2) The provisions of this Act relating to the premium do not apply to mutual insurance, but a guarantee, or such other arrangement as may be agreed upon, may be substituted for the premium.

(3) The provisions of this Act, in so far as they may be modified by the agreement of the parties, may in the case of mutual insurance be modified by the terms of the policies issued by the association, or by the rules and regulations of the association.

(4) Subject to the exceptions mentioned in this section, the provisions of this Act apply to a mutual insurance.

SUPPLEMENTAL

86. Ratification by assured

Where a contract of marine insurance is in good faith effected by one person on behalf of another, the person on whose behalf it is effected may ratify the contract even after he is aware of a loss.

87. Implied obligations varied by agreement or usage

(1) Where any right, duty, or liability would arise under a contract of marine insurance by implication of law, it may be negatived or varied by express agreement, or by usage, if the usage be such as to bind both parties to the contract.

(2) The provisions of this section extend to any right, duty, or liability declared by this Act which may be lawfully modified by agreement.

88. Reasonable time, etc, a question of fact

Where by this Act any reference is made to reasonable time, reasonable premium, or reasonable diligence, the question what is reasonable is a question of fact.

89. Slip as evidence

Where there is a duly stamped policy, reference may be made, as heretofore, to the slip or covering note, in any legal proceeding.

90. Interpretation of terms

In this Act, unless the contract or subject-matter otherwise requires,-

'Action'includes counter-claim and set off ;

'Freight'includes the profit derivable by a shipment from the employment of his ship to carryhis own goods or movables, as well as freight payable by a third party, but does not include passage money ;

'Movables'means any movable tangible property, other than the ship, and includes money, valuable securities, and other documents ;

'Policy'means a marine policy.

91. Savings

(1) Nothing in this Act, or in may repeal effected thereby, shall affect-

(a) The provisions of the Stamp Act 1891, or any enactment for the time being in force relating to the revenue ;

(b) The provisions of the Companies Act 1862, or any enactment amending or substituted for the same ;

(c) The provisions of any statute not expressly repealed by this Act.

(2) The rules of the common law including the law merchant, save in so far as they are inconsistent with the express provisions of this Act, shall continue to apply to contracts of marine insurance.

92. Repeals

The enactments mentioned in the Second Schedule to this Act are hereby repealed to the extent specified in that schedule.

93. Commencement

This Act shall come into operation on the first day of January one thousand nine hundred and seven.

94. Short title

This Act may be cited as the Marine Insurance Act 1906.

SCHEDULES

FIRST SCHEDULE

Section 30

FORM OF POLICY

Lloyd's S. G. Policy

Be it known that as well in own name as for and in the name and names of all and every other person or persons to whom the same doth, may, or shall appertain, in part or in all doth make assurance and cause and them, and every of them, to be insured lost or not lost, at and from Upon any kind of goods and merchandises, and also upon the body, tackle, apparel, ordnance, munition, artillery, boat, and other furniture, of and in the good ship or vessel called the whereof is master under God, for this present voyage, or whosoever else shall go for master in the said ship, or by whatsoever other name or names the said ship, or the master thereof, is or shall be named or called ; beginning the adventure upon the said goods and merchandises from the loading thereof aboard the said ship. upon the said ship, & c. and so shall continue and endure, during her abode there, upon the said ship, &c. And further, until the said ship, with all her ordnance, tackle, apparel, & c, and goods and merchandises whatsoever shall be arrived at upon the said ship,&c, until she hath moored at, anchor twenty-four hours in good safety ; and upon the goods and merchandises, until the same be there discharged and safely landed. And it shall be lawful for the said ship, &c, in this voyage, to proceed and sail to and touch and stay at any ports or places whatsoever with prejudice to this insurance. The said ship, &c. goods and mer- chandises, &c, for so much as concerns the assured by agreement between the assured and assurers in this policy, are and shall be valued at Touching the adventures and perils which we the assurers are contented to bear and to take upon us in this voyage: they areof the seas, men of war, fire, enemies, pirates, rovers, thieves, jettisons, letters of mart and countermart, surprisals, taking at sea, arrests, restraints, and detainments of all kings, princes, and people, of what nation, condition, or quality soever, barratry of the master and mariners, and of all other perils, losses, and misfortunes, that have or shall come to the hurt, detriment, or damage of the said goods and merchandises, and ship, & c, or any part thereof, without prejudice to this insurance; tothe charges whereof we, the assurers, will contribute each one according to the rate and quantity of his sum herein assured. And it is especially declared and agreed that no acts of the insurer or insured in recovering, saving, or preserving the propertyinsured shall be considered as a waiver, or acceptance of abandonment. And it is agreed by us, the insurers, that this writing or policy of assurance shall be of as much force and effect as the surest writing or policy of assurance heretoforce made in Lombard Street, or in the Royal Exchange, or elsewhere in London. And so we, the assurers, are contented, and do hereby promise andbind ourselves, each one for his own part, our heirs, executors, and goods to the assured, their executors, administrators, andassigns, for the true performance of the premises, confessing ourselves paid the consideration due unto us for this assurance by the assured, at and after the rate of IN WITNESS whereof we, the assures, have subscribed our names and sums assured in London.

NB-Corn, fish, salt, fruit, flour and seed are warranted free from average, unless general, or the ship be stranded-sugar, tobacco, hemp, flax, hides and skins are warranted free from average, under five pounds per cent, and all other goods, also the ship and freight, are warranted free from average, under three pounds per cent, unless general, or the ship be stranded.

RULES FOR CONSTRUCTION OF POLICY

The following are the rules referred to by this Act for the construction of a policy in the above or other like form, wherethe context does not otherwise require-

1. Lost or not lost

Where the subject-matter is insured'lost or not lost', and the loss has occurred before the contract is concluded, the risk attaches unless, at such time the assured was aware of the loss, and the insurer was not.

2. From

Where the subject-matter is insured'from'a particular place, the risk does not attachuntil the ship starts on the voyage insured.

3. At and from[Ship]

(a) Where a ship is insured'at and from'a particular place, and she is at that place in good safety when the contract is concluded, the risk attaches immediately.

(b) If she be not at that place when the contract is concluded, the risk attaches as soon as she arrives there in good safety, and, unless the policy otherwise provides, it is immaterial that she is covered by another policy for a specified time afterarrival.

(c) Where chartered freight is insured'at and from'a particular place, and the ship is at that place in good safety when the contract is concluded the risk attaches immediately. If she be not there when the contract is concluded, the risk attaches as soon as she arrives there in good safety.

(d) Where freight, other than chartered freight, is payable without special conditions and is insured'at andfrom'a particular place, the risk attaches pro rata as the goods or merchandise are shipped, provided that if there be cargo in readiness which belongs to the shipowner, or which some other person has contracted with him to ship, the risk attaches as soon as the ship is ready to receive such cargo.

4. From the loading thereof

Where goods or other moveables are insured'from the loading thereof,'the risk does not attachuntil such goods or moveables are actually on board, and the insurer is not liable for them while in transit from the shore to ship.

5. Safely landed

Where the risk on goods or other moveables continues until they are'safely landed,'they must be landed in the customary manner and within a reasonable time after arrival at the port of discharge, and if they are not so landed the risk ceases.

6. Touch and stay

In the absence of any further license or usage, the liberty to touch and stay'at any port or place whatsoever'does not authorise the ship to depart from the course of her voyage from the port of departure to the port of destination.

7. **Perils of the seas**

The terms'perils of the seas'refers only to fortuitous accidents or casualties of the seas. It does not include the ordinary action of the winds and waves.

8. **Pirates**

The terms'pirates'includes passengers who mutiny and rioters who attack the ship fromthe shore.

9. **Thieves**

The terms'thieves'does not cover clandestine theft or a theft committed by any one of theship's company, whether crew or passengers.

10. **Restraint of princes**

The term'arrest, etc, of kings, princes, and people'refers to political or executive acts, and does not include a loss caused by riot or by ordinary judicial process.

11. **Barratry**

The term'barratry'includes every wrongful act wilfully committed by the master or crew tothe prejudice of the owner, or, as the case may be, the charterer.

12. **All other perils**

The term'all other perils'includes only perils similar in kind to the perils specifically mentioned in the policy.

13. **Average unless general**

The term'average unless general'means a partial loss of the subject-matter insured other than a general average loss, and does not include'particular charges'.

14. **Stranded**

Where the ship has stranded, the insurer is liable for the excepted losses, although the loss is not attributable to the stranding, provided that when the stranding takes place the risk has attached and, if the policy be on goods, that the damaged goods are on board.

15. Ship

The term'ship'includes the hull, materials and outfit, stores and provisions for the officers and crew, and, in the case of vessels engaged in a special trade, the ordinary fittings requisite for the trade, and also, in the case of a steamship, the machinery, boilers and coals and engine stores, if owned by the assured.

16. Freight

The term'freight'includes the profit derivable by a shipowner from the employment of his ship to carry his own goods or moveables, as well as freight payable by a third party, but does not include passage money.

17. Goods

The term'goods'means goods in the nature of merchandise, and does not include personal effects or provisions and stores for use on board.
In the absence of any usage to the contrary, deck cargo and living animals must be specifically, and not under the general denomination of goods.

SECOND SCHEDULE

• Section 92

ENACTMENTS REPEALED

Session and Chapter	Title or Short Title	Extent of Repeal
19 Geo 2 c 37.	An Act to regulate insurance on ships belonging to the subjects of Great Britain, and on merchandizes or effects laden thereon.	The whole Act
28 Geo 3. c 56.	An Act to repeal an Act made in the twenty-fifth year of the reign of his present Majesty, intituled' An Act for regulating Insurances on Ships, and on goods, merchandizes, or effects,' and for substituting other provisions for the like purpose in lieu thereof.	The whole Act so far as it relates to marine insurance.
31 & 32 Vic c 86	The Policies of Marine Assurance Act, 1868.	The whole Act.

THE YORK-ANTWERP RULES(YAR)

Rule of Interpretation
Rule Paramount
Rule A
Rule B
Rule C
Rule D
Rule E
Rule F
Rule G
Rule I - Jettison of Cargo
Rule II - Loss or Damage by Sacrifices for the Common Safety
Rule III - Extinguishing Fire on Shipboard
Rule IV - Cutting away Wreck
Rule V - Voluntary Stranding
Rule VI - Salvage Remuneration
Rule VII - Damage to Machinery and Boilers
Rule VIII - Expenses lightening a Ship when Ashore, and Consequent Damage
Rule IX - Cargo, Ship's Materials and Stores used for Fuel
Rule X - Expenses of Port of Refuge, etc.
Rule XI - Wages and Maintenance of Crew and other expenses bearing up for and in a port of refuge, etc.
Rule XII - Damage to Cargo in Discharging, etc.
Rule XIII - Deduction from Cost of Repairs
Rule XIV - Temporary Repairs
Rule XV - Loss of Freight
Rule XVI - Amount to be made good for Cargo Lost or Damaged by Sacrifice
Rule XVII - Contributory Values
Rule XVIII - Damage to Ship
Rule XIX - Undeclared or Wrongfully Declared Cargo
Rule XX - Provision of Funds
Rule XXI - Interest on Losses made good in General Average
Rule XXII - Treatment of Cash Deposits

Rule of Interpretation

In the adjustment of general average the following Rules shall apply to the exclusion of any Law and Practice inconsistent therewith.

Except as provided by the Rule Paramount and the numbered Rules, general average shall be adjusted according to the lettered Rules.

Rule Paramount

In no case shall there be any allowance for sacrifice or expenditure unless reasonably made or incurred.

Rule A

There is a general average act when, and only when, any extraordinary sacrifice or expenditure is intentionally and reasonably made or incurred for the common safety for the purpose of preserving from peril the property involved in a common maritime adventure.

General average sacrifices and expenditures shall be borne by the different contributing interests on the basis hereinafterprovided.

Rule B

There is a common maritime adventure when one or more vessels are towing or pushing another vessel or vessels, providedthat they are all involved in commercial activities and not in a salvage operation.

When measures are taken to preserve the vessels and their cargoes, if any, from a common peril, these Rules shall apply.

A vessel is not in common peril with another vessel or vessels if by simply disconnecting from the other vessel or vessels she is in safety; but if the disconnection is itself a general average act the common maritime adventure continues.

Rule C

Only such losses, damages or expenses which are the direct consequence of the general average act shall be allowed as general average.

In no case shall there be any allowance in general average for losses, damages or expenses incurred in respect of damage tothe environment or in consequence of the escape or release of pollutant substances from the property involved in the common maritime adventure.

Demurrage, loss of market, and any loss or damage sustained or expense incurred by reason of delay, whether on the voyage or subsequently, and any indirect loss whatsoever, shall not be admitted as general average.

Rule D

Rights to contribution in general average shall not be affected, though the event which gave rise to the sacrifice or expenditure may have been due to the fault of one of the parties to the adventure; but this shall not prejudice any remedies or defences which may be open against or to that party in respect of such fault.

Rule E

The onus of proof is upon the party claiming in general average to show that the loss or expense claimed is properly allowable as general average.
All parties claiming in general average shall give notice in writing to the average adjuster of the loss or expense in respect of which they claim contribution within 12 months of the date of the termination of the common maritime adventure.
Failing such notification, or if within 12 months of a request for the same any of the parties shall fail to supply evidence in support of a notified claim, or particulars of value in respect of a contributory interest, the average adjuster shall be at liberty to estimate the extent of the allowance or the contributory value on the basis of the information available to him, which estimate may be challenged only on the ground that it is manifestly incorrect.

Rule F

Any additional expense incurred in place of another expense which would have been allowable as general average shall bedeemed to be general average and so allowed without regard to the saving, if any, to other interests, but only up to the amountof the general average expense avoided.

Rule G

General average shall be adjusted as regards both loss and contribution upon the basis of values at the time and place when and where the adventure ends.
This rule shall not affect the determination of the place at which the

average statement is to be made up.

When a ship is at any port or place in circumstances which would give rise to an allowance in general average under the provisions of Rules X and XI, and the cargo or part thereof is forwarded to destination by other means, rights and liabilities in general average shall, subject to cargo interests being notified if practicable, remain as nearly as possible the same as they would have been in the absence of such forwarding, as if the adventure had continued in the original ship for so long as justifiable under the contract of affreightment and the applicable law.

The proportion attaching to cargo of the allowances made in general average by reason of applying the third paragraph of this Rule shall not exceed the cost which would have been borne by the owners of cargo if the cargo had been forwarded at their expense.

Rule I - Jettison of Cargo

No jettison of cargo shall be made good as general average, unless such cargo is carried in accordance with the recognised custom of the trade.

Rule II - Loss or Damage by Sacrifices for the Common Safety

Loss of or damage to the property involved in the common maritime adventure by or in consequence of a sacrifice made for the common safety, and by water which goes down a ship's hatches opened or other opening made for the purpose of making a jettison for the common safety, shall be made good as general average.

Rule III - Extinguishing Fire on Shipboard

Damage done to a ship and cargo, or either of them, by water or otherwise, including damage by beaching or scuttling a burning ship, in extinguishing a fire on board the ship, shall be made good as general average, except that no compensation shall be made for damage by smoke however caused or by heat of the fire.

Rule IV - Cutting away Wreck

Loss or damage sustained by cutting away wreck or parts of the ship which have previously been carried away or are effectively lost by accident shall not be made good as general average.

Rule V - Voluntary Stranding

When a ship is intentionally run on shore for the common safety, whether or not she might have been driven on shore, the consequent loss or damage to the property involved in the common maritime adventure shall be allowed in general average.

Rule VI - Salvage Remuneration

(a) Expenditure incurred by the parties to the adventure in the nature of salvage, whether under contract or otherwise, shall be allowed in general average provided that the salvage operations were carried out for the purpose of preserving from peril the property involved in the common maritime adventure.

Expenditure allowed in general average shall include any salvage remuneration in which the skill and efforts of the salvorsin preventing or minimising damage to the environment such as is referred to in Article 13 paragraph 1(b) of the International convention on Salvage, 1989 have been taken into account.

(b) Special compensation payable to a salvor by the shipowner under Article 14 of the said Convention to the extent specified in paragraph 4 of that Article or under any other provision similar in substance shall not be allowed in general average.

Rule VII - Damage to Machinery and Boilers

Damage caused to any machinery and boilers of a ship which is ashore and in a position of peril, in endeavouring to refloat, shall be allowed in general average when shown to have arisen from an actual intention to float the ship for the common safety at the risk of such damage; but where a ship is afloat no loss or damage caused by working propelling machinery and boilers shall in any circumstances be made good as general average.

Rule VIII - Expenses lightening a Ship when Ashore, and Consequent Damage

When a ship is ashore and cargo and ship's fuel and stores or any of them are discharged as a general average act, the extra cost of lightening, lighter hire and reshipping (if incurred), and any loss or damage to the property involved in the common maritime adventure in consequence thereof, shall be admitted as general average.

Rule IX - Cargo, Ship's Materials and Stores used for Fuel

Cargo, ship's materials and stores, or any of them, necessarily used for fuel for the common safety at a time of peril shall be admitted as general average, but when such an allowance is made for the cost of ship's materials and stores the generalaverage shall be credited with the estimated cost of the fuel which would otherwise have been consumed in prosecuting the intended voyage.

Rule X - Expenses of Port of Refuge, etc.

(a) When a ship shall have entered a port or place of refuge or shall have returned to her port or place of loading in consequence of accident, sacrifice or other extraordinary circumstances which render that necessary for the common safety,the expenses of entering such port or place shall be admitted as general average; and when she shall have sailed thence with her original cargo, or a part of it, the corresponding expenses of leaving such port or place of refuge consequent upon such entryor return shall likewise be admitted as general average.

When a ship is at any port or place of refuge and is necessarily removed to another port or place because repairs cannot becarried out in the first port or place, the provisions of this Rule shall be applied to the second port or place as if it were a port or place of refuge and the cost of such removal including temporary repairs and towage shall be admitted as general average. The provisions of Rule XI shall be applied to the prolongation of the voyage occasioned by such removal.

(b) The cost of handling on board or discharging cargo, fuel or stores whether at a port or place of loading, call or refuge, shall be admitted as general average, when the handling or discharge was necessary for the common safety or to enable damage to the ship caused by sacrifice or accident to be repaired, if the repairs were necessary for the safe prosecution of the voyage, except in cases where the damage to the ship is discovered at a port or place of loading or call without any accident or otherextraordinary circumstances connected with such damage having taken place during the voyage.

The cost of handling on board or discharging cargo, fuel or stores shall not be admissible as general average when incurredsolely for the purpose of restowage due to shifting during the voyage, unless such restowage is necessary for the common safety.

(c) Whenever the cost of handling or discharging cargo, fuel or stores is admissible as general average, the costs of storage, including insurance if reasonably incurred, reloading and stowing of such cargo, fuel or stores shall likewise be admitted as general average. The provisions of Rule XI shall be applied to the extra period of detention occasioned by such reloading or restowing.

But when the ship is condemned or does not proceed on her original voyage, storage expenses shall be admitted as general average only up to the date of the ship's condemnation or of the abandonment of the voyage or up to the date of completion of discharge of cargo if the condemnation or abandonment takes place before that date.

Rule XI - Wages and Maintenance of Crew and other expenses bearing up for and in a port of refuge, etc.

(a) Wages and maintenance of master, officers and crew reasonably incurred and fuel and stores consumed during the prolongation of the voyage occasioned by a ship entering a port or place of refuge or returning to her port or place of loading shall be admitted as general average when the expenses of entering such port or place are allowable in general average in accordance with Rule X(a).

(b) When a ship shall have entered or been detained in any port or place in consequence of accident, sacrifice or other extraordinary circumstances which render that necessary for the common safety, or to enable damage to the ship caused by sacrifice or accident to be repaired, if the repairs were necessary for the safe prosecution of the voyage, the wages and maintenance of the master, officers and crew reasonably incurred during the extra period of detention in such port or place until the ship shallor should have been ready to proceed upon her voyage, shall be admitted in general average.

Fuel and stores consumed during the extra period of detention shall be admitted as general average, except such fuel and stores as are consumed in effecting repairs not allowable in general average.

Port charges incurred during the extra period of detention shall likewise be admitted as general average except such charges as are incurred solely by reason of repairs not allowable in general average.

Provided that when damage to the ship is discovered at a port or place of loading or call without any accident or other extraordinary circumstance connected with such damage having taken place during the voyage, then the wages and maintenance of master, officers and crew and fuel and stores consumed and port charges incurred during the extra detention for repairs to damages sodiscovered shall not be admissible as general average, even if the repairs are necessary for the safe prosecution of the voyage.

When the ship is condemned or does not proceed on her original voyage, the wages and maintenance of the master, officers and crew and fuel and stores consumed and port charges shall be admitted as general average only up to the date of the ship's condemnation or of the abandonment of the voyage or up to the date of completion of discharge of cargo if the condemnation or abandonment takes place before that date.

(c) For the purpose of this and the other Rules wages shall include all payments made to or for the benefit of the master, officers and crew whether such payments be imposed by law upon the shipowners or be made under the terms of articles of employment.

(d) The cost of measures undertaken to prevent or minimise damage to the environment shall be allowed in general average when incurred in any or all of the following circumstances:

(i) as part of an operation performed for the common safety which, had it been undertaken by a party outside the common maritime adventure, would have entitled such party to a salvage reward;

(ii) as a condition of entry into or departure from any port or place in the circumstances prescribed in Rule X(a);

(iii) as a condition of remaining at any port or place in the circumstances prescribed in Rule X(a), provided that when there is an actual escape or release of pollutant substances the cost of any additional measures required on that account to prevent or minimise pollution or environmental damage shall not be allowed as general average;

(iv) necessarily in connection with the discharging, storing or reloading of cargo whenever the cost of those operations isadmissible as general average.

Rule XII - Damage to Cargo in Discharging, etc.

Damage to or loss of cargo, fuel or stores sustained in consequence of their handling, discharging, storing, reloading and stowing shall be made good as general average, when and only when the cost of those measures respectively is admitted as general average.

Rule XIII - Deduction from Cost of Repairs

Repairs to be allowed in general average shall not be subject to deductions in respect of "new or old" where old material or parts are replaced by new unless the ship is over fifteen years old in which case there shall be a deduction of one third. The deductions shall be regulated by the age of the ship from the 31st December of the year of completion of the construction to the date of the general average act, except for insulation, life and similar boats, communications and navigational apparatus and equipment, machinery and boilers for which the deductions shall be regulated by the age of the particular parts to which they apply.

The deductions shall be made only from the cost of the new material or parts when finished and ready to be installed in theship.

No deductions shall be made in respect of provisions, stores, anchors and chain cables.

Drydock and slipway dues and costs of shifting the ship shall be allowed in full.

The costs of cleaning, painting or coating of bottom shall not be allowed in general average unless the bottom has been painted or coated within the twelve months preceding the date of the general average act in which case one half of such costs shallbe allowed.

Rule XIV - Temporary Repairs

Where temporary repairs are effected to a ship at a port of loading, call or refuge, for the common safety, or of damage caused by general average sacrifice, the cost of such repairs shall be admitted as general average.

Where temporary repairs of accidental damage are effected in order to enable the adventure to be completed, the cost of such repairs shall be admitted as general average without regard to the saving, if any, to other interests, but only up to the saving in expense which would have been incurred and allowed in general average if such repairs had not been effected there.

No deductions "new for old" shall be made from the cost of temporary repairs allowable as general average.

Rule XV - Loss of Freight

Loss of freight arising from damage to or loss of cargo shall be made good as general average, either when caused by a general average act, or when the damage to or loss of cargo is so made good.

Deduction shall be made from the amount of gross freight lost, of the charges which the owner thereof would have incurred to earn such freight, but has, in consequence of the sacrifice, not incurred.

Rule XVI - Amount to be made good for Cargo Lost or Damaged by Sacrifice

The amount to be made good as general average for damage to or loss of cargo sacrificed shall be the loss which has been sustained thereby based on the value at the time of discharge, ascertained from the commercial invoice rendered to the receiver or if there is no such invoice from the shipped value. The value at the time of discharge shall include the cost of insurance and freight except insofar as such fright is at the risk of interests other than the cargo.

When cargo so damaged is sold and the amount of the damage has not been otherwise agreed, the loss to be made good in general average shall be the difference between the net proceeds of sale and the net sound value as computed in the first paragraph of this Rule.

Rule XVII - Contributory Values

The contribution to a general average shall be made upon the actual net values of the property at the terminationof the adventure except that the value of cargo shall be the value at the time of discharge, ascertained from the commercial invoice rendered to the receiver or if there is no such invoice from the shipped value. The value of the cargo shall include the cost of insurance and freight unless and insofar as such freight is at the risk of interests other than the cargo, deducting therefrom any loss or damage suffered by the cargo prior to or at the time of discharge. The value of the ship shall be assessed without taking into account the beneficial or detrimental effect of any demise or time charterparty to which the ship may be committed.

To these values shall be added the amount made good as general average for property sacrificed, if not already included, deduction being made from the freight and passage money at risk of such charges and crew's wages as would not have been incurred in earning the freight had the ship and cargo been totally lost at the date of the general average act and have not been allowed as general average; deduction being also made from the value of the property of all extra charges incurred in respect thereof subsequently to the general average act, except such charges as are allowed in general average or fall upon the ship by virtue of an award for special compensation under Article 14 of the International Convention on Salvage, 1989 or under any other provision similar in substance.

In the circumstances envisaged in the third paragraph of Rule G, the cargo and other property shall contribute on the basis of its value upon delivery at original destination unless sold or otherwise disposed of short of that destination, and the ship shall contribute upon its actual net value at the time of completion of discharge of cargo.

Where cargo is sold short of destination, however, it shall contribute upon the actual net proceeds of sale, with the addition of any amount made good as general average.

Mails, passenger's luggage, personal effects and accompanied private motor vehicles shall not contribute in general average.

Rule XVIII - Damage to Ship

The amount to be allowed as general average for damage or loss to the ship, her machinery and/ or gear caused by a general average act shall be as follows:

(a) When repaired or replaced, The actual reasonable cost of repairing or replacing such damage or loss, subject to deductions in accordance with Rule XIII;

(b) When not repaired or replaced, The reasonable depreciation arising from such damage or loss, but not exceeding the estimated cost of repairs. But where the ship is an actual total loss or when the cost of repairs of the damage would exceed the value of the ship when repaired, the amount to be allowed as general average shall be the difference between the estimated sound value of the ship after deducting therefrom the estimated cost of repairing damage which is not general average and the value of the ship in her damaged state which may be measured by the net proceeds of sale, if any.

Rule XIX - Undeclared or Wrongfully Declared Cargo

Damage or loss caused to goods loaded without the knowledge of the shipowner or his agent or to goods wilfully misdescribed at time of shipment shall not be allowed as general average, but such goods shall remain liable to contribute, if saved.

Damage or loss caused to goods which have been wrongfully declared on shipment at a value which is lower than their real value shall be contributed for at the declared value, but such goods shall contribute upon their actual value.

Rule XX - Provision of Funds

A commission of 2 per cent. on general average disbursements, other than the wages and maintenance of masters, officers and crew and fuel and stores not replaced during the voyage, shall be allowed in general average.

The capital loss sustained by the owners of goods sold for the purpose of raising funds to defray general average disbursements shall be allowed in general average.

The cost of insuring general average disbursements shall also be admitted in general average.

Rule XXI - Interest on Losses made good in General Average

Interest shall be allowed on expenditure, sacrifices and allowances in general average at the rate of 7 per cent. per annum, until three months after the date of issue of the general average adjustment, due allowance being made for any payment on account by the contributory interests or from the general average deposit fund.

Rule XXII - Treatment of Cash Deposits

Where cash deposits have been collected in respect of cargo's liability for general average, salvage or special charges, such deposits shall be paid without any delay into a special account in the joint names of a representative nominated on behalf of the shipowner and a representative nominated on behalf of the depositors in a bank to be approved by both. The sum so deposited, together with accrued interest, if any, shall be held as security for payment to the parties entitled thereto of the general average, salvage or special charges payable by cargo in respect to which the deposits have been collected. Payments on account or refunds of deposits may be made if certified to in writing by the average adjuster. Such deposits and payments or refunds shall be without prejudice to the ultimate liability of the parties.

INSTITUTE TIMES CLAUSES

HULLS

1/11/95 (FOR USE ONLY WITH THE CURRENT MAR POLICY FORM)
This insurance is subject to English law and practice

1. Navigation

1.1 The Vessel is covered subject to the provisions of this insurance at all times and has leave to sail or navigate with or without pilots, to go on trial trips and to assist and tow vessels or craft in distress, but it is warranted that theVessel shall not be towed, except as is customary or to the first safe port or place when in need of assistance, or undertake towage or salvage services under a contract previously arranged by the Assured and/or Owners and/or Managers and/or Charterers. This Clause 1.1 shall not exclude customary towage in connection with loading and discharging.

1.2 This insurance shall not be prejudiced by reason of the Assured entering into any contract with pilots or for customary towage which limits or exempts the liability of the pilots and/or tugs and/or towboats and/or their owners when the Assured or their agents accept or are compelled to accept such contracts in accordance with established local law or practice.

1.3 The practice of engaging helicopters for the transportation of personnel, supplies and equipment to and/or from the Vessel shall not prejudice this insurance.

1.4 In the event of the Vessel being employed in trading operations which entail cargo loading or discharging at sea from or into another vessel (not being a harbour or inshore craft) no claim shall be recoverable under this insurance for loss of or damage to the Vessel or liability to any other vessel arising from such loading or discharging operations, including whilst approaching, lying alongside and leaving, unless previous notice that the Vessel is to be employed in such operations has been given to the Underwriters and any amended terms of cover and any additional premium required by them have been agreed.

1.5 In the event of the Vessel sailing (with or without cargo) withan intention of being (a) broken up, or (b) sold for breaking up, any claim for loss of or damage to the Vessel occurring subsequent to such sailing shall be limited to the market value of the Vessel as scrap at the time when the loss or damage is sustained, unless previous notice has been given to the Underwriters and any amendments to the terms of cover, insured value and premium required by them have been agreed. Nothing in this Clause 1.5 shall affect claims under Clauses 8 and/or 10.

2. Continuation

Should the Vessel at the expiration of this insurance be at sea and in distress or missing, she shall, provided notice be given to the Underwriters prior to the expiration of this insurance, be held covered until arrival at the next port in good safety, or if in port and in distress until the Vessel is made safe, at a pro rata monthly premium.

3. Breach of warranty

Held covered in case of any breach of warranty as to cargo, trade, locality, towage, salvage services or date of sailing, provided notice be given to the Underwriters immediately after receipt of advices and any amended terms of cover and any additional premium required by them be agreed.

4. Classification

4.1 It is the duty of the Assured, Owners and Managers at the inception of an throughout the period of this insurance to ensure that

4.1.1 the Vessel is classed with a Classification Society agreed by the Underwriters and that her class within that Society is maintained,

4.1.2 any recommendations requirements or restrictions imposed by the Vessel¡¯s ClassificationSociety which relate to the Vessel's seaworthiness or to her maintenance in a seaworthy condition are complied with by the dates required by that Society.

4.2 In the event of any breach of the duties set out in Clause 4.1 above, unless the Underwriters agree to the contrary in writing, they will be discharged from liability under this insurance as from the date of the breach provided thatif the Vessel is at sea at such date the Underwriters¡¯ discharge from liability is deferred until arrival at hernext port.

4.3 Any incident condition or damage in respect of which the Vessel's Classification Society might make recommendations as to repairs or other action to be taken by the Assured, Owners or Managers must be promptly reported to the Classification Society.

4.4 Should the Underwriters wish to approach the Classification Society directly for information and/or documents, the Assured will provide the necessary authorization.

5. Termination

This Clause 5 shall prevail notwithstanding any provision whether written typed or printed in this insurance inconsistent therewith.

Unless the Underwriters agree to the contrary in writing, this insurance shall terminate automatically at the time of

5.1 change of the Classification Society of the Vessel, or change, suspension, discontinuance) withdrawal orexpiry of her Class therein, or any of the Classification Society's periodic surveys becoming overdue unless an extension of time for such survey be agreed by the Classification Society, provided that if the Vessel is at sea such automatic termination shall be deferred until arrival at her next port. However where such change, suspension, discontinuance or withdrawal of her Class or where a periodic survey becoming overdue has resulted from loss of damage covered by Clause 6 of this insurance or which would be covered by an insurance of the Vessel subject to current Institute War and Strikes Clauses Hulls-Time such automatic termination shall only operate should the Vessel sail from her next port without the prior approval of the Classification Society or in the case of a periodic survey becoming overdue without the Classification Society having agreed an extension of time for such survey,

5.2 any change, voluntary or otherwise, in the ownership or flag, transfer to new management, or charter on a bareboat basic or requisition for title or use of the Vessel, provided that if the Vessel has cargo on board and has already sailed from her loading port or is at sea in ballast, such automatic termination shall if require be deferred, whilst the Vessel continues her planned voyage, until arrival at final port of discharge if with cargo or at port of destination if in ballast. However, in the event of requisition for title or use without the prior execution of a written

agreement by the Assured, such automatic termination shall occur fifteen days after such requisition whether the Vessel is at sea or in port.
A pro rata daily net return of premium shall be made provided that a total loss of the Vessel, whether by insured perils or otherwise, has not occurred during the period covered by this insurance or any extension thereof.

6. Perils

6.1 This insurance covers loss of or damage to the subject-matter insured caused by

6.1.1 perils of the seas rivers lakes or other navigable waters

6.1.2 fire, explosion

6.1.3 violent theft by persons from outside the Vessel

6.1.4 jettison

6.1.5 piracy

6.1.6 contact with land conveyance, dock or harbour equipment or installation

6.1.7 earthquake volcanic eruption or lightning

6.1.8 accidents in loading discharging or shifting cargo or fuel.

6.2 This insurance covers loss of or damage to the subject-matter insured caused by

6.2.1 bursting of boilers breakage of shafts or any latent defect in the machinery or hull

6.2.2 negligence of Master Officers Crew or Pilots

6.2.3 negligence of repairers or charterers provided such repairers or charterers are not an Assured hereunder

6.2.4 barratry of Master Officers or Crew

6.2.5 contact with aircraft, helicopters or similar objects, or objects falling therefrom provided that suchloss or damage has not resulted from want of due diligence by the Assured, Owners, Managers or Superintendents or any of their onshore management.

6.3 Masters Officers Crew or Pilots not to be considered Owners within the meaning of this Clause 6 should they hold shares in the Vessel.

7. Pollution hazard

This insurance covers loss of or damage to the Vessel caused by any governmental authority acting under the powers vested in it to prevent or mitigate a pollution hazard or damage to the environment, or threat thereof, resulting directly from damage to the Vessel for which the Underwriters are liable under this insurance, provided that such act of governmental authority has not resulted from want of due diligence by the Assured, Owners or Managers to prevent or mitigate such hazard or damage, or threat thereof. Master Officers Crew or Pilots not to be considered Owners within the meaning of this Clause 7 should they hold shares in the Vessel.

8. 3/4ths collision liability

8.1 The Underwriters agree to indemnify the Assured for three-fourths of any sum or sums paid by the Assuredto any other person or persons by reason of the Assured becoming legally liable by way of damages for

8.1.1 loss of or damage to any other vessel or property on any other vessel

8.1.2 delay to or loss of use of any such other vessel or property thereon

8.1.3 general average of, salvage of, or salvage under contract of, any such other vessel or property thereon, where such payment by the Assured is in consequence of the Vessel hereby insured coming into collision with any other vessel.

8.2 The indemnity provided by this Clause 8 shall be in addition to the indemnity provided by the other terms and conditions of this insurance and shall be subject to the following provisions:

8.2.1 where the insured Vessel is in collision with another vessel and both vessels are to blame then, unless the liability of one or both vessels becomes limited by law, the indemnity under this Clause 8 shall be calculated on the principle of cross-liabilities as if the respective Owners had been compelled to pay to each other such proportion of each other's damages as may have been properly allowed in ascertaining the balance or sum payable by or to the Assured in consequence of the collision,

8.2.2 in no case shall the Underwriters' total liability under Clauses 8.1 and 8.2 exceed their proportionate part of three-fourths of the insured value of the Vessel hereby insured in respect of any one collision.

8.3 The Underwriters will also pay three-fourths of the legal costs incurred by the Assured or which the Assured may be compelled to pay in contesting liability or taking proceedings to limit liability, with the prior written consent of the Underwriters.

EXCLUS10NS

8.4 Provided always that this Clause 8 shall in no case extend to any sum which the Assured shall pay for or in respect of

8.4.1 removal or disposal of obstructions, wrecks, cargoes or any other thing whatsoever

8.4.2 any real or personal property or thing whatsoever except other vessels or property on other vessels

8.4.3 the cargo or other property on, or the engagements of, the insured Vessel

8.4.4 loss of life, personal injury or illness

8.4.5 pollution or contamination, or threat thereof, of any real or personal property or thing whatsoever (except other vessels with which the insured Vessel is in collision or property on such other vessels or damage to the environment, or thereat thereof, save that this exclusion shall not extend to any sum which the Assured shall pay for or in respect ofsalvage remuneration in which the skill and efforts of the salvors in preventing or minimising damage to the environment as is referred to in Article 13 paragraph 1(b) of the International Convention on Salvage, 1989 have been taken into account.

9. Sistership

Should the Vessel hereby insured come into collision with or receive salvage services

from another vessel belonging wholly or in part to the same Owners or under the same management, the Assured shall have the same rights under this insurance as they would have were the other vessel entirely the property of Owners not interested in theVessel hereby insured; but in such cases the liability for the collision or the amount payable for the services rendered shall be referred to a sole arbitrator to be agreed upon between the Underwriters and the Assured.

10. General average and salvage

10.1 This insurance covers the Vessel's proportion of salvage, salvage charges and/or general average, reduced in respect of any under-insurance, but in case of general average sacrifice of the Vessel the Assured may recover in respect of the whole loss without first enforcing their right of contribution from other parties.

10.2 Adjustment to be according to the law and practice obtaining at the place where the adventure ends, as if the contract of affreightment contained no special terms upon the subject; but where the contract of affreightment so provides the adjustment shall be according to the York-Antwerp Rules.

10.3 When the Vessel sails in ballast, not under charter, the provisions of the York-Antwerp Rules, 1994 (excluding Rules XI(d), XX and XXI) shall be applicable, and the voyage for this purpose shall be deemed to continue from the port or place of departure until the arrival of the Vessel at the first port or place thereafter other than a port or place of refuge or a port or place of call for bunkering only. If at any such intermediate port or place there is an abandonment of the adventure originally contemplated the voyage shall thereupon be deemed to be terminated.

10.4 No claim under this Clause 10 shall in any case be allowed where the loss was not incurred to avoid orin connection with the avoidance of a peril insured against.

10.5 No claim under this Clause 10 shall in any case be allowed for or in respect of

10.5.1 special compensation payable to a salvor under Article 14 of the International Convention on Salvage, 1989 or under any other provision in any statute rule, law, or contract which is similar in substance

10.5.2 expenses or liabilities incurred in respect of damage to the environment, or the threat of such damage, or as a consequence of the escape or release of pollutant substances from the Vessels or the threat of such escape or release.

10.6 Clause 10.5 shall not however exclude any sum which the Assured shall pay to salvors for or in respect of salvage remuneration in which the skill and efforts of the salvors in preventing or minimising damage to the environment as is referred to in Article 13 paragraph 1 (b) of the International Convention on Salvage, 1989 have been taken into account.

11. Duty of assured(Sue and Labour)

11.1 In case of any loss or misfortune it is the duty of the Assured and their servants and agents to take such measures as may be reasonable for the purpose of averting or minimising a loss which would be recoverable under this insurance.

11.2 Subject to the provisions below and to Clause 12 the Underwriters will contribute to charges properly and reasonably incurred by the Assured their servants or agents for such measures. General average, salvage charges (except as provided for in Clause 11.5), special compensation and expenses as referred to in Clause 10.5 and collision defence or arrack costs are not recoverable under this Clause

11.3 Measures taken by the Assured or the Underwriters with the object of saving, protecting or recovering the subject-matter insured shall not be considered as a waiver or acceptance of abandonment or otherwise prejudice the rights of either party.

11.4 When expenses are incurred pursuant to this Clause 11 the liability under this insurance shall not exceed the proportion of such expenses that the amount insured hereunder bears to the value of the Vessel as stated herein, or to the sound value of the Vessel at the time of the occurrence giving rise to the expenditure if the sound value exceeds that value. Where the Underwriters have admitted a claim for total loss and property insured by this insurance is saved, the foregoing provisions shall not apply unless the expenses of suing and labouring exceed the value of such property saved and then shall apply only to the amount of the expenses which is in excess of such value.

11.5 When a claim for total loss of the Vessel is admitted under this insurance and expenses have been reasonably incurred in saving or attempting to save the Vessel and other property and there are no proceeds, or the expenses exceed the proceeds, then this insurance shall bear its pro rata share of such proportion of the expenses, or of the expenses in excess of the proceeds, as the case may be, as may reasonably be regarded as having been incurred in respect of the Vessel, excluding all special compensation and expenses as referred to in Clause 10.5; but if the Vessel be insured for less than its sound value at the time of the occurrence giving rise to the expenditure, the amount recoverable under this clause shall be reduced inproportion to the under-insurance.

11.6 The sum recoverable under this Clause 11 shall be in addition to the loss otherwise recoverable under this insurance but shall in no circumstances exceed the amount insured under this insurance in respect of the Vessel.

12. Deductible

12.1 No claim arising from a peril insured against shall be payable under this insurance unless the aggregate of all such claims arising out of each separate accident or occurrence (including claims under Clauses 8, 10 and 11) exceeds the deductible amount agreed in which case this sum shall be deducted. Nevertheless the expense of sighting the bottom after stranding, if reasonably incurred specially for that purpose, shall be paid even if no damage be found. This Clause 12.1 shall not apply to a claim for total or constructive total loss of the Vessel or, in the event of such a claim, to any associated claim under Clause 11 arising from the same accident or occurrence.

12.2 Claims for damage by heavy weather occurring during a single sea passage between two successive ports shall be treated as being due to one accident. In the case of such heavy weather extending over a period not wholly covered by this insurance the deductible to be applied to the claim recoverable hereunder shall be the proportion of the above deductible that the number of days of such heavy weather falling within the period of this insurance bears to the number of days of heavy weather during the single sea passage. The expression "heavy weather" in this Clause 12.2 shall be deemed to include contact with floating ice.

12.3 Excluding any interest comprised therein, recoveries against any claim which is subject to the above deductible shall be credited to the Underwriters in full to the extent of the sum by which the aggregate of the claim unreduced byany recoveries exceed them above deductible.

12.4 Interest comprised in recoveries shall be apportioned between the Assured and the Underwriters, taking into account the sums paid by the Underwriters and the dates when such payments were made, notwithstanding that by the addition of interest the Underwriters may receive a larger sum than they have paid.

13. Notice of claim and tenders

13.1 In the event of accident whereby loss or damage may result in a claim under this insurance, notice must be given to the Underwriters promptly after the date on which the Assured, Owners or Managers become or should have become aware of the loss or damage and prior to survey so that a surveyor may be appointed if the Underwriters so desire.

If notice is not given to the Underwriters within twelve months of that date unless the Underwriters agree to the contrary in writing, the Underwriters will be automatically discharged from liability for any claim under this insurance in respect of or arising out of such accident or the loss or damage.

13.2 The Underwriters shall be entitled to decide the port to which the Vessel shall proceed for docking or repair (the actual additional expense of the voyage arising from compliance with the Underwriters' requirements being refunded to the Assured) and shall have a right of veto concerning a place of repair or a repairing firm.

13.3 The Underwriters may also take tenders or may require further tenders to be taken for the repair of the Vessel. Where such a tender has been taken and a tender is accepted with the approval of the Underwriters, an allowance shall be made at the rate of 30% per annum on the insured value for time lost between the despatch of the invitations to tender required by the Underwriters and the acceptance of a tender to the extent that such time is lost solely as the result of tenders having been taken and provided that the tender is accepted without delay after receipt of the Underwriters' approval.

Due credit shall be given against the allowance as above for any amounts recovered in respect of fuel and stores and wages and maintenance of the Master Officers and Crew or any member thereof, including amounts allowed in general average, and forany amounts recovered from third parties in respect of damages for detention and/or loss of profit and/or running expenses, forthe period covered by the tender allowance or any part thereof.

Where a part of the cost of the repair of damage other than a fixed deductible is not recoverable from the Underwriters the allowance shall be reduced by a similar proportion.

13.4 In the event of failure by the Assured to comply with the conditions of Clauses 13.2 and/or 13.3 a deduction of 15% shall be made from the amount of the ascertained claim.

14. New for old

Claims payable without deduction new for old.

15. Bottom treatment

In no case shall a claim be allowed in respect of scraping gritblasting and/or other surface preparation or painting of the Vessel's bottom except that

15.1 gritblasting and/or other surface preparation of new bottom plates ashore and supplying and applying any "shop" primer thereto,

15.2 gritblasting and/or other surface preparation of : the butts or area of plating immediately adjacent to any renewed or refitted plating damaged during the course of welding and/or repairs, areas of plating damaged during the course of fairing, either in place or ashore,

15.3 supplying and applying the first coat of primer/anti-corrosive to those particular areas mentioned in 15.1 and 15.2 above, shall be allowed as part of the reasonable cost of repairs in respect of bottom plating damaged by an insured peril.

16. Wages and maintenance

No claim shall be allowed, other than in general average, for wages and maintenance of the Master Officers and Crew or any member thereof, except when incurred solely for the necessary removal of the Vessel from one port to another for the repair of damage covered by the Underwriters, or for trial trips for such repairs, and then only for such wages and maintenance as are incurred whilst the Vessel is under way.

17. Agency commission

In no case shall any sum be allowed under this insurance either by way of remuneration of the Assured fur time and trouble taken to obtain and supply information or documents or in respect of the commission or charges of any manager, agent, managing or agency company or the like, appointed by or on behalf of the Assured to perform such services.

18. Unrepaired damage

18.1 The measure of indemnity in respect of claims for unrepaired damage shall be the reasonable depreciation in the market value of the Vessel at the time the insurance terminates arising from such unrepaired damage, but not exceeding the reasonable cost of repairs.

18.2 In no case shall the Underwriters be liable for unrepaired damage in the event of a subsequent total loss (whether or not covered under this insurance) sustained during the period covered by this insurance or any extension thereof.

18.3 The Underwriters shall not be liable in respect of unrepaired damage for more than the insured value at the time this insurance terminates.

19. Constructive total loss

19.1 In ascertaining whether the Vessel is a constructive total loss, the insured value shall be taken as the repaired value and nothing in respect of the damaged or break-up value of the Vessel or wreck shall be taken into account.

19.2 No claim for constructive total loss based upon the cost of recovery and/or repair of the Vessel shall be recoverable hereunder unless such cost would exceed the insured value. In making this determination, only the cost relating to a single accident or sequence of damages arising from the same accident shall be taken into account.

20. Freight waiver

In the event of total or constructive total loss no claim to be made by the Underwriters for freight whether notice of abandonment has been given or not.

21. Assignment

No assignment of or interest in this insurance or in any moneys which may be or become payable thereunder is to be binding on or recognized by the Underwriters unless a dated notice of such assignment or interest signed by the Assured, and by the assignor in the case of subsequent assignment, is endorsed on the Policy and the Policy with such endorsement is produced before payment of any claim or return of premium thereunder.

22. Disbursements warranty

22.1 Additional insurances as follows are permitted:

22.1.1 Disbursements, Managers' Commissions, Profits or Excess or Increased Value of Hull and, Machinery. A sum not exceeding 25% of the value stated herein.

22.1.2 Freight, Chartered Freight, or Anticipated Freight, insured for time. A sum not exceeding 25% of the value as stated herein less any sum insured, however described, under 22.1.1.

22.1.3 Freight or Hire, under contracts for voyage. A sum not exceeding the gross freight or hire for the current cargo passage and next succeeding cargo passage (such insurance to include, if required, a preliminary and an intermediate ballast passage) plus the charges of insurance. In the case of a voyage character where payment is made on a time basis, the sum permitted for insurance shall be calculated on the estimated duration of the voyage, subject to the limitation of two cargo passages as laid down herein. Any sum insured under 22.1.2 to be taken into account and only the excess thereof maybe insured, which excess shall be reduced as the freight or hire is advanced or earned by the gross amount so advanced or earned.

22.1.4 Anticipated Freight if the Vessel sails in ballast and not under Character. A sum notexceeding the anticipated gross freight on next cargo passage, such sum to be reasonably estimated on the basis of the current rate of freight at time of insurance plus the charges of insurance. Any sum insured under 22.1.2 to be taken into account and only the excess thereof may be insured.

22.1.5 Time Character Hire or Character Hire for Series of Voyages. A sum not exceeding 50% of the gross hire which is to be earned under the charter in a period not exceeding 18 months. Any sum insured under 22.1.2 to betaken into account and only the excess thereof may be insured, which excess shall be reduced as the hire is advanced or earned under the charter by 50% of the gross amount so advanced or earned but the sum insured need not be reduced while the total of the sums insured under 22.1.2 and 22.1.5 does not exceed 50% of the gross hire still to be earned under the charter. An insurance under this Section may begin on the signing of the charter.

22.1.6 Premiums. A sum not exceeding the actual premiums of all interests insured for a period not exceeding 12 months (excluding premiums insured under the foregoing sections but including, if required, the premium or estimated calls on any Club or War etc. Risk insurance) reducing pro rata monthly.

22.1.7 Returns of Premium. A sum not exceeding the actual returns which are allowable under any insurance but which would not be recoverable thereunder in the event of a total loss of the Vessel whether by insured perils or otherwise.

22.1.8 Insurance irrespective of amount against : Any risks excluded by Clauses 24,25,26 and 27 below.

22.2 Warranted that no insurance on any interests enumerated in the foregoing 22.1.1 to 22.1.7 in excess ofthe amounts permitted therein and no other insurance which includes total loss of the Vessel P.P.I., F.I.A., or subject to any other like term, is or shall be effected to operate during the currency of this insurance by or for account of the Assured, Owners, Managers or Mortgagees. Provided always that a breach of this warranty shall not afford the Underwriters any defence to a claim by a Mortgagee who has accepted this insurance without knowledge of such breach.

23. Returns for lay-up and cancellation

23.1 To return as follows:

23.1.1 pro rata monthly net for each uncommenced month if this insurance be cancelled by agreement,

23.1.2 for each period of 30 consecutive days the Vessel may be laid up in a port or in a lay-up area provided such port or lay-up area is approved by the Underwriters

(a) ························· per cent net not under repair

(b) .... per cent net under repair.

23.1.3 The Vessel shall not be considered to be under repair when work is undertaken in respect of ordinary wear and tear of the Vessel and/or following recommendations in the Vessel's Classification Society survey, but any repairs following loss of or damage to the Vessel or involving structural alteration, whether covered by this insurance or otherwise shall be considered as under repair.

23.1.4 If the Vessel is under repair during part only of a period for which a return is claimable, the return shall be calculated pro rata to the number of days under 23.1.2 (a) and (b) respectively.

23.2 PROVIDED ALWAYS THAT

23.2.1 a total loss of the Vessel, whether by insured perils or otherwise, has not occurred during the period covered by this insurance or any extension thereof

23.2.2 in no case shall a return be allowed when the Vessel is lying in exposed or unprotected waters, or ina port or lay-up area not approved by the Underwriters

23.2.3 loading or discharging operations or the presence of cargo on board shall not debar returns but no return shall be allowed for any period during which the Vessel is being used for the storage of cargo or for lightering purposes

23.2.4 in the event of any amendment of the annual rate, the above rates of return shall be adjusted accordingly.

23.2.5 in the event of any return recoverable under this Clause 23 being based on 30 consecutive days which fall on successive insurances effected for the same Assured, this insurance shall only be liable for an amount calculated at prorata of the period rates 23.1.2(a) and/or (b) above for the number of days which come within the period of this insurance and to which a return is actually applicable. Such overlapping period shall run, at the option of the Assured, either from the first day on which the Vessel is laid up or the first day of a period of 30 consecutive days as provided under 23.1.2(a) or (b) above.

The following clauses shall be paramount and shall override anything contained in this insurance inconsistent therewith.

24. War exclusion

In no case shall this insurance cover loss damage liability or expense caused by

24.1 war civil war revolution rebellion insurrection, or civil strife arising therefrom, or any hostile act by or against a belligerent power

24.2 capture seizure arrest restraint or detainment (barratry and piracy excepted), and the consequences thereof or any attempt thereat

24.3 derelict mines torpedoes bombs or other derelict weapons of war.

25. Strikes exclusion

In no case shall this insurance cover loss damage liability or expense caused by

25.1 strikers, locked-out workmen, or persons taking part in labour disturbances, riots or civil commotions

25.2 any terrorist or any person acting from a political motive.

26. Malicious acts exclusion

In no case shall this insurance cover loss damage liability or expense arising from

26.1 the detonation of an explosive

26.2 any weapon of war and caused by any person acting maliciously or from a political motive.

27. Radioactive contamination exclusion clause

In no case shall this insurance cover loss damage liability or expense directly or indirectly caused by or contributed to by or arising from

27.1 ionising radiations from or contamination by radioactivity from any nuclear fuel or from any nuclear waste or from the combustion of nuclear fuel

27.2 the radioactive, toxic, explosive or other hazardous or contaminating properties of any nuclear installation, reactor or other nuclear assembly or nuclear component thereof

27.3 any weapon of war employing atomic or nuclear fission and/or fusion or other like reaction orradioactive force or matter.

INSTITUTE CARGO CLAUSES (A)

RISKS COVERED

Risks Clause

1. This insurance covers all risks of loss of or damage to the subject-matter insured except as provided in Clauses 4, 5, 6and 7 below.

General Average Clause

2. This insurance covers general average and salvage charges, adjusted or deter mined according to the contact of affreightment and/or the governing law and practice, incurred to avoid or in connection with the avoidance of loss from any cause except those excluded in Clauses 4, 5, 6 and 7 or elsewhere in this insurance.

"Both to Blame Collision" Clause

3. This insurance is extended to indemnify the Assured against such proportion of liability under the contract of affreightment "Both to Blame Collision" Clause as is in respect of a toss recoverable hereunder. In the event of any claim by shipowners under the said Clause the Assured agree to notify the Underwriters who shall have the right, at their own cost and expense, to defend the Assured against such claim.

EXCLUSIONS

General Exclusions Clause

4. In no case shall this insurance cover
   - 4.1 loss damage or expense attributable to wilful misconduct of the Assured
   - 4.2 ordinary leakage, ordinary loss in weight or volume, or ordinary wear and tear of the subject-matter insured
   - 4.3 loss damage or expense caused by insufficiency or unsuitability of packing or preparation of the subject-matter insured(for the purpose of this Clause 4,3 "packing" shall be deemed to include stowage in a container or liftvan but only when such stowage is carried out prior to attachment of this insurance or by the Assured or their

servants)

4.4 loss damage or expense caused by inherent vice or nature of the subject-matter insured

4.5 loss damage or expense proximately caused by delay, even though the delay be caused by a risk insured against (except expenses payable under Clause 2 above)

4.6 loss damage or expense arising from insolvency or financial default of the owners managers charterers or operators of the vessel

4.7 loss damage or expense arising from the use of any weapon of war employing atomic or nuclear fission and/or fusion or other like reaction or radioactive force or matter.

Unseaworthiness and Unfitness Exclusion Clause

5. 5.1 In no case shall this insurance cover loss damage or expense arising from unseaworthiness of vessel or craft, unfitness of vessel craft conveyance container or liftvan for the safe carriage of the subject-matter insured, where the Assured or their servants are privy to such unseaworthiness or unfitness, at the time the subject-matter insured is loaded therein.

5.2 The Underwriters waive any breach of the implied warranties of seaworthiness of the ship and fitness of the ship to carry the subject- matter insured to destination, unless the Assured on their servants are privy to such unseaworthiness orunfitness.

War Exclusion Clause

6. In no case shall this insurance cover loss damage or expense caused by

6.1 war civil war revolution rebellion insurrection, or civil strife arising therefrom, or any hostile act by or against a belligerent power

6.2 capture seizure arrest restraint or detainment (piracy excepted), and the consequences thereof or any attempt thereat

6.3 derelict mines torpedoes bombs or other derelict weapons of war.

Stinks Exclusion Clause

7. In no case shall this insurance cover loss damage or expense

7.1 caused by strikers, locked-out workmen, or persons taking part in labour disturbance, riots or civil commotions

7.2 resulting from strikes, lock-outs, labour disturbances, riots or civil commotions

7.3 caused by any terrorist or any person acting from a political motive.

DURATION

Transit Clause

8. 8.1 This insurance attaches from the time the goods leave the warehouse or place of storage at the place named herein for the commencement of the transit, continues during the ordinary course of transit and terminates either

8.1.1 on delivery to the Consignees' or other final warehouse or place of storage at the destination named herein,

8.1.2 on delivery to any other warehouse or place of storage, whether prior to or at the destination named herein, which the Assured elect to use either

8.1.2.1 for storage other than in the ordinary course of transit or

8.1.2.2 for allocation or distribution, or

8.1.3 on the expiry of 60 days after completion of discharge overside of the goods hereby insured from the oversea vessel at the final port of discharge, whichever shall fiat occur.

8.2 If, after discharge overside from the oversea vessel at the final port of discharge, but prior to termination of this insurance, the goods are to be forwarded to a destination other than that to which they are insured hereunder, this insurance, whilst remaining subject to termination as provided for above, shall not extend beyond the commencement of transit to such other destination.

8.3 This, insurance shall remain in force (subject to termination as provided for above and to the provisions of Clause 9 below) during delay beyond the control of the Assured, any deviation, forced discharge, reshipment or transhipment and during any variation of the adventure arising from the exercise of a liberty granted to shipowners or char- terers under the contract of affreightment.

Termination of Contract of Carriage Clause

9. If owing to circumstances beyond the control of the Assured either the

contract of carriage is terminated at a port or place other than the destination named therein or the transit is otherwise terminated before delivery of the goods as provided for in Clause 8 above, then this insurance shall also terminate unless prompt notice is given to the Underwriters and continuation of cover is requested when the insurance shall remain in force, subject to an additional premium if required by the Underwriters, either

9.1 until the goods are sold and delivered at such port or place, or, unless otherwise specially agreed, until the expiry of 60 days after arrival of the goods hereby insured at such port or place, whichever shall first occur, or

9.2 if the goods are forwarded within the said period of 60 days (or any agreed extension thereof) to the destination namedherein or to any other destination, until terminated in accordance with the provisions of Clause 8 above.

Change of Voyage Clause

10. Where, after attachment of this insurance, the destination is changed by the Assured, held coved at a premium and on conditions to be arranged subject to prompt, notice being given to the Underwriters.

CLAIMS

Insurable Interest Clause

11.1 In order to recover under this insurance the Assured must have an insurable interest in the subject-matter insured at the time of the loss.

11.2 Subject to 11. 1 above, the Assured shall be entitled to recover for insured loss occurring during the period covered by this insurance, notwithstanding that the loss occurred before the contract of insurance was concluded, unless the Assured ware aware of the loss and the Underwriters were not.

Forwarding Charges Clause

12. Where, as a result of the operation of a risk covered by this insurance, the insured transit is terminated at a port orplace other than that to which the subject-matter is coveted under this insurance, the Underwriters will reimburse the Assured for any extra charges properly

and reasonably incurred in unloading storing and forwarding the subject-matter to the destination to which it is insured hereunder. This Clause 12, which does not apply to general average or salvage charges, shall subject to the exclusions contained in Clauses 4, 5, 6 and 7 above, and shall not include charges arising from the fault negligence insolvency or financial default of the Assured or their servants.

Constructive Total Loss Clause

13. No claim for Constructive Total Loss shall be recoverable hereunder unless the subject-matter insured is reasonably abandoned either on account of its actual total loss appearing to be unavoidable or because the cost of recovering. reconditioning and forwarding the subject-matter to the destination to which it is insured would exceed its value on arrival.

Increased Value Clause

14. 14.1 If any Increased Value insurance is effected by the Assured on the cargo insured herein the agreed value of the cargo shall be deemed to be increased to the total amount insured under this insurance and all Increased Value insurances coveringthe loss, and liability under this insurance shall be in such proportion as the sum insured herein bears to such total amount insured. In the event of claim the Assured shall provide the Underwriters with evidence of the amounts insured under all other insurances.

    14.2 Where this insurance is on Increased Value the following clause shall apply: The agreed value of the cargo shall be deemed to be equal to the total amount insured under the primary insurance and all Increased Value assurances covering the loss and effected on the cargo by the Assured, and liability under this insurance shall be in such proportion as the sum insured herein bears to such total amount insured. In the event or claim the Assured shall provide the Underwriters with evidence of the amounts insured under all other insurances.

BENEFIT OF INSURANCE

Not to Inure Clause

15. This insurance shall not inure to the benefit of the carrier or other bailee.

MINIMISING LOSSES

Duty of Assured Clause

16. It is the duty of the Assured and their servants and agents in respect of loss recoverable hereunder
    16.1 to take such measures as may be reasonable for the purpose of averting or minimising such loss, and
    16.2 to ensure that all rights against carriers, bailees or other third parties are properly preserved and exercised and the Underwriters will, in addition to any loss recoverable hereunder, reimburse the Assured for any charges properly and reasonably incurred in pursuance of those duties.

Waiver Clause

17. Measures taken by the Assured or the Underwriters with the object of saving, protecting or recovering the subject-matter insured shall not be considered as a waiver or acceptance of abandonment or otherwise prejudice the rights of either party.

AVOIDANCE OF DELAY

Reasonable Despatch Clause

18. It is a condition of this insurance that the Assured shall act with reasonable despatch in all circumstances within their control.

LAW AND PRACTICE

English Law and Practice Clause

19. This insurance is subject to English law and practice.

NOTE : - *It is necessary for the Assured when they become aware of an event which is "held covered" under this insurance to give prompt notice to the Underwriters and the right to such cover is dependent upon compliance with this obligation.*

INSTITUTE CARGO CLAUSES (B)

RISKS COVERED

Risk Clause

1 This insurance covers, except as provided in Clauses 4,5,6 and 7 below.

1.1 loss of or damage to the subject-matter insured reasonably attributable to

1.1.1 fire or explosion

1.1.2 vessel or craft being stranded grounded sunk or capsized

1.1.3 overturning or derailment of land conveyance

1.1.4 collision or contact of vessel craft or conveyance with any external object other than water

1.1.5. discharge of cargo at a port of distress

1.1.6 earthquake volcanic eruption or lighting,

1.2 loss of or damage to the subject-matter insured caused by

1.2.1 general average sacrifice

1.2.2 jettison or Wahing overboard

1.2.3 entry of sea lake or river water into vessel craft hold conveyance container liftvan or place of storage,

1.3. total loss of any package lost overboard or dropped whilst loading on to, or unloading from, vessel or craft.

General Exclusions Clause

2. This insurance covers general average and salvage charges, adjusted or determined according to the contract of affreightment and/or the governing law and practice, incurred to avoid or in connection with the avoidance of loss from any cause except those excluded in Clauses 4,5,6 and 7 or elsewhere in this insurance.

"Both to Blame Collision"Clause

3. This insurance is extended to indemnify the Assured against such proportion of liability under the contract of affreightment "Both to Blame Collision" Clause as is in respect of a loss recoverable hereunder. In the event of any claim by shipowners under the said Clause the Assured agree to notify the Underwriter who shall have the right, at their own

cost and expense, to defend the Assured against such claim.

EXCLUSIONS

General Exclusions Clause

4. In no case shall this insurance cover

4.1 loss damage or expense attributable to willful misconduct of the Assured

4.2 ordinary leakage, ordinary loss in weight or volume, or ordinary wear and tear of the subject-matter insured

4.3 loss damage or expense caused by insufficiency or unsuitability of packing or preparation of the subject-matter insured(for the purpose of this Clause 4.3"packing" shall be deemed to include stowage in a container orliftvan but only when such stowage is carried out prior to attachment of this insurance or by the Assured or their servants)

4.4 loss damage or expense caused by inherent vice or nature of the subject-matter insured

4.5 loss damage or expense proximately caused by delay, even though the delay be caused by a risk insured against (except expenses payable under Clause 2 above)

4.6 loss damage or expense arising from insolvency or financial default of the owners managers charterers or operators of the vessel

4.7 deliberate damage to or deliberate destruction of the subject-matter insured or any part thereof by the wrongful act ofany person or persons

4.8 loss damage or expense arising from the use of any weapon of war employing atomic or nuclear fission and/or fusion or other like reaction or radioactive force or matter.

Unseaworthiness and Unfitness Exclusions Clause

5. 5.1 In no case shall this insurance cover loss damage or expense arising from unseaworthiness of vessel or craft, unfitness of vessel craft conveyance container or liftvan for the safe carriage of the subject-matter insured, where the Assured or their servants are privy to such unseaworthiness or unfitness, at the time the subject-matter insured is loaded therein.

5.2 The Underwriters waive any breach of the implied warranties of seaworthiness of the ship and fitness of the ship to carry the subject-matter insured to destination, unless the Assured or their servants are privy to such unseaworthiness or unfitness.

War Exclusions Clause

6. In no case shall this insurance cover loss damage or expense caused by
   6.1 war civil war revolution rebellion insurrection, or civil strife arising therefrom,or any hostile act by or against a belligerent power
   6.2 capture seizure arrest restraint or detainment, and the consequences thereof or any attempt thereat
   6.3 derelict mines torpedoes bombs or other derelict weapons of war.
7. In no case shall this insurance cover loss damage or expense
   7.1 caused by strikers, locked-out workman, or persons taking part in labour disturbances, riots or civil commotions
   7.2 resulting from strikes, lock-outs, labour disturbances, riots or civil commotions
   7.3 caused by any terrorist or any person acting from a political motive.

DURATION

Transit Clause

8. 8.1 This insurance attaches from the time the goods leave the warehouse or place of storage at the place named hereinfor the commencement of the transit, continues during the ordinary course of transit and terminates either
      8.1.1 on delivery to the Consignees' or other final warehouse or place of storage at the destination named herein,
      8.1.2 on delivery to any other warehouse or place of storage, whether prior to or at the destination named herein, which the Assured elect to use either
         8.1.2.1 for storage other than in the ordinary course of transit or
         8.1.2.2 for allocation or distribution, or
      8.1.3. on the expiry of 60 days after completion of discharge overside of the goods hereby insured from the overseavessel at the final port of discharge, whichever shall first occur.
   8.2 If, after discharge overside from the oversea vessel at the final port

of discharge, but prior to termination of this insurance, the goods are to be forwarded to a destination other than that to which they are insured hereunder, this insurance, whilst remaining subject to termination as provided for above, shall not extend beyond the commencementof transit to such other destination.

8.3 This insurance shall remain in force (subject to termination as provided for above and to the provisions of Clause 9 below) during delay beyond the control of the Assured, any deviation, forced discharge, reshipment or transhipment and during any variation of the adventure arising from the exercise of a liberty granted to shipowners or charterers under thecontract of affreightment.

Termination of Contract of Carriage Clause

9. If owing to circumstances beyond the control of the Assured either the contract of carriage is terminated at a port or place other than the destination named therein or the transit is otherwise terminated before delivery of the goods as providedfor in Clause 8 above, then this insurance shall also terminate unless prompt notice is given to the Underwriters and continuation of cover is requested when the insurance shall remain in force, subject to an additional premium if required by the Underwriters, either

9.1 until the goods are sold and delivered at such port or place, or, unless otherwise specially agreed, until the expiry of 60 days after arrival or the goods hereby insured at such port of place, whichever shall first occur, or

9.2 if the goods are forwarded within the said period of 60 days(or any agreed extension thereof) to the destination named herein or to any other destination, until terminated in accordance with the provisions of Clause 8 above.

Change of Voyage Clause

10. Where, after attachment of this insurance, the destination is changed by the Assured, held covered at a premium and on conditions to be arranged subject to prompt notice being given to the Underwriters.

CLAIMS

Incurable Interest Clause

11.11.1 In order to recover under this insurance the Assured must have an insurable interest in the subject-matter insured at the time of the loss.

11.2 Subject to 11.1 above, the Assured shall be entitled to recover for insured loss occurring during the period covered by this insurance, notwithstanding that the loss occurred before the contract of insurance was concluded, unless the Assured were aware of the loss and the Underwriters were not.

Forwarding Charges Clause

12. Where, as a result of the operation of a risk covered by this insurance, the insured transit is terminated at a portor place other than that to which the subject-matter is covered under this insurance, the Underwriters will reimburse the Assured for any extra charges properly and reasonably incurred in unloading storing and forwarding the subject-matter to the destination to which it is insured hereunder.

This clause 12, which does not apply to general average or salvage charges, shall be subject to the exclusions contained in Clauses 4,5,6 and 7 above, and shall not include charges arising from the fault negligence insolvency or financial default of the Assured or their servants.

Constructive Total Loss Clause

13. No claim for Constructive Total Loss shall be recoverable hereunder unless the subject-matter insured is reasonably abandoned either on account of its actual total loss appearing to be unavoidable or because the cost of recovering, reconditioning and forwarding the subject-matter to the destination to which it is insured would exceed its value on arrival.

Increased Value Clause

14.14.1 If any Increased Value insurance is effected by the Assured on the cargo insured herein the agreed value of thecargo shall be deemed to be increased to the total amount insured under this insurance all

Increased Value insurances covering the loss, and liability under this insurance shall be in such proportion as the sum insured herein bears to such total amount insured. In the event of claim the Assured shall provide the Underwriters with evidence of the amounts insured under all other insurances.

14.2 Where this insurance is on Increased Value the following clause shall apply: The agreed value of the cargo shall be deemed to be equal to the total amount insured under the primary insurance and all Increased Value insurances covering the loss and effected on the cargo by the Assured, and liability under this insurance shall be in such proportion as the sum insured herein bears to such total amount insured. In the event of claim the Assured shall provide the Underwriters with evidence of the amounts insured under all other insurances.

BENEFIT OF INSURANCE

Not to Inure Clause

15. This insurance shall not inure to the benefit of the carrier or other bailee.

MINIMISING LOSSES

Duty of Assured Clause

16. It is the duty of the Assured and their servants and agents in respect of loss recoverable hereunder

    16.1 to take such measures as may be reasonable for the purpose of averting or minimising such loss, and

    16.2 to ensure that all right against carriers, bailees or other third parties are properly preserved and exercised and the Underwriters will, in addition to any loss recoverable hereunder, reimburse the Assured for any charges properly and reasonably incurred in pursuance of these duties.

17. Measures taken by the Assured or the Underwriters with the object of saving, protecting or recovering the subject-matter insured shall not be considered as a waiver or acceptance of abandonment or otherwise prejudice the rights of either party.

AVOIDANCE OF DELAY

Resonable Clause

18. It is a condition of this insurance that the Assured shall act with reasonable despatch in all circumstances within their control.

LAW AND PRACTICE

English Law and Practice Clause

19. This insurance is subject to English law and practice.

NOTE : - *It is necessary for the Assured when they become aware of an event which is "held covered" under this insurance to give prompt notice to the Underwriters and the right to such cover is dependent upon compliance with this obligation.*

INSTITUTE CARGO CLAUSES (C)

RISKS COVERED

Risks Clause

1. This insurance covers, except as provided in Clauses 4, 5, 6 and 7 below,
   1.1 loss of or damage to the subject-matter insured reasonably attributable to
      1.1.1 fire or explosion
      1.1.2 vessel or craft being stranded grounded sunk or capsized
      1.1.3 overturning or derailment of land conveyance
      1.1.4 collision or contact of vessel craft or conveyance with any external object other than water
      1.1.5 discharge of cargo at a port of distress,
   1.2 loss of or damage to the subject-matter insured caused by
      1.2.1 general average sacrifice
      1.2.2 jettison.

General Average Clause

2. This insurance covers general average and salvage charge, adjusted or determined according to the contract of affreightment and/or the governing law and practice, incurred to avoid or in connection with the avoidance of loss from any cause except those excluded in Clause 4, 5, 6 and 7 or elsewhere in this insurance.

"Both to Blame Collision" Clause

3. This insurance is extended to indemnify the Assured against such proportion of liability under the contract of affreightment"Both to Blame Collision" Clause as it in respect of a loss recoverable hereunder. In the event of any claim by shipowners under the said Clause the Assured agree to notify the Underwriters who shall have the right, at their own cost and expense, to defend the Assured against such claim.

EXCLUSIONS

General Exclusions Clause

4. In no case shall this insurance cover
   - 4.1 loss damage or expense attributable to wilful misconduct of the Assured
   - 4.2 ordinary leakage, ordinary loss in weight or volume, or ordinary wear and tear of the subject-matter insured
   - 4.3 loss damage or expanse caused by insufficiency or unsuitability of packing or preparation of the subject-matter insured(for the purpose of this Clause
   - 4.3 "packing shall be deemed to include stowage in a container or liftvan but only when such stowage is carried out prior to attachment of this insurance or by the Assured or their servants)
   - 4.4 loss-damage as expense caused by inherent vice or nature of the subject-matter insured
   - 4.5 loss damage or expanse proximately caused by delay, even though the delay be caused by a risk insured against (except expenses payable under Clause 2 above)
   - 4.6 loss damage or expense arising from insolvency or financial default of the owners managers charterers or operators of the vessel
   - 4.7 deliberate damage to or deliberate destruction of the subject-matter insured or any part thereof by the wrongful act ofany person or persons
   - 4.8 loss damage or expense arising from the use of any weapon of war employing atomic or nuclear fission and/or fusion or other like reaction or radioactive force or matter.

Unseaworthiness and Unfitness Exclusion Clause

5. 5.1 In no case shall this insurance cover loss damage or expense arising from unseaworthiness of vassel or craft, unfitness of vessel craft conveyance container or liftvan for the safe carriage of the subject-matter insured,where the Assured or their servants are privy to such unseaworthiness or unfitness, at the time the subject-matter insured is loaded therein.
   - 5.2 The Underwriters waive any breach of the implied warranties of

seaworthiness of the ship and fitness of the ship to carry the subject-matter insured to destination, unless the Assured or their servants are privy to such unseaworthiness or unfitness.

War Exclusion Clause

6. In no case shall this insurance cover loss damage or expense caused by
   6.1 war civil war revolution rebellion insurrection, or civil strife arising therefrom, or any hostile act by or against a belligerent power
   6.2 capture seizure arrest restraint or detainment, and the consequences thereof or any attempt thereat
   6.3 derelict mines torpedoes bombs or other derelict weapons of war.

Strikes Exclusion Clause

7. In no case shall this insurance cover loss damage or expense
   7.1 caused by strikers, locked-out workmen, or persons taking part in labour disturbances, riots or civil commotions
   7.2 resulting from strikes, lock-outs, labour disturbances, riots or civil commotions
   7.3 caused by any terrorist or any person acting from a political motive.

DURATION

Transit Clause

8. 8.1 This insurance attaches from the time the goods leave the warehouse or place of storage at the place named herein for the commencement of the transit, continues during the ordinary course of transit and terminates either
   8.1.1 on delivery to the Consignees' or other final warehouse or place of storage at the destination named herein,
   8.1.2 on delivery to any other warehouse or place of storage, whether prior to or at the destination named herein, which the Assured elect to use either
      8.1.2.1 for storage other than in the ordinary course of transit or
      8.1.2.2 for allocation or distribution, or
   8.1.3 on the expiry of 60 days after completion of discharge overside of the goods hereby insured from the oversea vessel at the

final port of discharge, whichever shall first occur.

8.2 If, after discharge overside from the sperm vessel at the final port of discharge, but prior to termination of this insurance, the goods are to be forwarded to a destination other than that to which they are insured hereunder, this insurance, whilst remaining subject to termination as provided for above, shall not extend beyond the commencement of transit to such other destination.

8.3 This insurance shall remain in force (subject to termination as provided for above and to the provisions of Clause 9 below) during delay beyond the control of the Assured, any deviation, forced discharge, reshipment or transhipment and during any variation of the adventure arising from the exercise of a liberty granted to shipowners or charterers under the contract of affreightment.

Termination of Contract of Carriage Clause

9. If owing to circumstances beyond the control of the Assured either the contract if carriage is terminated at a port or place other than the destination named therein or the transit is otherwise terminated before delivery of the goods as provided for in Clause 8 above, then this insurance shall also terminate unless prompt notice is given to the Underwriters and continuation of cover k requested when the insurance shall remain in force, subject to an additional premium if required by the Underwriters, either

9.1 until the goods are sold and delivered at such port or place, or, unless otherwise specially agreed, until the expiry of 60 days after arrival of the goods hereby insured at such port or place, whichever shall first occur, or

9.2 if the goods are forwarded within the said period of 60 days (or any agreed extension thereof to the destination named herein or to any other destination, until terminated in accordance with the provisions of Clause 8 above.

Change of Voyage Clause

10. Where, after attachment of this insurance, the destination is changed by the Assured, held covered at a premium and on conditions to be arranged subject to prompt notice being given to the Underwriters.

CLAIMS

Insurable Interest Clause

11.11.1 In order to recover under this insurance the Assured must have an insurable interest in the subject-matter insured at the time of the loss.

11.2 Subject to 11.1 above, the Assured shall be entitled to recover for insured loss occurring during the period covered by this insurance, notwithstanding that the loss occurred before the contract of insurance was concluded, unless the Assured were aware of the loss and the Under writers were not.

Forwarding Charges Clause

12. Where, as a result of the operation of a risk covered by this insurance, the insured transit is terminated at a port or place other than that to which the subject-matter is covered under this insurance, the Underwriters will reimburse the Assured for any extra charges properly and reasonably incurred in unloading storing and forwarding the subject-matter to the destination to which it is insured hereunder.

This Clause 12, which does not apply to general average or salvage charges, shall be subject to the exclusions contained in Clauses 4, 5, 6 and 7 above, and shall not include charges arising from the fault negligence insolvency or financial default of the Assured or their servants.

Constructive Total Loss Clause

13. No claim for Constructive Total Loss shall be recoverable hereunder unless the subject-matter insured is reasonably abandoned either on account of its actual total loss appearing to be unavoidable or because the cost of recovering, reconditioning and forwarding the subject-matter to the destination to which it is insured would exceed its value on arrival.

Increased Value Clause

14.14.1 If any Increased Value insurance is effected by the Assured on the cargo insured herein the agreed value of the cargo shall be deemed to be increased to the total amount insured under this insurance and all Increased Value insurances covering the loss, and liability under this insurance shall be in such proportion as the sum insured herein bears to such total amount insured. In the event of claim the Assured shall provide the Underwriters with evidence of the amounts insured under all other insurances.

14.2 Where this insurance is on Increased Value the following clause shall apply: The agreed value of the cargo shall be deemed to be equal to the total amount insured under the primary insurance and all Increased Value insurances covering theloss and effected on the cargo by the Assured, and liability under this insurance shall be in such proportion as the sum insured herein bears to such total amount insured. In the event of claim the Assured shall provide the Underwriters with evidence of the amounts insured under all other insurances.

BENEFIT OF INSURANCE

Not Inure Clause

15. This insurance shall not inure to the benefit of the carrier or other bailee.

MINIMISING LOSSES

Duty of Assured Clause

16. It is the duty of the Assured and their servants and agents in respect of loss recoverable hereunder

    16.1 to take such measures as may be reasonable for the purpose of averting or minimising such loss, and

    16.2 to ensure that all rights against carriers, bailees or other third parties are properly preserved and exercised and the Underwriters will, in addition to any loss recoverable hereunder, reimburse the Assured for any charges properly and reasonably incurred in pursuance of these duties.

Waiver Clause

17. Measures taken by the Assured or the Underwriters with the object of saving, protecting or recovering the subject-matter insured shall not be considered as a waiver or acceptance of abandonment or otherwise

prejudice the rights of either party.

AVOIDANCE OF DELAY

Reasonable Despatch Clause

18. It is a condition of this insurance that the Assured shall act with reasonable despatch in ail circumstances within their control.

LAW AND PRACTICE

English law and Practice Clause

19. This insurance is subject to English law and practice.

NOTE : - *It is necessary for the Assured when they become aware of an event which it is "held covered" under this insurance to give prompt notice to the Underwriters and the right to such cover is dependent upon compliance with this obligation*

1. Institute Cargo Clauses(A); CL382

1/1/09

INSTITUTE CARGO CLAUSES (A)

RISKS COVERED

Risks

1. This insurance covers all risks of loss of or damage to the subject-matter insured except as excluded by the provisions of Clauses 4, 5, 6 and 7 below.

General Average

2. This insurance covers general average and salvage charges, adjusted or determined according to the contract of carriage and/or the governing law and practice, incurred to avoid or in connection with the avoidance of loss from any cause except those excluded in Clauses 4, 5, 6 and 7 below.

"Both to Blame Collision Clause"

3. This insurance indemnifies the Assured, in respect of any risk insured herein, against liability incurred under any Both to Blame Collision Clause in the contract of carriage. In the event of any claim by carriers under the said Clause, the Assured agree to notify the Insurers who shall have the right, at their own cost and expense, to defend the Assured against such claim.

EXCLUSIONS

4. In no case shall this insurance cover

4.1 loss damage or expense attributable to wilful misconduct of the Assured

4.2 ordinary leakage, ordinary loss in weight or volume, or ordinary wear and tear of the subject-matter insured

4.3 loss damage or expense caused by insufficiency or unsuitability of packing or preparation of the subject-matter insured to withstand the ordinary incidents of the insured transit where such packing or preparation is carried out by the Assured or their employees or prior to the attachment of this insurance(for the purpose of these Clauses "packing" shall be deemed to include stowage in a container and "employees" shall not include independent contractors)

4.4 loss damage or expense caused by inherent vice or nature of the subject-matter insured

4.5 loss damage or expense caused by delay, even though the delay be caused by a risk insured against(except expenses payable under Clause 2 above)

4.6 loss damage or expense caused by insolvency or financial default of the owners managers charterers or operators of the vessel where, at the time of loading of the subject-matter insured on board the vessel, the Assured are aware, or in the ordinary course of business should be aware, that such insolvency or financial default could prevent the normal prosecution of the voyage.

This exclusion shall not apply where the contract of insurance has been assigned to the party claiming hereunder who has bought or agreed to buy the subject-matter insured in good faith under a binding contract

4.7 loss damage or expense directly or indirectly caused by or arising from the use of any weapon or device employing atomic or nuclear fission and/or fusion or other like reaction or radioactive force or matter.

5.5.1 In no case shall this insurance cover loss damage or expense arising from 5.1.1 unseaworthiness of vessel or craft or unfitness of vessel or craft for the safe carriage of the subject-matter insured, where the Assured are privy to such unseaworthiness or unfitness, at the time the subject-matter insured is loaded therein

5.1.2 unfitness of container or conveyance for the safe carriage of the subject-matter insured, where loading therein or thereon is carried out prior to attachment of this insurance or by the Assured or their employees and they are privy to such unfitness at the time of loading.

5.2 Exclusion 5.1.1 above shall not apply where the contract of insurance has been assigned to the party claiming hereunder who has bought or agreed to buy the subject-matter insured in good faith under a binding contract.

5.3 The Insurers waive any breach of the implied warranties of seaworthiness of the ship and fitness of the ship to carry the subject-matter insured to destination.

6. In no case shall this insurance cover loss damage or expense caused by
6.1 war civil war revolution rebellion insurrection, or civil strife arising therefrom, or any hostile act by or against a belligerent power
6.2 capture seizure arrest restraint or detainment (piracy excepted), and the consequences thereof or any attempt thereat
6.3 derelict mines torpedoes bombs or other derelict weapons of war.

7. In no case shall this insurance cover loss damage or expense
7.1 caused by strikers, locked-out workmen, or persons taking part in labour disturbances, riots or civil commotions
7.2 resulting from strikes, lock-outs, labour disturbances, riots or civil commotions
7.3 caused by any act of terrorism being an act of any person acting on behalf of, or in connection with, any organisation which carries out activities directed towards the overthrowing or influencing, by force or violence, of any government whether or not legally constituted
7.4 caused by any person acting from a political, ideological or religious motive.

DURATION

Transit Clause

8. 8.1 Subject to Clause 11 below, this insurance attaches from the time the subject-matter insured is first moved in the warehouse or at the place of storage (at the place named in the contract of insurance) for the purpose of the immediate loading into or onto the carrying vehicle or other conveyance for the commencement of transit, continues during the ordinary course of transit and terminates either
8.1.1 on completion of unloading from the carrying vehicle or other conveyance in or at the final warehouse or place of storage at the destination named in the contract of insurance,
8.1.2 on completion of unloading from the carrying vehicle or other conveyance in or at any other warehouse or place of storage, whether prior to or at the destination named in the contract of insurance, which the Assured or their employees elect to use either for storage other than in the ordinary course of transit or for allocation or distribution, or
8.1.3 when the Assured or their employees elect to use any carrying ve-

hicle or other conveyance or any container for storage other than in the ordinary course of transit or

8.1.4 on the expiry of 60 days after completion of discharge overside of the subject-matter insured from the oversea vessel at the final port of discharge, whichever shall first occur.

8.2 If, after discharge overside from the oversea vessel at the final port of discharge, but prior to termination of this insurance, the subject-matter insured is to be forwarded to a destination other than that to which it is insured, this insurance, whilst remaining subject to termination as provided in Clauses

8.1.1 to 8.1.4, shall not extend beyond the time the subject-matter insured is first moved for the purpose of the commencement of transit to such other destination.

8.3 This insurance shall remain in force (subject to termination as provided for in Clauses 8.1.1 to 8.1.4 above and to the provisions of Clause 9 below) during delay beyond the control of the Assured, any deviation, forced discharge, reshipment or transhipment and during any variation of the adventure arising from the exercise of a liberty granted to carriers under the contract of carriage.

Termination of Contract of Carriage

9. If owing to circumstances beyond the control of the Assured either the contract of carriage is terminated at a port or place other than the destination named therein or the transit is otherwise terminated before unloading of the subject-matter insured as provided for in Clause 8 above, then this insurance shall also terminate unless prompt notice is given to the Insurers and continuation of cover is requested when this insurance shall remain in force, subject to an additional premium if required by the Insurers, either

9.1 until the subject-matter insured is sold and delivered at such port or place, or, unless otherwise specially agreed, until the expiry of 60 days after arrival of the subject-matter insured at such port or place, whichever shall first occur, or

9.2 if the subject-matter insured is forwarded within the said period of 60 days (or any agreed extension thereof) to the destination named in the contract of insurance or to any other destination, until terminated in accordance with the provisions of Clause 8 above.

Change of Voyage

10. 10.1 Where, after attachment of this insurance, the destination is changed by the Assured, this must be notified promptly to Insurers for rates and terms to be agreed. Should a loss occur prior to such agreement being obtained cover may be provided but only if cover would have been available at a reasonable commercial market rate on reasonable market terms.

10.2 Where the subject-matter insured commences the transit contemplated by this insurance (in accordance with Clause 8.1), but, without the knowledge of the Assured or their employees the ship sails for another destination, this insurance will nevertheless be deemed to have attached at commencement of such transit.

CLAIMS

Insurable Interest

11. 11.1 In order to recover under this insurance the Assured must have an insurable interest in the subject-matter insured at the time of the loss.

11.2 Subject to Clause 11.1 above, the Assured shall be entitled to recover for insured loss occurring during the period covered by this insurance, notwithstanding that the loss occurred before the contract of insurance was concluded, unless the Assured were aware of the loss and the Insurers were not.

Forwarding Charges

12. Where, as a result of the operation of a risk covered by this insurance, the insured transit is terminated at a port or place other than that to which the subject-matter insured is covered under this insurance, the Insurers will reimburse the Assured for any extra charges properly and reasonably incurred in unloading storing and forwarding the subject-matter insured to the destination to which it is insured.

This Clause 12, which does not apply to general average or salvage charges, shall be subject to the exclusions contained in Clauses 4, 5, 6 and 7 above, and shall not include charges arising from the fault negligence insolvency or financial default of the Assured or their employees.

Constructive Total Loss

13. No claim for Constructive Total Loss shall be recoverable hereunder unless the subject-matter insured is reasonably abandoned either on account of its actual total loss appearing to be unavoidable or because the cost of recovering, reconditioning and forwarding the subject-matter insured to the destination to which it is insured would exceed its value on arrival.

Increased Value

14. 14.1 If any Increased Value insurance is effected by the Assured on the subject-matter insured under this insurance the agreed value of the subject-matter insured shall be deemed to be increased to the total amount insured under this insurance and all Increased Value insurances covering the loss, and liability under this insurance shall be in such proportion as the sum insured under this insurance bears to such total amount insured.

In the event of claim the Assured shall provide the Insurers with evidence of the amounts insured under all other insurances.

14.2 Where this insurance is on Increased Value the following clause shall apply:

The agreed value of the subject-matter insured shall be deemed to be equal to the total amount insured under the primary insurance and all Increased Value insurances covering the loss and effected on the subject-matter insured by the Assured, and liability under this insurance shall be in such proportion as the sum insured under this insurance bears to such total amount insured.

In the event of claim the Assured shall provide the Insurers with evidence of the amounts insured under all other insurances.

BENEFIT OF INSURANCE

15. This insurance

15.1 covers the Assured which includes the person claiming indemnity either as the person by or on whose behalf the contract of insurance was effected or as an assignee,

15.2 shall not extend to or otherwise benefit the carrier or other bailee.

MINIMISING LOSSES

Duty of Assured

16. It is the duty of the Assured and their employees and agents in respect

of loss recoverable hereunder

16.1 to take such measures as may be reasonable for the purpose of averting or minimising such loss, and

16.2 to ensure that all rights against carriers, bailees or other third parties are properly preserved and exercised

and the Insurers will, in addition to any loss recoverable hereunder, reimburse the Assured for any charges properly and reasonably incurred in pursuance of these duties.

Waiver

17. Measures taken by the Assured or the Insurers with the object of saving, protecting or recovering the subject-matter insured shall not be considered as a waiver or acceptance of abandonment or otherwise prejudice the rights of either party.

AVOIDANCE OF DELAY

18. It is a condition of this insurance that the Assured shall act with reasonable despatch in all circumstances within their control.

LAW AND PRACTICE

19. This insurance is subject to English law and practice.

NOTE : - *Where a continuation of cover is requested under Clause 9, or a change of destination is notified under Clause 10, there is an obligation to give prompt notice to the Insurers and the right to such cover is dependent upon compliance with this obligation.*

INSTITUTE CARGO CLAUSES (B)

RISKS COVERED

Risks

1. This insurance covers, except as excluded by the provisions of Clauses 4, 5, 6 and 7 below,

1.1 loss of or damage to the subject-matter insured reasonably attributable to

1.1.1 fire or explosion

1.1.2 vessel or craft being stranded grounded sunk or capsized

1.1.3 overturning or derailment of land conveyance

1.1.4 collision or contact of vessel craft or conveyance with any external object other than water

1.1.5 discharge of cargo at a port of distress

1.1.6 earthquake volcanic eruption or lightning,

1.2 loss of or damage to the subject-matter insured caused by

1.2.1 general average sacrifice

1.2.2 jettison or washing overboard

1.2.3 entry of sea lake or river water into vessel craft hold conveyance container or place of storage,

1.3 total loss of any package lost overboard or dropped whilst loading on to, or unloading from, vessel or craft.

EXCLUSIONS

4. In no case shall this insurance cover

4.1 loss damage or expense attributable to wilful misconduct of the Assured

4.2 ordinary leakage, ordinary loss in weight or volume, or ordinary wear and tear of the subject-matter insured

4.3 loss damage or expense caused by insufficiency or unsuitability of packing or preparation of the subject-matter insured to withstand the ordinary incidents of the insured transit where such packing or preparation is carried out by the Assured or their employees or prior to the attachment of this insurance(for the purpose of these Clauses "packing" shall be deemed to include stowage in a container and "employees" shall not include independent contractors)

4.4 loss damage or expense caused by inherent vice or nature of the subject-matter insured

4.5 loss damage or expense caused by delay, even though the delay be caused by a risk insured against(except expenses payable under Clause 2 above)

4.6 loss damage or expense caused by insolvency or financial default of the owners managers charterers or operators of the vessel where, at the time of loading of the subject-matter insured on board the vessel, the Assured are aware, or in the ordinary course of business should be aware, that such insolvency or financial default could prevent the normal prosecution of the voyage

This exclusion shall not apply where the contract of insurance has been assigned to the party claiming

hereunder who has bought or agreed to buy the subject-matter insured in good faith under a binding contract

4.7 deliberate damage to or deliberate destruction of the subject-matter insured or any part thereof by the wrongful act of any person or persons

4.8 loss damage or expense directly or indirectly caused by or arising from the use of any weapon or device employing atomic or nuclear fission and/or fusion or other like reaction or radioactive force or matter.

6. In no case shall this insurance cover loss damage or expense caused by

6.1 war civil war revolution rebellion insurrection, or civil strife arising therefrom, or any hostile act by or against a belligerent power

6.2 capture seizure arrest restraint or detainment, and the consequences thereof or any attempt thereat

6.3 derelict mines torpedoes bombs or other derelict weapons of war.

INSTITUTE CARGO CLAUSES (C)

RISKS COVERED

Risks

1. This insurance covers, except as excluded by the provisions of Clauses 4, 5, 6 and 7 below,

1.1 loss of or damage to the subject-matter insured reasonably attributable to

1.1.1 fire or explosion

1.1.2 vessel or craft being stranded grounded sunk or capsized

1.1.3 overturning or derailment of land conveyance

1.1.4 collision or contact of vessel craft or conveyance with any external object other than water

1.1.5 discharge of cargo at a port of distress,

1.2 loss of or damage to the subject-matter insured caused by

1.2.1 general average sacrifice

1.2.2 jettison.

EXCLUSIONS

4. In no case shall this insurance cover

4.1 loss damage or expense attributable to wilful misconduct of the Assured

4.2 ordinary leakage, ordinary loss in weight or volume, or ordinary wear and tear of the subject-matter insured

4.3 loss damage or expense caused by insufficiency or unsuitability of packing or preparation of the subject-matter insured to withstand the ordinary incidents of the insured transit where such packing or preparation is carried out by the Assured or their employees or prior to the attachment of this insurance(for the purpose of these Clauses "packing" shall be deemed to include stowage in a container and "employees" shall not include independent contractors)

4.4 loss damage or expense caused by inherent vice or nature of the subject-matter insured

4.5 loss damage or expense caused by delay, even though the delay be caused by a risk insured against(except expenses payable under Clause 2 above)

4.6 loss damage or expense caused by insolvency or financial default of the owners managers charterers or operators of the vessel where, at the time of loading of the subject-matter insured on board the vessel, the Assured are aware, or in the ordinary course of business should be aware, that such insolvency or financial default could prevent the normal prosecution of the voyage

This exclusion shall not apply where the contract of insurance has been assigned to the party claiming hereunder who has bought or agreed to buy the subject-matter insured in good faith under a binding contract

4.7 deliberate damage to or deliberate destruction of the subject-matter insured or any part thereof by the wrongful act of any person or persons

4.8 loss damage or expense directly or indirectly caused by or arising from the use of any weapon or device employing atomic or nuclear fission and/or fusion or other like reaction or radioactive force or matter.

6. In no case shall this insurance cover loss damage or expense caused by

6.1 war civil war revolution rebellion insurrection, or civil strife arising therefrom, or any hostile act by or against a belligerent power

6.2 capture seizure arrest restraint or detainment, and the consequences thereof or any attempt thereat

6.3 derelict mines torpedoes bombs or other derelict weapons of war.

4. Institute War Clauses(Cargo) : CL385

1/1/09

INSTITUTE CARGO CLAUSES (CARGO)

RISKS COVERED

Risks

1. This insurance covers, except as excluded by the provisions of Clauses 3 and 4 below, loss of or damage to the subject-matter insured caused by
1.1 war civil war revolution rebellion insurrection, or civil strife arising therefrom, or any hostile act by or against a belligerent power
1.2 capture seizure arrest restraint or detainment, arising from risks covered under 1.1 above, and the consequences thereof or any attempt thereat
1.3 derelict mines torpedoes bombs or other derelict weapons of war.

General Average

2. This insurance covers general average and salvage charges, adjusted or determined according to the contract of carriage and/or the governing law and practice, incurred to avoid or in connection with the avoidance of loss from a risk covered under these Clauses.

EXCLUSIONS

3. In no case shall this insurance cover
3.1 loss damage or expense attributable to wilful misconduct of the Assured
3.2 ordinary leakage, ordinary loss in weight or volume, or ordinary wear and tear of the subject-matter insured
3.3 loss damage or expense caused by insufficiency or unsuitability of packing or preparation of the subject-matter insured to withstand the ordinary incidents of the insured transit where such packing or preparation is carried out by the Assured or their employees or prior to the attachment of this insurance (for the purpose of these Clauses "packing" shall be deemed to include stowage in a container and "employees" shall not include independent contractors)
3.4 loss damage or expense caused by inherent vice or nature of the subject-matter insured

3.5 loss damage or expense caused by delay, even though the delay be caused by a risk insured against(except expenses payable under Clause 2 above)

3.6 loss damage or expense caused by insolvency or financial default of the owners managers charterers or operators of the vessel where, at the time of loading of the subject-matter insured on board the vessel, the Assured are aware, or in the ordinary course of business should be aware, that such insolvency or financial default could prevent the normal prosecution of the voyage.

This exclusion shall not apply where the contract of insurance has been assigned to the party claiming hereunder who has bought or agreed to buy the subject-matter insured in good faith under a binding contract

3.7 any claim based upon loss of or frustration of the voyage or adventure

3.8 loss damage or expense directly or indirectly caused by or arising from any hostile use of any weapon or device employing atomic or nuclear fission and/or fusion or other like reaction or radioactive force or matter.

4. 4.1 In no case shall this insurance cover loss damage or expense arising from

4.1.1 unseaworthiness of vessel or craft or unfitness of vessel or craft for the safe carriage of the subject-matter insured, where the Assured are privy to such unseaworthiness or unfitness, at the time the subject-matter insured is loaded therein

4.1.2 unfitness of container or conveyance for the safe carriage of the subject-matter insured, where loading therein or thereon is carried out prior to attachment of this insurance or by the Assured or their employees and they are privy to such unfitness at the time of loading.

4.2 Exclusion 4.1.1 above shall not apply where the contract of insurance has been assigned to the party claiming hereunder who has bought or agreed to buy the subject-matter insured in good faith under a binding contract.

4.3 The Insurers waive any breach of the implied warranties of seaworthiness of the ship and fitness of the ship to carry the subject-matter insured to destination.

DURATION

Transit Clause

5. 5.1 This insurance

5.1.1 attaches only as the subject-matter insured and as to any part as that part is loaded on an oversea vessel and

5.1.2 terminates, subject to 5.2 and 5.3 below, either as the subject-matter insured and as to any part as that part is discharged from an oversea vessel at the final port or place of discharge,

or

on expiry of 15 days counting from midnight of the day of arrival of the vessel at the final port or place of discharge, whichever shall first occur; nevertheless, subject to prompt notice to the Insurers and to an additional premium, such insurance

5.1.3 reattaches when, without having discharged the subject-matter insured at the final port or place of discharge, the vessel sails therefrom, and

5.1.4 terminates, subject to 5.2 and 5.3 below, either as the subject-matter insured and as to any part as that part is thereafter discharged from the vessel at the final (or substituted) port or

place of discharge, or

on expiry of 15 days counting from midnight of the day of re-arrival of the vessel at the final port or place of discharge or arrival of the vessel at a substituted port or place of discharge,

whichever shall first occur.

5.2 If during the insured voyage the oversea vessel arrives at an intermediate port or place to discharge the subject-matter insured for on-carriage by oversea vessel or by aircraft, or the subject-matter insured is discharged from the vessel at a port or place of refuge, then, subject to 5.3 below and to an additional premium if required, this insurance continues until the expiry of 15 days counting from midnight of the day of arrival of the vessel at such port or place, but thereafter reattaches as the subject-matter insured and as to any part as that part is loaded on an on-carrying oversea vessel or aircraft. During the period of 15 days the insurance remains in force after discharge only whilst the subject-matter insured and as to any part as that part is at such port or place. If the subject-matter insured is on-carried within the said period of 15 days or if

the insurance reattaches as provided in this Clause 5.2
5.2.1 where the on-carriage is by oversea vessel this insurance continues subject to the terms of these Clauses, or
5.2.2 where the on-carriage is by aircraft, the current Institute War Clauses (Air Cargo) (excluding sendings by Post) shall be deemed to form part of the contract of insurance and shall apply to the on-carriage by air.
5.3 If the voyage in the contract of carriage is terminated at a port or place other than the destination agreed therein, such port or place shall be deemed the final port of discharge and this insurance terminates in accordance with 5.1.2. If the subject-matter insured is subsequently reshipped to the original or any other destination, then provided notice is given to the Insurers before the commencement of such further transit and subject to an additional premium, this insurance reattaches
5.3.1 in the case of the subject-matter insured having been discharged, as the subject-matter insured and as to any part as that part is loaded on the on-carrying vessel for the voyage;
5.3.2 in the case of the subject-matter not having been discharged, when the vessel sails from such deemed final port of discharge;
thereafter this insurance terminates in accordance with 5.1.4.
5.4 The insurance against the risks of mines and derelict torpedoes, floating or submerged, is extended whilst the subject-matter insured or any part thereof is on craft whilst in transit to or from the oversea vessel, but in no case beyond the expiry of 60 days after discharge from the oversea vessel unless otherwise specially agreed by the Insurers.
5.5 Subject to prompt notice to Insurers, and to an additional premium if required, this insurance shall remain in force within the provisions of these Clauses during any deviation, or any variation of the adventure arising from the exercise of a liberty granted to carriers under the contract of carriage.
(For the purpose of Clause 5
"arrival" shall be deemed to mean that the vessel is anchored, moored or otherwise secured at a berth or place within the Harbour Authority area. If such a berth or place is not available, arrival is deemed to have occurred when the vessel first anchors, moors or otherwise secures either at or off the intended port or place of discharge
"oversea vessel" shall be deemed to mean a vessel carrying the subject-

matter from one port or place to another where such voyage involves a sea passage by that vessel)

Change of Voyage

6. 6.1 Where, after attachment of this insurance, the destination is changed by the Assured, this must be notified promptly to Insurers for rates and terms to be agreed. Should a loss occur prior to such agreement being obtained cover may be provided but only if cover would have been available at a reasonable commercial market rate on reasonable market terms.

6.2 Where the subject-matter insured commences the transit contemplated by this insurance (in accordance with Clause 5.1), but, without the knowledge of the Assured or their employees the ship sails for another destination, this insurance will nevertheless be deemed to have attached at commencement of such transit.

7. Anything contained in this contract which is inconsistent with Clauses 3.7, 3.8 or 5 shall, to the extent of such inconsistency, be null and void.

CLAIMS

Insurable Interest

8. 8.1 In order to recover under this insurance the Assured must have an insurable interest in the subject-matter insured at the time of the loss.

8.2 Subject to Clause 8.1 above, the Assured shall be entitled to recover for insured loss occurring during the period covered by this insurance, notwithstanding that the loss occurred before the contract of insurance was concluded, unless the Assured were aware of the loss and the Insurers were not.

Increased Value

9. 9.1 If any Increased Value insurance is effected by the Assured on the subject-matter insured under this insurance the agreed value of the subject-matter insured shall be deemed to be increased to the total amount insured under this insurance and all Increased Value insurances covering the loss, and liability under this insurance shall be in such proportion as the sum insured under this insurance bears to such total amount insured. In the event of claim the Assured shall provide the Insurers with evidence

of the amounts insured under all other insurances.

9.2 Where this insurance is on Increased Value the following clause shall apply:

The agreed value of the subject-matter insured shall be deemed to be equal to the total amount insured under the primary insurance and all Increased Value insurances covering the loss and effected on the subject-matter insured by the Assured, and liability under this insurance shall be in such proportion as the sum insured under this insurance bears to such total amount insured.

In the event of claim the Assured shall provide the Insurers with evidence of the amounts insured under all other insurances.

BENEFIT OF INSURANCE

10. This insurance

10.1 covers the Assured which includes the person claiming indemnity either as the person by or on whose behalf the contract of insurance was effected or as an assignee,

10.2 shall not extend to or otherwise benefit the carrier or other bailee.

MINIMISING LOSSES

Duty of Assured

11. It is the duty of the Assured and their employees and agents in respect of loss recoverable hereunder

11.1 to take such measures as may be reasonable for the purpose of averting or minimising such loss, and

11.2 to ensure that all rights against carriers, bailees or other third parties are properly preserved and exercised and the Insurers will, in addition to any loss recoverable hereunder, reimburse the Assured for any charges properly and reasonably incurred in pursuance of these duties.

Waiver

12. Measures taken by the Assured or the Insurers with the object of saving, protecting or recovering the subject-matter insured shall not be considered as a waiver or acceptance of abandonment or otherwise prejudice the rights of either party.

AVOIDANCE OF DELAY

13. It is a condition of this insurance that the Assured shall act with reasonable despatch in all circumstances within their control.

LAW AND PRACTICE

14. This insurance is subject to English law and practice.

NOTE : - *Where a reattachment of cover is requested under Clause 5, or a change of destination is notified under Clause 6, there is an obligation to give prompt notice to the Insurers and the right to such cover is dependent upon compliance with this obligation.*

5. Institute War Clauses(Cargo) : CL386

1/1/09

INSTITUTE CARGO CLAUSES (CARGO)

RISKS COVERED

Risks

1. This insurance covers, except as excluded by the provisions of Clauses 3 and 4 below, loss of or damage to the subject-matter insured caused by
1.1 strikers, locked-out workmen, or persons taking part in labour disturbances, riots or civil commotions
1.2 any act of terrorism being an act of any person acting on behalf of, or in connection with, any organisation which carries out activities directed towards the overthrowing or influencing, by force or violence, of any government whether or not legally constituted
1.3 any person acting from a political, ideological or religious motive.

General Average

2. This insurance covers general average and salvage charges, adjusted or determined according to the contract of carriage and/or the governing law and practice, incurred to avoid or in connection with the avoidance of loss from a risk covered under these Clauses.

EXCLUSIONS

3. In no case shall this insurance cover
3.1 loss damage or expense attributable to wilful misconduct of the Assured
3.2 ordinary leakage, ordinary loss in weight or volume, or ordinary wear and tear of the subject-matter insured
3.3 loss damage or expense caused by insufficiency or unsuitability of packing or preparation of the subject-matter insured to withstand the ordinary incidents of the insured transit where such packing or preparation is carried out by the Assured or their employees or prior to the attachment of this insurance(for the purpose of this Clause 3.3 "packing" shall be deemed to include stowage in a container and "employees" shall not include independent contractors)

3.4 loss damage or expense caused by inherent vice or nature of the subject-matter insured

3.5 loss damage or expense caused by delay, even though the delay be caused by a risk insured against(except expenses payable under Clause 2 above)

3.6 loss damage or expense caused by insolvency or financial default of the owners managers charterers or operators of the vessel where, at the time of loading of the subject-matter insured on board the vessel, the Assured are aware, or in the ordinary course of business should be aware, that such insolvency or financial default could prevent the normal prosecution of the voyage

This exclusion shall not apply where the contract of insurance has been assigned to the party claiming hereunder who has bought or agreed to buy the subject-matter insured in good faith under a binding contract

3.7 loss damage or expense arising from the absence shortage or withholding of labour of any description whatsoever resulting from any strike, lockout, labour disturbance, riot or civil commotion

3.8 any claim based upon loss of or frustration of the voyage or adventure

3.9 loss damage or expense directly or indirectly caused by or arising from the use of any weapon or device employing atomic or nuclear fission and/or fusion or other like reaction or radioactive force or matter

3.10 loss damage or expense caused by war civil war revolution rebellion insurrection, or civil strife arising therefrom, or any hostile act by or against a belligerent power.

4. 4.1 In no case shall this insurance cover loss damage or expense arising from

4.1.1 unseaworthiness of vessel or craft or unfitness of vessel or craft for the safe carriage of the subject-matter insured, where the Assured are privy to such unseaworthiness or unfitness, at the time the subject-matter insured is loaded therein

4.1.2 unfitness of container or conveyance for the safe carriage of the subject-matter insured, where loading therein or thereon is carried out prior to attachment of this insurance or by the Assured or their employees and they are privy to such unfitness at the time of loading.

4.2 Exclusion 4.1.1 above shall not apply where the contract of insurance has been assigned to the party claiming hereunder who has bought or agreed to buy the subject-matter insured in good faith under a binding contract.

4.3 The Insurers waive any breach of the implied warranties of seaworthiness of the ship and fitness of the ship to carry the subject-matter insured to destination.

DURATION

Transit Clause

5. 5.1 Subject to Clause 8 below, this insurance attaches from the time the subject-matter insured is first moved in the warehouse or at the place of storage (at the place named in the contract of insurance) for the purpose of the immediate loading into or onto the carrying vehicle or other conveyance for the commencement of transit, continues during the ordinary course of transit and terminates either

5.1.1 on completion of unloading from the carrying vehicle or other conveyance in or at the final warehouse or place of storage at the destination named in the contract of insurance,

5.1.2 on completion of unloading from the carrying vehicle or other conveyance in or at any other warehouse or place of storage, whether prior to or at the destination named in the contract of insurance, which the Assured or their employees elect to use either for storage other than in the ordinary course of transit or for allocation or distribution, or

5.1.3 when the Assured or their employees elect to use any carrying vehicle or other conveyance or any container for storage other than in the ordinary course of transit or

5.1.4 on the expiry of 60 days after completion of discharge overside of the subject-matter insured from the oversea vessel at the final port of discharge, whichever shall first occur.

5.2 If, after discharge overside from the oversea vessel at the final port of discharge, but prior to termination of this insurance, the subject-matter insured is to be forwarded to a destination other than that to which it is insured, this insurance, whilst remaining subject to termination as provided in Clauses 5.1.1 to 5.1.4, shall not extend beyond the time the subject-matter insured is first moved for the purpose of the commencement of transit to such other destination.

5.3 This insurance shall remain in force (subject to termination as provided for in Clauses 5.1.1 to 5.1.4 above and to the provisions of Clause 6 below) during delay beyond the control of the Assured, any deviation, forced discharge, reshipment or transhipment and during any variation of the adventure arising from the exercise of a liberty granted to carriers under the contract of carriage.

Termination of Contract of Carriage

6. If owing to circumstances beyond the control of the Assured either the contract of carriage is terminated at a port or place other than the destination named therein or the transit is otherwise terminated before unloading of the subject-matter insured as provided for in Clause 5 above, then this insurance shall also terminate unless prompt notice is given to the Insurers and continuation of cover is requested when this insurance shall remain in force, subject to an additional premium if required by the Insurers, either

6.1 until the subject-matter insured is sold and delivered at such port or place, or, unless otherwise specially agreed, until the expiry of 60 days after arrival of the subject-matter insured at such port or place,

whichever shall first occur, or

6.2 if the subject-matter insured is forwarded within the said period of 60 days (or any agreed extension thereof) to the destination named in the contract of insurance or to any other destination, until terminated in accordance with the provisions of Clause 5 above.

Change of Voyage

7. 7.1 Where, after attachment of this insurance, the destination is changed by the Assured, this must be notified promptly to Insurers for rates and terms to be agreed. Should a loss occur prior to such agreement being obtained cover may be provided but only if cover would have been available at a reasonable commercial market rate on reasonable market terms.

7.2 Where the subject-matter insured commences the transit contemplated by this insurance (in accordance with Clause 5.1), but, without the knowledge of the Assured or their employees the ship sails for another destination, this insurance will nevertheless be deemed to have attached at commencement of such transit.

CLAIMS

Insurable Interest

8. 8.1 In order to recover under this insurance the Assured must have an insurable interest in the subject-matter insured at the time of the loss.
8.2 Subject to Clause 8.1 above, the Assured shall be entitled to recover for insured loss occurring during the period covered by this insurance, notwithstanding that the loss occurred before the contract of insurance was concluded, unless the Assured were aware of the loss and the Insurers were not.

Increased Value

9. 9.1 If any Increased Value insurance is effected by the Assured on the subject-matter insured under this insurance the agreed value of the subject-matter insured shall be deemed to be increased to the total amount insured under this insurance and all Increased Value insurances covering the loss, and liability under this insurance shall be in such proportion as the sum insured under this insurance bears to such total amount insured. In the event of claim the Assured shall provide the Insurers with evidence of the amounts insured under all other insurances.
9.2 Where this insurance is on Increased Value the following clause shall apply:
The agreed value of the subject-matter insured shall be deemed to be equal to the total amount insured under the primary insurance and all Increased Value insurances covering the loss and effected on the subject-matter insured by the Assured, and liability under this insurance shall be in such proportion as the sum insured under this insurance bears to such total amount insured.
In the event of claim the Assured shall provide the Insurers with evidence of the amounts insured under all other insurances.

BENEFIT OF INSURANCE

10. This insurance
10.1 covers the Assured which includes the person claiming indemnity

either as the person by or on whose behalf the contract of insurance was effected or as an assignee,

10.2 shall not extend to or otherwise benefit the carrier or other bailee.

MINIMISING LOSSES

Duty of Assured

11. It is the duty of the Assured and their employees and agents in respect of loss recoverable hereunder

11.1 to take such measures as may be reasonable for the purpose of averting or minimising such loss, and

11.2 to ensure that all rights against carriers, bailees or other third parties are properly preserved and exercised

and the Insurers will, in addition to any loss recoverable hereunder, reimburse the Assured for any charges properly and reasonably incurred in pursuance of these duties.

Waiver

12. Measures taken by the Assured or the Insurers with the object of saving, protecting or recovering the subject-matter insured shall not be considered as a waiver or acceptance of abandonment or otherwise prejudice the rights of either party.

AVOIDANCE OF DELAY

13. It is a condition of this insurance that the Assured shall act with reasonable despatch in all circumstances within their control.

LAW AND PRACTICE

14. This insurance is subject to English law and practice.

NOTE : - *Where a continuation of cover is requested under Clause 6, or a change of destination is notified under Clause 7, there is an obligation to give prompt notice to the Insurers and the right to such cover is dependent upon compliance with this obligation.*

6. Institute War Clauses(Air) : CL387

1/1/09

INSTITUTE CARGO CLAUSES (AIR)
(excluding sendings by Post)

RISKS COVERED

Risks

1. This insurance covers all risks of loss of or damage to the subject-matter insured except as excluded by the provisions of Clauses 3, 4 and 5 below.

Salvage Charges

2. This insurance covers salvage charges incurred to avoid or in connection with the avoidance of loss from any cause except those excluded in Clauses 3, 4 and 5 below.

EXCLUSIONS

3. In no case shall this insurance cover

3.1 loss damage or expense attributable to wilful misconduct of the Assured

3.2 ordinary leakage, ordinary loss in weight or volume, or ordinary wear and tear of the subject-matter insured

3.3 loss damage or expense caused by insufficiency or unsuitability of packing or preparation of the subject-matter insured to withstand the ordinary incidents of the insured transit where such packing or preparation is carried out by the Assured or their employees or prior to the attachment of this insurance(for the purpose of these Clauses "packing" shall be deemed to include stowage in a container and "employees" shall not include independent contractors)

3.4 loss damage or expense caused by inherent vice or nature of the subject-matter insured

3.5 loss damage or expense arising from unfitness of aircraft conveyance or container for the safe carriage of the subject-matter insured, where loading therein or thereon is carried out prior to attachment of this insurance or by the Assured or their employees and they are privy to such unfitness at the time of loading. This exclusion shall not apply where the contract of insurance has been assigned to the party claiming hereunder who has bought or agreed to buy the subject-matter insured in good faith under a binding contract.

3.6 loss damage or expense caused by delay, even though the delay be caused by a risk insured against

3.7 loss damage or expense caused by insolvency or financial default of the owners managers charterers or operators of the aircraft where, at the time of loading of the subject-matter insured on board the aircraft, the Assured are aware, or in the ordinary course of business should be aware, that such insolvency or financial default could prevent the normal prosecution of the transit

This exclusion shall not apply where the contract of insurance has been assigned to the party claiming hereunder who has bought or agreed to buy the subject-matter insured in good faith under a binding contract

3.8 loss damage or expense directly or indirectly caused by or arising from the use of any weapon or device employing atomic or nuclear fission and/or fusion or other like reaction or radioactive force or matter.

4. In no case shall this insurance cover loss damage or expense caused by

4.1 war civil war revolution rebellion insurrection, or civil strife arising therefrom, or any hostile act by or against a belligerent power

4.2 capture seizure arrest restraint or detainment (piracy excepted), and the consequences thereof or any attempt thereat

4.3 derelict mines torpedoes bombs or other derelict weapons of war.

5. In no case shall this insurance cover loss damage or expense

5.1 caused by strikers, locked-out workmen, or persons taking part in labour disturbances, riots or civil commotions

5.2 resulting from strikes, lock-outs, labour disturbances, riots or civil commotions

5.3 caused by any act of terrorism being an act of any person acting on behalf of, or in connection with, any organisation which carries out activities directed towards the overthrowing or influencing, by force or violence, of any government whether or not legally constituted

5.4 caused by any person acting from a political, ideological or religious motive.

DURATION

Transit Clause

6. 6.1 Subject to Clause 9 below, this insurance attaches from the time the subject-matter insured is first moved in the warehouse, premises or at the place of storage (at the place named in the contract of insurance) for the purpose of the immediate loading into or onto the carrying vehicle or other conveyance for the commencement of transit,
continues during the ordinary course of transit
and terminates either
6.1.1 on completion of unloading from the carrying vehicle or other conveyance in or at the final warehouse, premises or place of storage at the destination named in the contract of insurance,
6.1.2 on completion of unloading from the carrying vehicle or other conveyance in or at any other warehouse, premises or place of storage, whether prior to or at the destination named in the contract of insurance, which the Assured or their employees elect to use either for storage other than in the ordinary course of transit or for allocation or distribution, or
6.1.3 when the Assured or their employees elect to use any carrying vehicle or other conveyance or any container for storage other than in the ordinary course of transit or
6.1.4 on the expiry of 30 days after completion of unloading of the subject-matter insured from the aircraft at the final place of discharge,
whichever shall first occur.
6.2 If, after unloading from the aircraft at the final place of discharge, but prior to termination of this insurance, the subject-matter insured is to be forwarded to a destination other than that to which it is insured, this insurance, whilst remaining subject to termination as provided in Clauses 6.1.1 to 6.1.4, shall not extend beyond the time the subject-matter insured is first moved for the purpose of the commencement of transit to such other destination.
6.3 This insurance shall remain in force (subject to termination as provided for in Clauses 6.1.1 to 6.1.4 above and to the provisions of Clause 7 below) during delay beyond the control of the Assured, any deviation, forced discharge, reshipment or transhipment and during any variation of the adventure arising from the exercise of a liberty granted to the air carriers under the contract of carriage.

Termination of Contract of Carriage

7. If owing to circumstances beyond the control of the Assured either the contract of carriage is terminated at a place other than the destination named therein or the transit is otherwise terminated before unloading of the subject-matter insured as provided for in Clause 6 above, then this insurance shall also terminate unless prompt notice is given to the Insurers and continuation of cover is requested when this insurance shall remain in force, subject to an additional premium if required by the Insurers, either

7.1 until the subject-matter insured is sold and delivered at such place, or, unless otherwise specially agreed, until the expiry of 30 days after arrival of the subject-matter insured at such place, whichever shall first occur, or

7.2 if the subject-matter insured is forwarded within the said period of 30 days (or any agreed extension thereof) to the destination named in the contract of insurance or to any other destination, until terminated in accordance with the provisions of Clause 6 above.

Change of Transit

8. 8.1 Where, after attachment of this insurance, the destination is changed by the Assured, this must be notified promptly to Insurers for rates and terms to be agreed. Should a loss occur prior to such agreement being obtained cover may be provided but only if cover would have been available at a reasonable commercial market rate on reasonable market terms.

8.2 Where the subject-matter insured commences the transit contemplated by this insurance (in accordance with Clause 6.1), but, without the knowledge of the Assured or their employees the aircraft leaves for another destination, this insurance will nevertheless be deemed to have attached at commencement of such transit.

CLAIMS

Insurable Interest

9. 9.1 In order to recover under this insurance the Assured must have an insurable interest in the subject-matter insured at the time of the loss.

9.2 Subject to Clause 9.1 above, the Assured shall be entitled to recover for insured loss occurring during the period covered by this insurance, notwithstanding that the loss occurred before the contract of insurance was concluded, unless the Assured were aware of the loss and the Insurers were not.

Forwarding Charges

10. Where, as a result of the operation of a risk covered by this insurance, the insured transit is terminated at a place other than that to which the subject-matter insured is covered under this insurance, the Insurers will reimburse the Assured for any extra charges properly and reasonably incurred in unloading storing and forwarding the subject-matter insured to the destination to which it is insured.

This Clause 10, which does not apply to salvage charges, shall be subject to the exclusions contained in Clauses 3, 4 and 5 above, and shall not include charges arising from the fault negligence insolvency or financial default of the Assured or their employees.

Constructive Total Loss

11. No claim for Constructive Total Loss shall be recoverable hereunder unless the subject-matter insured is reasonably abandoned either on account of its actual total loss appearing to be unavoidable or because the cost of recovering, reconditioning and forwarding the subject-matter insured to the destination to which it is insured would exceed its value on arrival.

Increased Value

12. 12.1 If any Increased Value insurance is effected by the Assured on the subject-matter insured under this insurance the agreed value of the subject-matter insured shall be deemed to be increased to the total amount insured under this insurance and all Increased Value insurances covering the loss, and liability under this insurance shall be in such proportion as the sum insured under this insurance bears to such total amount insured. In the event of claim the Assured shall provide the Insurers with evidence of the amounts insured under all other insurances.

12.2 Where this insurance is on Increased Value the following clause shall apply:

The agreed value of the subject-matter insured shall be deemed to be equal to the total amount insured under the primary insurance and all Increased Value insurances covering the loss and effected on the subject-matter insured by the Assured, and liability under this insurance shall be in such proportion as the sum insured under this insurance bears to such total amount insured.

In the event of claim the Assured shall provide the Insurers with evidence of the amounts insured under all other insurances.

BENEFIT OF INSURANCE

13. This insurance

13.1 covers the Assured which includes the person claiming indemnity either as the person by or on whose behalf the contract of insurance was effected or as an assignee,

13.2 shall not extend to or otherwise benefit the carrier or other bailee.

MINIMISING LOSSES

Duty of Assured

14. It is the duty of the Assured and their employees and agents in respect of loss recoverable hereunder

14.1 to take such measures as may be reasonable for the purpose of averting or minimising such loss, and

14.2 to ensure that all rights against carriers, bailees or other third parties are properly preserved and exercised

and the Insurers will, in addition to any loss recoverable hereunder, reimburse the Assured for any charges properly and reasonably incurred in pursuance of these duties.

Waiver

15. Measures taken by the Assured or the Insurers with the object of saving, protecting or recovering the subject-matter insured shall not be considered as a waiver or acceptance of abandonment or otherwise prejudice the rights of either party.

AVOIDANCE OF DELAY

16. It is a condition of this insurance that the Assured shall act with reasonable despatch in all circumstances within their control.

LAW AND PRACTICE

17. This insurance is subject to English law and practice.

NOTE : - *Where a continuation of cover is requested under Clause 7, or a change of destination is notified under Clause 8, there is an obligation to give prompt notice to the Insurers and the right to such cover is dependent upon compliance with this obligation.*

7. Institute War Clauses(Air Cargo): CL388

1/1/09

INSTITUTE WAR CLAUSES (AIR CARGO)

(excluding sendings by Post)

RISKS COVERED

Risks

1. This insurance covers, except as excluded by the provisions of Clause 3 below, loss of or damage to the subject-matter insured caused by

1.1 war civil war revolution rebellion insurrection, or civil strife arising therefrom, or any hostile act by or against a belligerent power

1.2 capture seizure arrest restraint or detainment, arising from risks covered under 1.1 above, and the consequences thereof or any attempt thereat

1.3 derelict mines torpedoes bombs or other derelict weapons of war.

Salvage Charges

2. This insurance covers salvage charges, incurred to avoid or in connection with the avoidance of loss from any cause except those excluded in Clause 3 below.

EXCLUSIONS

3. In no case shall this insurance cover

3.1 loss damage or expense attributable to wilful misconduct of the Assured

3.2 ordinary leakage, ordinary loss in weight or volume, or ordinary wear and tear of the subject-matter insured

3.3 loss damage or expense caused by insufficiency or unsuitability of packing or preparation of the subject-matter insured to withstand the ordinary incidents of the insured transit where such packing or preparation is carried out by the Assured or their employees or prior to the attachment of this insurance (for the purpose of these Clauses "packing" shall be deemed to include stowage in a container and "employees" shall not include independent contractors)

3.4 loss damage or expense caused by inherent vice or nature of the subject-matter insured

3.5 loss damage or expense arising from unfitness of aircraft conveyance or container for the safe carriage of the subject-matter insured, where loading therein or thereon is carried out prior to attachment of this insurance or by the Assured or their employees and they are privy to such unfitness at the time of loading.

This exclusion shall not apply where the contract of insurance has been assigned to the party claiming hereunder who has bought or agreed to buy the subject-matter insured in good faith under a binding contract.

3.6 loss damage or expense caused by delay, even though the delay be caused by a risk insured against

3.7 loss damage or expense caused by insolvency or financial default of the owners managers charterers or operators of the aircraft where, at the time of loading of the subject-matter insured on board the aircraft, the Assured are aware, or in the ordinary course of business should be aware, that such insolvency or financial default could prevent the normal prosecution of the transit

This exclusion shall not apply where the contract of insurance has been assigned to the party claiming hereunder who has bought or agreed to buy the subject-matter insured in good faith under a binding contract

3.8 any claim based upon loss of or frustration of the transit or adventure

3.9 loss damage or expense directly or indirectly caused by or arising from any hostile use of any weapon or device employing atomic or nuclear fission and/or fusion or other like reaction or radioactive force or matter.

DURATION

Transit Clause

4. 4.1 This insurance

4.1.1 attaches only as the subject-matter insured and as to any part as that part is loaded on the aircraft for the commencement of the air transit insured, and

4.1.2 terminates, subject to 4.2 and 4.3 below, either as the subject-matter insured and as to any part as that part is discharged from the aircraft at the final place of discharge, or

on expiry of 15 days counting from midnight of the day of arrival of the aircraft at the final place of discharge, whichever shall first occur;

nevertheless, subject to prompt notice to the Insurers and to an additional premium, such insurance

4.1.3 reattaches when, without having discharged the subject-matter insured at the final place of discharge, the aircraft departs therefrom, and

4.1.4 terminates, subject to 4.2 and 4.3 below, either as the subject-matter insured and as to any part as that part is thereafter discharged from the aircraft at the final (or substituted) place of discharge, or

on expiry of 15 days counting from midnight of the day of re-arrival of the aircraft at the final place of discharge or arrival of the aircraft at a substituted place of discharge,

whichever shall first occur.

4.2 If during the insured transit the aircraft arrives at an intermediate place to discharge the subject-matter insured for on-carriage by aircraft or oversea vessel, then, subject to 4.3 below and to an additional premium if required, this insurance continues until the expiry of 15 days counting from midnight of the day of arrival of the aircraft at such place, but thereafter reattaches as the

subject-matter insured and as to any part as that part is loaded on an on-carrying aircraft or oversea vessel. During the period of 15 days the insurance remains in force after discharge only whilst the subject-matter insured and as to any part as that part is at such intermediate place. If the subject-matter insured is on-carried within the said period of 15 days or if the insurance

reattaches as provided in this Clause 4.2

4.2.1 where the on-carriage is by aircraft this insurance continues subject to the terms of these Clauses, or

4.2.2 where the on-carriage is by oversea vessel, the current Institute War Clauses (Cargo) shall be deemed to form part of the contract of insurance and shall apply to the on-carriage by sea.

4.3 If the air transit in the contract of carriage is terminated at a place other than the destination agreed therein, that place shall be deemed to be the final place of discharge and this insurance terminates in accordance with 4.1.2. If the subject-matter insured is subsequently consigned to the original or any other destination, then, provided notice is given to the Insurers before the commencement of such further transit and subject to an additional premium, this insurance reattaches

4.3.1 in the case of the subject-matter insured having been discharged, as the subject-matter insured and as to any part as that part is loaded on the on-carrying aircraft for the transit;
4.3.2 in the case of the subject-matter insured not having been discharged, when the aircraft departs from such deemed final place of discharge;
thereafter this insurance terminates in accordance with 4.1.4.
4.4 Subject to prompt notice to Insurers, and to an additional premium if required, this insurance shall remain in force within the provisions of these Clauses during any deviation, or any variation of the adventure arising from the exercise of a liberty granted to the air carriers under the contract of carriage.
(For the purpose of Clause 4
"oversea vessel" shall be deemed to mean a vessel carrying the subject-matter from one port or place to another where such voyage involves a sea passage by that vessel)

Change of Transit

5. 5.1 Where, after attachment of this insurance, the destination is changed by the Assured, this must be notified promptly to Insurers for rates and terms to be agreed. Should a loss occur prior to such agreement being obtained cover may be provided but only if cover would have been available at a reasonable commercial market rate on reasonable market terms.
5.2 Where the subject-matter insured commences the transit contemplated by this insurance (in accordance with Clause 4.1), but, without the knowledge of the Assured or their employees the aircraft leaves for another destination, this insurance will nevertheless be deemed to have attached at commencement of such transit.

6. Anything contained in this contract which is inconsistent with Clauses 3.8, 3.9 or 4 shall, to the extent of such inconsistency, be null and void.

CLAIMS

Insurable Interest

7. 7.1 In order to recover under this insurance the Assured must have an insurable interest in the subject-matter insured at the time of the loss.

7.2 Subject to Clause 7.1 above, the Assured shall be entitled to recover for insured loss occurring during the period covered by this insurance, notwithstanding that the loss occurred before the contract of insurance was concluded, unless the Assured were aware of the loss and the Insurers were not.

Increased Value

8. 8.1 If any Increased Value insurance is effected by the Assured on the subject-matter insured under this insurance the agreed value of the subject-matter insured shall be deemed to be increased to the total amount insured under this insurance and all Increased Value insurances covering the loss, and liability under this insurance shall be in such proportion as the sum insured under this insurance bears to such total amount insured. In the event of claim the Assured shall provide the Insurers with evidence of the amounts insured under all other insurances.

8.2 Where this insurance is on Increased Value the following clause shall apply:

The agreed value of the subject-matter insured shall be deemed to be equal to the total amount insured under the primary insurance and all Increased Value insurances covering the loss and effected on the subject-matter insured by the Assured, and liability under this insurance shall be in such proportion as the sum insured under this insurance bears to such total amount insured.

In the event of claim the Assured shall provide the Insurers with evidence of the amounts insured under all other insurances.

BENEFIT OF INSURANCE

9. This insurance

9.1 covers the Assured which includes the person claiming indemnity either as the person by or on whose behalf the contract of insurance was effected or as an assignee,

9.2 shall not extend to or otherwise benefit the carrier or other bailee.

MINIMISING LOSSES

Duty of Assured

10. It is the duty of the Assured and their employees and agents in respect

of loss recoverable hereunder

10.1 to take such measures as may be reasonable for the purpose of averting or minimising such loss, and

10.2 to ensure that all rights against carriers, bailees or other third parties are properly preserved and exercised

and the Insurers will, in addition to any loss recoverable hereunder, reimburse the Assured for any charges properly and reasonably incurred in pursuance of these duties.

Waiver

11. Measures taken by the Assured or the Insurers with the object of saving, protecting or recovering the subject-matter insured shall not be considered as a waiver or acceptance of abandonment or otherwise prejudice the rights of either party.

AVOIDANCE OF DELAY

12. It is a condition of this insurance that the Assured shall act with reasonable despatch in all circumstances within their control.

LAW AND PRACTICE

13. This insurance is subject to English law and practice.

NOTE : - *Where a reattachment of cover is requested under Clause 4, or a change of destination is notified under Clause 5, there is an obligation to give prompt notice to the Insurers and the right to such cover is dependent upon compliance with this obligation.*

8. Institute Strikes Clauses(Air Cargo): CL389

1/1/09

INSTITUTE WAR CLAUSES (AIR CARGO)

RISKS COVERED

Risks

1. This insurance covers, except as excluded by the provisions of Clause 3 below, loss of or damage to the subject-matter insured caused by
1.1 strikers, locked-out workmen, or persons taking part in labour disturbances, riots or civil commotions
1.2 any act of terrorism being an act of any person acting on behalf of, or in connection with, any organisation which carries out activities directed towards the overthrowing or influencing, by force or violence, of any government whether or not legally constituted
1.3 any person acting from a political, ideological or religious motive.

Salvage Charges

2. This insurance covers salvage charges incurred to avoid or in connection with the avoidance of loss from any cause except those excluded in Clause 3 below.

EXCLUSIONS

3. In no case shall this insurance cover
3.1 loss damage or expense attributable to wilful misconduct of the Assured
3.2 ordinary leakage, ordinary loss in weight or volume, or ordinary wear and tear of the subject-matter insured
3.3 loss damage or expense caused by insufficiency or unsuitability of packing or preparation of the subject-matter insured to withstand the ordinary incidents of the insured transit where such packing or preparation is carried out by the Assured or their employees or prior to the attachment of this insurance(for the purpose of this Clause 3.3 "packing" shall be deemed to include stowage in a container and "employees" shall not include independent contractors)
3.4 loss damage or expense caused by inherent vice or nature of the subject-

matter insured

3.5 loss damage or expense arising from unfitness of aircraft conveyance or container for the safe carriage of the subject-matter insured, where loading therein or thereon is carried out prior to attachment of this insurance or by the Assured or their employees and they are privy to such unfitness at the time of loading. This exclusion shall not apply where the contract of insurance has been assigned to the party claiming hereunder who has bought or agreed to buy the subject-matter insured in good faith under a binding contract.

3.6 loss damage or expense caused by delay, even though the delay be caused by a risk insured against

3.7 loss damage or expense caused by insolvency or financial default of the owners managers charterers or operators of the aircraft where, at the time of loading of the subject-matter insured on board the aircraft, the Assured are aware, or in the ordinary course of business should be aware, that such insolvency or financial default could prevent the normal prosecution of the transit

This exclusion shall not apply where the contract of insurance has been assigned to the party claiming hereunder who has bought or agreed to buy the subject-matter insured in good faith under a binding contract

3.8 loss damage or expense arising from the absence shortage or withholding of labour of any description whatsoever resulting from any strike, lockout, labour disturbance, riot or civil commotion

3.9 any claim based upon loss of or frustration of the transit or adventure

3.10 loss damage or expense directly or indirectly caused by or arising from the use of any weapon or device employing atomic or nuclear fission and/or fusion or other like reaction or radioactive force or matter

3.11 loss damage or expense caused by war civil war revolution rebellion insurrection, or civil strife arising therefrom, or any hostile act by or against a belligerent power.

DURATION

Transit Clause

4. 4.1 Subject to Clause 7 below, this insurance attaches from the time the subject-matter insured is first moved in the warehouse, premises or at the place of storage (at the place named in the contract of insurance) for the

purpose of the immediate loading into or onto the carrying vehicle or other conveyance for the commencement of transit,
continues during the ordinary course of transit
and terminates either
4.1.1 on completion of unloading from the carrying vehicle or other conveyance in or at the final warehouse, premises or place of storage at the destination named in the contract of insurance,
4.1.2 on completion of unloading from the carrying vehicle or other conveyance in or at any other warehouse, premises or place of storage, whether prior to or at the destination named in the contract of insurance, which the Assured or their employees elect to use either for storage other than in the ordinary course of transit or for allocation or distribution, or
4.1.3 when the Assured or their employees elect to use any carrying vehicle or other conveyance or any container for storage other than in the ordinary course of transit or
4.1.4 on the expiry of 30 days after completion of unloading of the subject-matter insured from the aircraft at the final place of discharge,
whichever shall first occur.
4.2 If, after unloading from the aircraft at the final place of discharge, but prior to termination of this insurance, the subject-matter insured is to be forwarded to a destination other than that to which it is insured, this insurance, whilst remaining subject to termination as provided in Clauses 4.1.1 to 4.1.4, shall not extend beyond the time the subject-matter insured is first moved for the purpose of the commencement of transit to such other destination.
4.3 This insurance shall remain in force (subject to termination as provided for in Clauses 4.1.1 to 4.1.4 above and to the provisions of Clause 5 below) during delay beyond the control of the Assured, any deviation, forced discharge, reshipment or transhipment and during any variation of the adventure arising from the exercise of a liberty granted to the air carriers under the contract of carriage.

Termination of Contract of Carriage

5. If owing to circumstances beyond the control of the Assured either the contract of carriage is terminated at a place other than the destination named therein or the transit is otherwise terminated before unloading of

the subject-matter insured as provided for in Clause 4 above, then this insurance shall also terminate unless prompt notice is given to the Insurers and continuation of cover is requested when this insurance shall remain in force, subject to an additional premium if required by the Insurers, either
5.1 until the subject-matter insured is sold and delivered at such place, or, unless otherwise specially agreed, until the expiry of 30 days after arrival of the subject-matter insured at such place, whichever shall first occur, or
5.2 if the subject-matter insured is forwarded within the said period of 30 days (or any agreed extension thereof) to the destination named in the contract of insurance or to any other destination, until terminated in accordance with the provisions of Clause 4 above.

Change of Transit

6. 6.1 Where, after attachment of this insurance, the destination is changed by the Assured, this must be notified promptly to Insurers for rates and terms to be agreed. Should a loss occur prior to such agreement being obtained cover may be provided but only if cover would have been available at a reasonable commercial market rate on reasonable market terms.
6.2 Where the subject-matter insured commences the transit contemplated by this insurance (in accordance with Clause 4.1), but, without the knowledge of the Assured or their employees the aircraft leaves for another destination, this insurance will nevertheless be deemed to have attached at commencement of such transit.

CLAIMS

Insurable Interest

7. 7.1 In order to recover under this insurance the Assured must have an insurable interest in the subject-matter insured at the time of the loss.
7.2 Subject to Clause 7.1 above, the Assured shall be entitled to recover for insured loss occurring during the period covered by this insurance, notwithstanding that the loss occurred before the contract of insurance was concluded, unless the Assured were aware of the loss and the Insurers were not.

Increased Value

8. 8.1 If any Increased Value insurance is effected by the Assured on the

subject-matter insured under this insurance the agreed value of the subject-matter insured shall be deemed to be increased to the total amount insured under this insurance and all Increased Value insurances covering the loss, and liability under this insurance shall be in such proportion as the sum insured under this insurance bears to such total amount insured. In the event of claim the Assured shall provide the Insurers with evidence of the amounts insured under all other insurances.

8.2 Where this insurance is on Increased Value the following clause shall apply:

The agreed value of the subject-matter insured shall be deemed to be equal to the total amount insured under the primary insurance and all Increased Value insurances covering the loss and effected on the subject-matter insured by the Assured, and liability under this insurance shall be in such proportion as the sum insured under this insurance bears to such total amount insured.

In the event of claim the Assured shall provide the Insurers with evidence of the amounts insured under all other insurances.

BENEFIT OF INSURANCE

9. This insurance

9.1 covers the Assured which includes the person claiming indemnity either as the person by or on whose behalf the contract of insurance was effected or as an assignee,

9.2 shall not extend to or otherwise benefit the carrier or other bailee.

MINIMISING LOSSES

Duty of Assured

10. It is the duty of the Assured and their employees and agents in respect of loss recoverable hereunder

10.1 to take such measures as may be reasonable for the purpose of averting or minimising such loss, and

10.2 to ensure that all rights against carriers, bailees or other third parties are properly preserved and exercised

and the Insurers will, in addition to any loss recoverable hereunder, reimburse the Assured for any charges properly and reasonably incurred in pursuance of these duties.

Waiver

11. Measures taken by the Assured or the Insurers with the object of saving, protecting or recovering the subject-matter insured shall not be considered as a waiver or acceptance of abandonment or otherwise prejudice the rights of either party.

AVOIDANCE OF DELAY

12. It is a condition of this insurance that the Assured shall act with reasonable despatch in all circumstances within their control.

LAW AND PRACTICE

13. This insurance is subject to English law and practice.

NOTE : - *Where a continuation of cover is requested under Clause 5, or a change of destination is notified under Clause 6, there is an obligation to give prompt notice to the Insurers and the right to such cover is dependent upon compliance with this obligation.*

9. Institute War Clauses(sendings by post): CL390

1/3/09

INSTITUTE WAR CLAUSES (Sendings by Post)

RISKS COVERED

Risks

1. This insurance covers, except as excluded by the provisions of Clause 3 below, loss of or damage to the subject-matter insured caused by

1.1 war civil war revolution rebellion insurrection, or civil strife arising therefrom, or any hostile act by or against a belligerent power

1.2 capture seizure arrest restraint or detainment, arising from risks covered under 1.1 above, and the consequences thereof or any attempt thereat

1.3 derelict mines torpedoes bombs or other derelict weapons of war.

General Average

2. This insurance covers general average and salvage charges, adjusted or determined according to the contract of carriage and/or the governing law and practice, incurred to avoid or in connection with the avoidance of loss from a risk covered under these Clauses.

EXCLUSIONS

3. In no case shall this insurance cover

3.1 loss damage or expense attributable to wilful misconduct of the Assured

3.2 ordinary leakage, ordinary loss in weight or volume, or ordinary wear and tear of the subject-matter insured

3.3 loss damage or expense caused by insufficiency or unsuitability of packing or preparation of the subject-matter insured to withstand the ordinary incidents of the insured transit where such packing or preparation is carried out by the Assured or their employees or prior to the attachment of this insurance (for the purpose of these Clauses "packing" shall be deemed to include stowage in a container and "employees" shall not include independent contractors)

3.4 loss damage or expense caused by inherent vice or nature of the subject-matter insured

3.5 loss damage or expense caused by delay, even though the delay be caused by a risk insured against(except expenses payable under Clause 2 above)
3.6 any claim based upon loss of or frustration of the voyage or adventure
3.7 loss damage or expense directly or indirectly caused by or arising from any hostile use of any weapon or device employing atomic or nuclear fission and/or fusion or other like reaction or radioactive force or matter.

DURATION

Transit Clause

4. This insurance attaches only as the subject-matter insured and as to any part as that part is first moved in the premises of the senders at the place named in the contract of insurance for the immediate commencement of the transit and continues, but with the exclusion of any period during which the subject-matter insured is in packers' premises, until the subject-matter insured and as to any part as that part is delivered to the address on the postal package(s) when this insurance shall terminate.

5. Anything contained in this contract which is inconsistent with Clauses 3.6, 3.7 or 4 shall, to the extent of such inconsistency, be null and void.

CLAIMS

Insurable Interest

6. 6.1 In order to recover under this insurance the Assured must have an insurable interest in the subject-matter insured at the time of the loss.
6.2 Subject to Clause 6.1 above, the Assured shall be entitled to recover for insured loss occurring during the period covered by this insurance, notwithstanding that the loss occurred before the contract of insurance was concluded, unless the Assured were aware of the loss and the Insurers were not.

BENEFIT OF INSURANCE

7. This insurance shall not extend to or otherwise benefit the carrier or other bailee.

MINIMISING LOSSES

Duty of Assured

8. It is the duty of the Assured and their employees and agents in respect of loss recoverable hereunder

8.1 to take such measures as may be reasonable for the purpose of averting or minimising such loss, and

8.2 to ensure that all rights against carriers, bailees or other third parties are properly preserved and exercised

and the Insurers will, in addition to any loss recoverable hereunder, reimburse the Assured for any charges properly and reasonably incurred in pursuance of these duties.

Waiver

9. Measures taken by the Assured or the Insurers with the object of saving, protecting or recovering the subject-matter insured shall not be considered as a waiver or acceptance of abandonment or otherwise prejudice the rights of either party.

AVOIDANCE OF DELAY

10. It is a condition of this insurance that the Assured shall act with reasonable despatch in all circumstances within their control.

LAW AND PRACTICE

11. This insurance is subject to English law and practice.

색인

M

N

O

P

V

W

Y

ㅈ

강영문 wto3@chonnam.ac.kr

동국대학교 무역학과 졸업(상학사)
한국외국어대학교 대학원 무역학과 졸업(경영학석사)
동국대학교 대학원 무역학과 박사과정 졸업(경영학박사)
(주) 대신경제연구소 증권분석실 근무
(주) 대신경제연구소 경제동향분석실 근무
Visiting Scholar, Singapore Management University
(한국학술진흥재단 해외방문교수)
무등일보 경제칼럼니스트 역임
MBC 라디오 경제코너 해설자 역임
한국국제통상학회 이사
국제 e-비즈니스학회 이사
한국수출보험학회 이사
한국협상학회 상임이사
한국무역상무학회 이사
국제지역학회 이사
관세청 이의신청 심의위원
한국연구재단 심사위원
중소기업중앙회 무역자문위원
전남대학교 창업보육센터장
전남대학교 경상학부장
전남대학교 국제통상학과장
전남대학교 국제통상학과 교수

주요 수상실적

전남대학교 교육우수교수 선정(2008년)
(Best Teaching Professor)

주요저서

강영문교수의 동남아지역연구(두남, 2010)
국제협상과 문화간 커뮤니케이션(전남대학교출판부, 2010)
무역과 매너의 만남(우용출판사, 2010, 전정판)
e유통경영(우용출판사, 2010, 전정판)
국제통상론(전남대학교출판부, 2009)
온오프라인 유통관리(두남, 2008, 개정판)
전자물류와 물류관리(두남, 2005)
e무역과 국제매너(학문사, 2004)
유통물류와 e-비즈니스(두남, 2004, 개정판)

홈페이지: http://altair.chonnam.ac.kr/~wto

해상무역보험

인쇄 | 2011년 1월 20일
발행 | 2011년 1월 25일

저자 | 강영문
발행 | 김윤수
발행처 | 전남대학교출판부

등록 | 1981. 5. 21. 제53호
주소 | 500-757 광주광역시 북구 용봉로 77
전화 | (062) 530-0571~3
팩스 | (062) 530-0579
홈페이지 | http://altair.chonnam.ac.kr/~cnup

값 25,000원

ISBN 978-89-7598-898-1 (93320)

이 도서의 국립중앙도서관 출판시도서목록(CIP)은 e-CIP홈페이지
(http://www.nl.go.kr/ecip)에서 이용하실 수 있습니다.
(CIP제어번호 : CIP2011000494)